붓다의 호흡과 명상 Ⅱ
《불설대안반수의경 卷下》《입출식념경》 풀이

수행의 시대 5

붓다의 호흡과 명상 Ⅱ
《불설대안반수의경 卷下》《입출식념경》풀이

정태혁 번역·해설

정신세계사

정태혁은 1922년 경기도 파주에서 태어나 동국대학교 불교학과, 도쿄(東京)대학 대학원 문학부 석사과정, 오타니(大谷) 대학 대학원 박사과정을 수료하였고 철학박사 학위를 받았다. 동국대학교 인도철학과 교수로 있다가 1987년에 정년퇴직하여 현재 동국대학교의 명예교수로서 태고종립 동방불교대학 학장으로 있으며, 한국정토학회 회장, 한국인도철학회 회장으로 있다. 1987년 국민훈장 모란장을 받았다. 저서로는 《명상의 세계》《인도철학》《인도종교철학사》《불교와 기독교》《불교, 기독교, 공산주의》《정통 密敎》《密敎의 세계》《인도철학과 불교의 실천사상》 외에 기타 다수의 저서가 있다.

붓다의 호흡과 명상 Ⅱ

정태혁 번역·해설한 것을 정신세계사 정주득이 1998년 10월 23일 고쳐 펴내다(제2판). 제1판은 1993년 5월 28일 펴내다. 이혜진이 내교와 교정을, 강무성·송희정이 책꾸밈을 맡다. 정신세계사의 등록일자는 1978년 4월 25일(제1-100호), 주소는 03785 서울시 서대문구 연희로 2길 76 한빛빌딩 A동 2층, 전화는 02)733-3134(대표전화), 팩스는 02)733-3144, 홈페이지는 www.mindbook.co.kr, 인터넷 카페는 cafe.naver.com/mindbooky이다.

2020년 4월 7일 박은 책(제2판 제11쇄)

ISBN 978-89-357-0032-5 03220
ISBN 978-89-357-0030-1 (세트)

머리말

이 책은 불교 호흡명상의 원리와 방법이 담긴 중요한 경전인《불설대안반수의경佛說大安般守意經》하권을 번역·해설한 것이다. 나는 이미 《안반수의경》 상권을 번역·해설한《붓다의 호흡과 명상 I》(정신세계사, 1991)을 펴낸 바 있다. 번역해서 소개해야 할 수많은 경전들이 산적해 있는 마당에 유독 이 경전에 주목하게 된 이유는 호흡이야말로 불도수행의 가장 중요한 근본이라는 새삼스런 자각 때문이었다. 또한 붓다가 직접 체득한 안반수의安般守意, 즉 들숨과 날숨에 대한 의식집중을 통해 깨달음에 이르는 '아나파나사티'의 호흡법이야말로 현대의 불자들이나 대중에게 가장 적합한 호흡법이라는 나름의 생각 때문이었다.

붓다는 깨달음에 이르는 데 그다지 도움이 되지 못할 뿐더러 중생들이 감히 범접할 수 없는 '가시밭의 왕도王道'가 되어버린 '고행'을 과감히 버리고, 누구나 실천할 수 있는 수도의 방편으로서 아나파나사티 호흡법을 창안했다. 더욱이 아나파나사티는 깨달음에 이르기 위한 수도의 방편인 동시에 깨달음 그 자체이다. 실로 붓다는 폐식閉息의 고행과 생로병사의 고해에 빠져 있던 당대의 성속聖俗을 일거에 이룩하고 안온한 불지佛地로 인도한 것이다. 《안반수의경》은 이러한 붓다의 정신과 붓다의 생생한 숨이 담긴 뜻깊고 소중한 경전이다.

　《안반수의경》 상권이 불교 호흡명상의 이론과 실천에 대한 원론原論이라면 하권은 각론各論에 해당한다. 상권에서는 '아나파나사티'의 숲을, 하권에서는 '아나파나사티'의 나무를 볼 수 있다. 물론 상권과 하권의 내용이 이처럼 완전히 기계적으로 양분되는 것은 아니다. 《안반수의경》이 두 권으로 나누어지게 된 까닭은 어디까지나 사경寫經의 관례에 따른 것일 뿐이며, 사실 《안반수의경》은 붓다의 유장한 가르침이 처음부터 끝까지 유기적인 흐름을 이루고 있는 단일 경전이다. 따라서 아나파나사티의 원리와 방법, 실천 지침, 그 효과와 공덕이 상권과 하권 전체에 걸쳐 설명되고 있다.

　다만 《안반수의경》 상권은 주로 호흡의 원리 및 큰 덩어리로 구분되는 호흡수련의 단계(수식數息, 상수相隨, 지止, 관觀, 환還, 정淨)에 대한 설명에 초점을 맞추고 있으며, 하권은 보다 잘게 세분된 수련단계 및 각 단계에 상응하는 깨달음의 경지, 그 효과와 공덕 등을 설명하는 데 주안점을 두고 있다. 특히 하권은 불도수행의 서른일곱 가지 단계인 삼십칠도품三十七道品의 설명에 많은 지면을 할애하고 있다. 원래 삼십칠도품은 독립된 하나의 경전인 《삼십칠도품경三十七道品經》에서 상술되고 있는 내용이기도 하다. 아나파나사티 수행이 진전됨에 따라 수식의 단계에서는 네 가지 그릇된 생각이 그치게 되는 사의지四意止를, 상수의 단계에서는 네 가지 악이 끊어지는 사의단四意斷을, 지의 단계에서는 네 가지 신통력인 사신통四神通을, 관의 단계에서는 다섯 가지 정신적 경지인 오근五根을, 정의 단계에서는 오근으로부터 발현된 다섯 가지 정신적 힘인 오력五力을, 환의 단계에서는 일곱 가지 깨달음인 칠각의七覺意와 여덟 가지 올바른 길인 팔정도八正道를 얻게 된다. 이상의 37종 수행이 바로 삼십칠도품이다. 이 37종 수행이 완성되면 호흡의 청정함을 얻게 되고 깨달음에 이르게 된다. 마치 지붕 위로 올라가려는 사람이 37칸의 사다리를 충실히 밟고 올라가야 지붕 위에 도달하게 되는 이치와 같다.

하권은 이처럼 세분화된 수행단계에 대한 자세한 해설이자 각 단계에 해당되는 정신적 경지에 대한 철학적 교설이다. 하지만 붓다의 설법이 가진 일반적인 특징인 '반복'과 '강조'를 통해, 상권에서 중점적으로 다루고 있는 아나파나사티의 원리 및 대요大要가 하권의 경문 곳곳에서도 계속 설명되고 있으므로 하권을 통해서도 아나파나사티 호흡법의 숲과 나무를 모두 파악할 수 있다.

나는 앞서 펴낸《붓다의 호흡과 명상 I》에서《안반수의경》상권말고도 호흡명상법을 다룬 또다른 경전인《대념처경大念處經》을 번역, 해설하였다.《대념처경》은 '관觀'을 중심으로 호흡과 명상을 통해 우주만물의 본질적 모습이 공空임을 철두철미하게 명증해내는 경전이다.《안반수의경》상권이 호흡이라는 물리적 행위를 일차적 소재로 삼고 있는 반면《대념처경》은 관의 방법, 다시 말해서 명상이라는 정신적 행위를 일차적 소재로 삼고 있다. 일단《안반수의경》상권을 먼저 소개하는 마당에 나는 '호흡과 명상'이라는 불도수행의 두 중심축을 독자들에게 충분히 이해시키기 위해《대념처경》을 부록처럼 덧붙였다. 따라서《대념처경》은 아나파나사티의 세계를 이해하기 위한 하나의 참고경전인 셈이다.

이 책에서도 나는《남전대장경》에 수록된 팔리어 경전인《입출식념경入出息念經》을 참고경전으로 덧붙였다.《입출식념경》은 포살布薩 행사에서 행해진 붓다의 설법이 담긴 경전이다. 포살은 달이 둥근 보름날이나 새로 달이 뜨는 그믐날에 행해지는 일종의 대규모 대중 종교집

회로서 석 달의 우기雨期 동안 수행, 정진한 바를 대중 앞에서 공개하고, 혹 불법에 어긋나는 일이 있었으면 그 죄과를 참회하고, 의심나는 사항들을 붓다에게 질문하는 행사이다. 붓다는 이날 10대 제자를 포함하여 많은 비구 대중 앞에서 아나파나사티의 핵심을 설법하였던 것이다.

《입출식념경》에서는 "비구들이여!" 하고 시작되는 붓다 특유의 친근하고도 웅변적인 화법을 통해 아나파나사티의 정수가 압축적으로 설해지고 있다. 따라서 《입출식념경》을 통해 아나파나사티의 핵심을 다시 한번 간명하게 정리해 볼 수 있으며, 특히 노천에 앉아 비구 대중에게 설법하는 붓다의 생생한 구어口語를 통해 그 묘미를 새롭게 맛볼 수 있다. 이를테면 우리는 '아나파나사티 강의'의 현장 녹음테이프를 듣는 셈이다. 또한 《입출식념경》은 마치 촌음寸陰을 하나하나 따져서 세듯 호흡명상을 할 때 꾸준히 견지해야 할 정신상태를 세세하게 설명하고 있다. 또한 들숨과 날숨의 순간마다, 37종 수행의 매순간마다 수행자 스스로의 마음가짐을 늘 점검해야 한다는 점을 간접적으로 강조하고 있다.

독자들은 《안반수의경》 상하권 및 위와 같은 특색을 지닌 두 참고 경전을 통해 불교 호흡명상의 진수를 보다 폭넓게 이해할 수 있을 것이다.

불교는 '공空의 철학이자 종교'라고 불린다. 동시에 불교는 '숨의 철학이자 종교'라고도 할 수 있다. 숨을 통해 공을 깨닫는 것—이것이 불도수행의 근본이다. 그러나 불교의 공은 결코 허무가 아니며 숨도 아무런 의미 없는 자연적인 생리현상 혹은 허무한 세상을 물끄러미 쳐다보며 내쉬는 한숨이 아니다. 세상은 공허한 곳이니까 한숨이나 쉬다가 어디 다른 곳에 있는 낙원으로 가자는 것도 아니다. 붓다는 지금,

여기 이 순간에 들이쉬고 내쉬는 숨을 통해 정신적, 육체적 안락함의 극치인 열반에 이를 수 있다고 가르친다.

  기쁘고 편안하고 만족스러운 저 열반의 세계에 다같이 머물 수 있게 되기를 바라면서 붓다의 자비심에 귀경례하며, 상권에 이어 하권을 마저 소개할 수 있게 기회를 마련해 준 정신세계사 여러분께 진심으로 감사드린다.

1993년 5월
香雲 정태혁 씀

차 례

머리말   5

제3부
《安般守意經 卷下》의 호흡   19

1   안반수의로 얻는 신통력의 세계

    1-1. 들숨과 날숨의 그침을 깨닫는다   21
    1-2. 집착 없이 떠난다   26
    1-3. 들어오고 나감이 자재롭다   29
    1-4. 無爲의 길을 간다   32
    1-5. 호흡으로 12인연법을 안다   34
    1-6. 신통력을 얻는다   38
    1-7. 다섯 가지 특수한 힘을 얻는다   40
    1-8. 모든 것이 뜻대로 된다   42
    1-9. 다섯 가지 힘이 생긴다   46
    1-10. 튼튼한 뿌리가 좋은 열매를 낳는다   48
    1-11. 인연법으로 과거와 미래를 안다   50
    1-12. 止와 觀은 깨달음의 두 수레바퀴다   53

2 안반수의로 얻는 지혜의 세계

- 2-1. 四聖諦의 진리를 깨닫는다 · 59
- 2-2. 태양 같은 지혜를 얻는다 · 66
- 2-3. 생사의 법에 따른다 · 69
- 2-4. 마음이 법을 떠나지 않는다 · 72
- 2-5. 법은 正道다 · 74
- 2-6. 법에 따라 생각하고 행한다 · 77
- 2-7. 正은 사물의 근본이다 · 80
- 2-8. 無爲야말로 正에 이르는 길이다 · 82
- 2-9. 올바름은 고요하다 · 85

3 안반수의로 얻는 깨달음의 세계

- 3-1. 數息·相隨·止의 한계 · 89
- 3-2. 호흡의 열여덟 가지 장애물 · 91
- 3-3. 장애물을 없애는 지혜 · 96
- 3-4. 기운을 조절하는 숨 · 101
- 3-5. 마음의 전환 · 103
- 3-6. 마음을 그치는 법 · 105
- 3-7. 숨을 조절하는 여섯 가지 방법 · 109
- 3-8. 마음과 몸의 일체화 · 111

3-9. 마음의 안정과 수식	113
3-10. 좌선과 수식	115
3-11. 다섯 가지 믿음	117
3-12. 생각이 쉬는 것	119
3-13. 스스로 얻는 지혜	121
3-14. 無爲의 실천	122
3-15. 근본으로 돌아가는 일	125
3-16. 無爲의 참뜻	128

4 안반수의와 삼십칠도행

4-1. 수행의 장애를 없애는 길	131
4-2. 죄의 정화	135
4-3. 수식의 열두 가지 결과	136
4-4. 37종 수행의 근본인 호흡 조절	138
4-5. 37종 수행으로서의 안반수의	140
4-6. 五根으로 들어가는 길	142
4-7. 五力으로 들어가는 길	144
4-8. 七覺意로 들어가는 길	146
4-9. 八正道로 들어가는 길	148
4-10. 四意止	152

4-11. 四意斷	154
4-12. 四神足念	156
4-13. 五根의 내용	158
4-14. 五力의 내용	162
4-15. 七覺意의 성취	165
4-16. 진리에 머문다	168
4-17. 八正道의 수행	170

5 삼십칠도행의 세계

5-1. 네 가지 마음의 그침	173
5-2. 네 가지 상념을 끊음	174
5-3. 四意止를 얻지 못하는 이유	177
5-4. 四意止의 구체적인 내용	180
5-5. 도인의 길인 四意止	183
5-6. 인연법의 진리가 담긴 四意止	186
5-7. 마음의 주인은 마음	188
5-8. 마음의 대전환	189
5-9. 四意定	193
5-10. 밖으로 버리고 안으로 잡는 것	194
5-11. 나의 몸만을 觀하는 일의 폐해	196

5-12. 나와 남의 몸을 모두 觀하는 일	198
5-13. 觀의 안과 밖	199
5-14. 內觀과 外觀	201
5-15. 觀과 四意止	204
5-16. 四意止와 四意斷	206
5-17. 四神足의 세계	209
5-18. 신통력을 오래 지니는 법	212
5-19. 四神足의 여러 가지 능력들	213
5-20. 五根과 五陰	215
5-21. 열반과 五陰	217
5-22. 안의 七覺意와 밖의 七覺意	219
5-23. 진리에 따르는 몸과 마음의 자세	222
5-24. 四聖諦와 삼십칠도행	224
5-25. 八正道의 안과 밖	226
5-26. 八正道의 실천	229
5-27. 道를 얻는 길	234

6   열반으로 인도하는 안반수의의 호흡

6-1. 도인과 37종 수행	239
6-2. 마흔 가지 열반의 세계	242

6-3. 수행의 순서에 대한 충고　　　　245
6-4. 隨病說藥의 지혜　　　　247
6-5. 善意와 道意　　　　249
6-6. 아는 것에서 되는 것으로　　　　251
6-7. 주객 조화의 지혜　　　　253
6-8. 世世生生의 인연법　　　　255
6-9. 六通智의 세계　　　　256

제4부
《八出息念經》해설　　　　261

1. 녹모강당에 모인 장로 비구와 비구들　　　　263
2. 동짓달 보름날 밤의 강론　　　　265
3. 한자리에 모인 스승과 제자들　　　　267
4. 만인에 대한 붓다의 자비　　　　268
5. 무리 속에 있는 수많은 깨달은 자들　　　　270
6. 37종의 수행을 갖춘 성자　　　　273
7. 보살도를 닦는 성자　　　　279
8. 집착을 떠난 성자　　　　281
9. 안반수의 호흡의 요지　　　　282

10. 해탈로 가는 호흡	284
11. 身念處에 대한 가르침	288
12. 受念處에 대한 가르침	290
13. 心念處에 대한 가르침	292
14. 法念處에 대한 가르침	294
15. 七覺支에 대한 가르침	295
16. 사물을 두루 바르게 분별하는 경지	296
17. 몸과 마음에 흔들림이 없는 경지	297
18. 집착 없는 기쁨을 얻는 경지	299
19. 심신이 경쾌하고 안온해지는 경지	300
20. 마음이 고요한 경지	301
21. 마음에 걸림이 없는 경지	301
22. 해탈을 향하여	303
인용 경전 목록	305

제 3 부

《安般守意經 卷下》의 호흡

1. 안반수의로 얻는 신통력의 세계

1-1. 들숨과 날숨의 그침을 깨닫는다

出息入息自覺. 出息入息自知. 當時爲覺. 以後爲知. 覺者謂覺息長短. 知者謂知息生滅麤細遲疾也. 出息入息覺盡止者. 謂覺出入息欲報時爲盡. 亦計萬物身生復滅. 心者謂意止也. 見觀空者. 行道得觀不復見身. 便墮空.

날숨과 들숨을 스스로 깨닫고, 날숨과 들숨을 스스로 안다. 그때를 깨달음이라고 하고 이후에는 앎이라고 한다. 깨달음이란 숨의 길고 짧음을 깨닫는 것이고, 앎이란 곧 숨이 생하고 없어지며, 거칠고 가늘며, 느리고 빠름을 아는 것이다. 날숨과 들숨의 깨달음이 다하여 그침은, 나가고 들어오는 숨이 바라는 대로 깨달음이 그친 것이다. 또한 만물의 몸이 생하고 다시 없어짐을 생각한다. 마음이란 곧 뜻이 그친 것이다. 공을 보아 관하고, 관한다는 것은 도를 행하여 관을 얻어 다시는 몸을 보지 않음이니, 곧 공에 떨어졌다는 의미이다.

해설 상권에서 이미 붓다의 아나파나사티법은 수식數息·상수相隨·지止·관觀·환還·정淨의 여섯 단계로 진행됨을 보았다.

수식이나 상수의 단계에서 숨이 들어오고 나가는 것을 감지한다. 여기서 더 진행되어 감지작용이 그치고 한 곳에 정지되면〔止〕다시 사물의 관조로 이어지고〔觀〕, 자기 본심으로 돌아와서〔還〕어디에도 집착하지 않는 청정한 세계에서 노닐게 된다〔淨〕.

숨이 들어오고 나감을 아는 지각은 아나파나사티의 첫 단계에서 반드시 따라야 하는 매우 중요한 부분이다. 평소에 습관적으로 무질서하고 잘못된 호흡을 하고 있기 때문이다.

호흡에 정신을 집중하여 들어오고 나가는 숨을 감지하는 것은 들어오고 나가는 그 순간을 놓치지 않고 깨달아 알아차리는 것이다. 이렇게 호흡의 들어오고 나감을 감지하면 다시 그 호흡이 생하고 멸함을 알게 되고, 또한 거칠거나 가늘거나 느리거나 빠름도 알게 된다.

이를 알면 호흡의 진실한 모습을 알게 된다. 호흡이 생멸을 거듭하면서 이어진다는 사실과, 거칠거나 가늘게 들어오고 나가는 호흡의 옳고 그름도 알게 된다. 또한 거칠고 가는 호흡을 조절하게 되며 왜 느린 호흡과 빠른 호흡이 있는지도 알게 된다. 또한 호흡의 모습을 있는 그대로 알아 감지함으로써 호흡과 내가 떠날 수 없는 관계에 있다는 사실도 알게 된다.

그러나 우리의 마음은 호흡과 같이 있으면서 동시에 떠나고 있다.

호흡은 생리현상이므로 몸에 속한다. 마음은 호흡을 일으키는 근본 바탕이지만 양자가 같지는 않다. 다시 말하면 숨의 들어오고 나감을 아는 것도 마음이지만, 그 인식작용이 그친 곳에 자리잡고 있는 것도 마음이다. 인식작용이나 느낌은 마음의 겉에 나타난다. 그 밑에 깊이 자리잡고 있는 마음은 텅 빈 허공과도 같다.

숨의 들어오고 나감을 잘 살펴서 들어올 때 들어오게 하고, 나갈 때 나가게 하거나, 거친 숨을 가늘게 가라앉히거나, 빠른 숨을 느리고 깊게 하는 것은 호흡의 효과를 노린 생각이 움직인 결과다. 이러한 생각이 마음의 움직임이며, 그 생각이 그친 곳에 근본 마음이 있다. 따라서 숨의 들어오고 나감을 느끼거나 그 호흡을 살펴서 그친 상태로 가면 마음의 근본상태로 돌아간다. 결국 호흡수련은 허공과 같은 마음의 근본상태를 유지하기 위한 것이다.

숨의 들어오고 나감을 감지하여 그 모습을 알아차리면 곧 만물의 실상을 알게 된다. 만물이 생하고 멸하는 실상은 호흡의 생멸과 다르지 않다. 또한 마음의 생멸도 만물이 생멸하는 이치와 같다. 그러므로 마음이 생하여 뜻이 일어나고 마음이 멸하여 뜻이 그친다. 뜻이 일어나면 그쳐야 한다. 생하고 멸하는 것이 만물의 실상이다. 생멸의 이치를 알아서 숨이 들어오고 나가게 하고, 그 숨에 마음이 같이 하여 마음이 그치면 숨도 들어오고 나가면서도 들어오고 나감이 없는 상태에 이르게 된다. 이러한 상태가 곧 공空이다. 공의 진리란 바로 숨 속에 있고 마음이 일어나고 없어지는 속에 있다.

불교는 공의 증득을 통해 공을 실천하고 공을 사는 종교이다.

공을 공 그대로 보고 행하는 것이 바로 도道이다. 공을 관행觀行하면 모든 사물의 겉에 나타난 모습에 끌려서 집착하지 않게 된다. 그러므로 여기에서는 '도를 행하여 관을 얻어서 다시 몸을 보지 않는다.'고 했다. 몸이란 겉에 나타난 모습이다.

우리는 겉에 나타난 모습을 진실한 모습으로 잘못 알고 있기 때문에 그에 끌려서 고민한다. 마음의 겉에 나타난 모든 감지작용이나 의식작용은 참된 모습이 아니다. 모든 작용이 그친 고요한 마음이 인연법에 따라서 나타난 것이다. 바람이 물결을 일으키나 물의 본질은 격랑이 일지 않는 맑고 깨끗하며 고요한 거울과 같다.

그러나 사물의 공성을 본다는 뜻은 몸을 보지 않고 몸 이외의 다른 것을 본다는 의미는 아니다. 몸을 보지 않으면서 몸을 보는 것이다. 겉에 나타난 몸을 보지 않고 보이지 않는 다른 것을 찾는 행위가 바로 공에 떨어진 것이다.

물결을 떠나서라면 끝내 물을 볼 수 없을 것이다. 그러나 물결만이 물이라고 집착해도 끝내 알지 못하리니, 물은 물결이 아니면서 물결이기도 하다. 겉에 나타난 모습이 사물의 실상이 아니면서 또한 실상이기도 한 것이다. 마음도 마찬가지다.

마음은 의식작용을 떠나서 달리 있으면서 의식작용 그 자체이기도 하다. 그러므로 올바른 호흡을 닦으려면 의식을 집중하여 들어오고 나가는 숨을 알아차려서 호흡을 올바르게 조절하는 동시에 무의식 속에서 이루어지도록 해야 한다. 무심 속에서 올바르게 행해지는 호흡훈련이 '아나파나사티'이다. 이러한 올바른 호흡에는 정신집중이 있으면서 없고, 없으면서도 있다. 이것이 바로 공의 호흡이다. 호흡의 들고 남이 어찌 공의 도리를 벗어날 수 있으랴. 호흡만이 아니라 우리의 생체를 이루고 있는 세포조직도 공 그대로 생멸의 연속이다. 우리의 마음 역시 공의 도리에 따르고 있으니 호흡에 정신을 집중하여 들어오고 나감을 감지하는 단계에서 그치는 단계로 가는 것, 그것이 바로 공의 실천이다.

아함경의 《아리비타경阿梨琵咤經 Ariṭṭha》에서는 이렇게 말한다.

"이와 같이 나는 들었다. 부처님이 사위국의 기수급고독원에 머물고 계셨을 때 여러 비구에게 고하셨다고.

'내가 설한 바와 같은 안나반나安那般那 ānāpāna의 염念을 너희들

이 닦고 있느냐, 어떠하냐?'

이때 무리 속에 앉아 있던 아리비타라는 한 비구가 자리에서 일어서 의복을 차리고 부처님께 예배한 후, 오른쪽 무릎을 땅에 대고 합장하며 사뢰었다.

'세존이시여, 세존께서 설하신 안나반나의 염은 제가 이미 닦고 있습니다.'

부처님이 아리비타 비구에게 고하셨다.

'너는 어떻게 내가 설한 안나반나념을 수습하였는가?'

비구가 부처님께 사뢰었다.

'세존이시여, 저는 과거의 모든 것을 돌아보지 않고 미래의 모든 것에도 즐거움을 갖지 않으며, 현재의 모든 것에도 물들어 집착하지 않고 안과 밖의 생각도 이미 끊었나이다. 저는 이와 같이 이미 세존께서 설하신 안나반나념을 닦았나이다.'

부처님이 아리비타 비구에게 고하셨다.

'너는 실로 내가 설한 안나반나념을 닦았다. 닦지 않은 것은 아니다. 그러나 네가 닦은 그 안나반나념보다 더욱 오묘하여 …… 그보다 뛰어난 것이 있다. 그것은 앞에서 설한 바와 같이 성읍이나 마을에 의지하여 입식과 출식의 멸함을 잘 관찰하여 익히면 아리비타 비구보다 승묘하니 네가 닦은 안나반나념보다 나은 것이다.'라고 하시니, 여러 비구가 부처님의 말씀을 듣고 환희하여 봉행했다.”

여기서 붓다는 참된 안나반나념은 걷거나 머물거나 앉거나 눕거나 간에 한 숨 한 숨 들어오고 나감을 생각하여 그것을 각지하고, 숨이 그치는 것을 잘 관찰하여 그친 상태에 이르는 것이라고 가르친다.

들어온 숨이 그쳤을 때는 상쾌함을 느낄 수 있다. 이것이 희흡와 낙

樂의 각지이다. 내쉰 후 숨이 그쳤을 때에는 기쁨을 느끼고 마음이 편안하게 안정된다. 그러므로 경에서는 입식에 희락을 각지하고 출식에 심열心悅과 심정心定을 각지한다고 했다. 그리고 '안나반나념을 닦아서 몸에 숨이 그치고, 마음에 숨이 그치고, 깨달음과 관함이 있으면 고요히 적멸하여 순일하게 분명한 생각이 닦아진다(《안나반나념경》).'고 했다.

1-2. 집착 없이 떠난다

無所有者. 謂意無所著意有所著因. 爲有斷六入便得賢明. 賢謂身. 明謂道也.

무소유는 마음에 집착이 없는 것이다. 마음에 집착하는 원인이 있으면 육입六入을 끊게 되어, 곧 현명함을 얻게 된다. 현賢은 몸이고 명明은 곧 도道이다.

해설 공空의 실천은 그다지 어려운 일이 아니다. 가까운 호흡 속에서도 얻을 수 있는데 호흡의 들어오고 나감이 바로 생生하고 멸滅하는 공을 보여준다. 들어오는 숨이 그치면 나가고, 나가는 숨이 그치면 들어오게 하는 것이 공의 실천이다.
들어오고 나가는 숨이 생과 멸의 생명현상이라고는 하지만 집착하면 안 된다. 집착하지 않고 생과 멸에 따르는 것이 공의 실천이기 때문이다. 이를 무소유無所有라고 한다.
무소유란 마음에 집착이 없는 상태이다. 정신을 호흡에 집중시키되 마음이 이에 집착하여 떠날 줄 모른다면 잘못된 것이다. 마음의 해방을 잃으면 자유로운 정신활동이 이루어지지 않는다. 그러므로 공을 실천하려면 호흡으로부터 마음을 떼어버려야 한다. 여기에 아나파나사티의 묘함이 있다. 수數를 세어 호흡과 수가 서로 따르는 경지에 이르게 되면 그 수식數息을 버리라고 한다. 수에만 매달려 있으면 더 나아가지 못하기 때문이다. 수는 집착의 원인이 되므로 마음의 활동에 장애가 된다.

이 세상의 모든 것은 공의 실천이다. 공은 아무것도 없는 것이 아니라 집착하지 않는 소유이다. 무소유도 아무것도 갖지 않음이 아니라 가지면서 집착하지 않는 것이다.

봄이 되면 얼어붙은 땅을 뚫고 어린 새싹이 조심스럽게 솟아나 잎과 꽃을 아름답게 피운다. 그리고 가을이 되어 소담스럽게 열매를 맺으면 오랫동안 아끼고 가꾼 잎을 아무런 집착 없이 흩날려 버린다. 그리고는 그 열매마저 떨어뜨리고 만다. 이처럼 자연계의 현상이나 인간의 삶도 집착 없는 공의 실천이다. 이를 도道라고 한다.

만일 마음속에서 떠나지 않는 어떤 집착이 있으면 눈으로 보고, 귀로 듣고, 코로 냄새 맡고, 혀로 맛보고, 마음으로 판단하는 모든 감각기능이나 정신활동은 차단되고 만다. 볼 것은 보고 보지 말아야 할 것은 보지 않아야 할 터인데, 감각기관을 통해서 받아들여지는 것을 취사 선택할 수 없게 되면 안 된다. 호흡이 올바르게 이루어져서 정신이 호흡에 집중되면서도 집착하지 않게 되면 외부로부터 들어오는 감수작용이 원만하게 이루어져서 취사 선택하게 되고 냉정하게 판단하여 현명한 행동을 하게 된다. 그래서 '육입六入을 끊으면 현명賢明을 얻는다.'고 했다. 육입을 끊음은 여섯 가지 감각기능을 닫는 것이 아니라 집착하지 않고 취사 선택하여 지혜롭게 활동한다는 의미이다. '현명하다'는 '어질고 밝다'는 뜻이다. 어질다는 것은 모든 존재의 가치를 살피는 것이므로 '몸'이라고 했다. 풀이나 나무가 싹을 틔우고 잎과 꽃을 피워서 열매를 맺는 것은 몸을 가지는 일이다. 잎이나 꽃이나 열매는 존재들이다. 이러한 존재들의 가치를 최대한으로 발휘하려면 몸을 소중히 간직하여 살려야 한다. 그러나 이러한 존재들은 모두 떠날 때는 떠나야 할 것들이다. 취하는 것이 어질다면 버리는 것은 밝다. 취하는 것이 몸이라면 버리는 것은 도리를 따라서 가게 한다. 그러므로 '명明은 도道이다.'라고 했다.

공의 세계는 모든 사물의 가치를 최대한으로 살리는 동시에 유감 없이 버리는 대아大我의 세계이다. 취하고 버리는 것이 자유자재한 속에 도가 있다. 공의 세계는 중도中道라고도 말해진다. 중도는 이것과 저것의 중간이 아니라 이것과 저것을 인연에 따라서 취사 선택하여 집착하지 않는 것이다. 공은 정도正道라고도 말해진다. 팔정도八正道는 여덟 가지 길이니 곧 공의 실천이다. 이를 물에 비유해서 설하기도 하는데 《성실론成實論》 14권에서는 이렇게 설한다.

"집착하지 않는다 함은 이 기슭에도, 저 기슭에도 붙지 않고 중류中流에도 잠기지 않고 육지에도 나가지 않으며, 인人의 취取함과 비인非人의 취함도 없음을 말한다. 회복回復에 들어가지 않고 스스로 부란腐爛하지도 않는다.

차안此岸이란 안의 육입六入이요, 피안彼岸이란 밖의 육입이며 중류란 탐과 기쁨이요, 육지란 아만我慢이다. 인취人取란 재가와 출가의 승가요, 비인非人의 취取란 곧 계를 가지고 천상에 태어나려는 것이요, 회복(물이 맴도는 곳)이란 계를 어기는 것이고 부란은 무거운 금계를 파하는 것이다.

만일 사람이 내입內入에서 주관을 세우면 곧 외입外入에서 객관에 집착하고, 내외입으로부터 탐심과 희열을 만들기 때문에 중中에 잠겨 아만이 생긴다. 사람이 몸에 집착하면 감수작용은 즐거움이 있기 때문이다. 그래서 남이 경멸하거나 헐뜯으면 교만이 생긴다. 이와 같이 아我와 아소我所와 탐과 희와 아만으로 마음이 흩어진다."

호흡에 있어서도 출입식에서 기쁨을 얻으나 집착하면 교만이 생겨서 마음이 흩어진다. 그러므로 '항하恒河의 물이 반드시 큰 바다로 가는 것과 같이 팔성도八聖道는 반드시 열반에 이르게 된다.'고 했다. 팔성도는 팔정도이다.

1-3. 들어오고 나감이 자재롭다

知出何所滅何所者. 譬如念石出石入木石便滅. 五陰亦爾. 出色入痛痒. 出痛痒入思想. 出思想入生死. 出生死入識. 已分別是. 乃隨三十七品經也.

어느 곳에서 나와서 어느 곳으로 멸하는가를 아는 것은, 비유하면 돌을 생각하다가 돌에서 나와 나무로 들어가면 곧 돌이 없어지는 것과 같다. 오음五陰도 이와 같다. 색色에서 나와서 통양痛痒(아프고 가려움)으로 들어가고, 통양에서 나와서 사상思想으로 들어가고, 사상에서 나와서 생사生死로 들어가고, 생사에서 나와서 식識으로 들어가니, 이미 이것을 분별하여 곧《삼십칠품경三十七品經》에 따른다.

해설 가령 아름다운 꽃 한 송이가 피어 있다고 하자. 그 꽃은 없던 것이었으므로 머지 않아 떨어질 것이다. 그렇기에 과거나 미래에는 볼 수 없는 소중한 꽃이다. 인연에 의해서 없던 것이 생겨나고, 있던 것이 없어진다. 그러나 아름다운 꽃에 끌려 마음이 떠날 줄 모르면 그 꽃이 마음을 차지하고 있어서 지면 괴로워질 것이다. 그러나 마음이 떠나면 그런 괴로움도 없어진다.

사물에 대한 올바른 견해는 마음이 그 사물에 머물고 다시 떠나는 것, 다시 말하면 집착 없는 공의 실행에 있다. 마음이 어느 한 곳에 머물면 생이요, 떠나면 멸이다. 마음의 움직임에 의해서 생과 멸이 있다. 생과 멸의 근본을 보고 생하고 멸하는 인연을 성찰함으로써 올바른 길을 알게 된다. 생과 멸의 근본은 불생불멸의 공의 세계다.

경에서 예로 든 것처럼 우리의 생각이 돌에서 나무로 옮겨가면 이미 돌에서 생각이 떠났기 때문에 돌은 우리 마음속에 없다. 마음속에 돌이 없으면 돌에 대한 집착이 사라지고 집착이 없는 상태는 곧 공으로 돌아간 것이다.

마음이 어떤 사물인 객관〔色〕에 들어갔다가 다시 나와서 주관에 의해서 아프다거나 가렵다는 감수작용을 가진다〔受〕. 주관의 감수작용 속으로 마음이 들어온 것이다. 그러나 다시 여기에서 나와야 한다. 감수에 매여 있으면 사물을 제대로 볼 수 없다. 또한 사물을 표상하는 지각〔想〕이 이루어졌다고 하더라도 그로부터 나와서 의지〔行〕가 움직여야 한다. 의지가 움직이지 않으면 올바른 인식〔識〕이 있을 수 없다.

이처럼 정신이나 물질의 생하고 멸함으로부터 오온五蘊이나 사념처四念處가 있게 된다. 다시 말하면 이들 다섯 가지 요소들은 인연에 의해 모여서 생하고 인연이 다하면 흩어져서 없어지니 집착할 대상이 아니다. 공空이기 때문이다. 색〔名, 물질〕의 있고 없음에 의해서 색에 대한 아픔과 감수작용인 수受에 대한 가려움과 마음에 상대되는 법과 법에 상대되는 뜻이 있게 된다. 사념처四念處의 근본이 공임을 알면 이들이 있게 된 인연과 과거와 미래를 성찰할 수 있다. 이러한 성찰에 의해서 집착하지 않고 해탈하여 생과 사의 고苦를 벗어난다.

사념처에 대한 관찰로서 무원삼매無願三昧에 머물고, 다시 악을 일으키지 않고 선법들을 구족하여 한결같이 스스로 마음의 뜻하는 바에 따라서 선법을 행한다. 아직 일어나지 않은 악을 일으키지 않고 이미 생한 악은 없애며 아직 일어나지 않은 선은 생하게 하고 이미 생한 선은 더욱 증장하게 하는 자재로운 정의〔自在定意〕로써 사정근四正勤을 닦는다. 다시 이로부터 네 가지 신족神足 등 뜻대로 행하는 힘을 얻고, 오근五根, 오력五力, 칠각지七覺支, 팔정도八正道 등 삼십칠의 법으로 들어간다.

이와 같이 하여 37의 법을 구족하면 무루심無漏心을 얻어서 일체의 번뇌를 떠나 고를 벗어나게 된다.

색色·수受·상想·행行·식識 등의 다섯 가지 요소들은 욕계欲界에 속하여 고의 원인이 된다. 욕계에 속하는 고제苦諦의 도리를 깨닫게 되면 다시 색계色界, 무색계無色界의 고제를 깨달아 아는 지혜를 얻어서 그 원인인 집제集諦를 깨닫고, 다시 무루심無漏心으로 고의 멸인 멸제滅諦를 확인하고 도제道諦를 깨닫게 된다.

《삼십칠도품경》은 고집멸도의 사제를 관행하고 사념처의 마음을 끊고 사정근을 익히며 오근, 오력, 칠각지, 팔정도를 닦는 수행법을 설한 경전이다. 《불설선행삼십칠품경佛說禪行三十七品經》이라고도 한다.

실제로 호흡을 올바르게 행하면 산소가 들어와 혈액을 정화하고 나가는 숨을 통해서 나쁜 독소가 배출된다. 집착 없이 고요하고 편안하게 호흡함으로써 신체기능이 원만히 이루어지고 마음이 자유롭게 활동해 몸의 건강과 마음의 즐거움이 얻어진다.

1-4. 無爲의 길을 간다

問何等爲思惟無爲道. 報思爲校計惟爲聽無謂不念萬物. 爲者如說行道爲得故. 言思惟無爲道也. 思爲念惟爲分別白黑. 黑爲生死白爲道. 道無所有已分別無所有. 便無所爲. 故言思惟無爲道. 若計有所爲所著. 爲非思惟.

묻되, 어떤 것이 무위도無爲道를 사유思惟하는 것입니까. 답하되, 사思는 헤아리는 것, 유惟는 받아들이는 것, 무無는 만물을 생각하지 않는 것, 위爲는 설함과 같이 도를 행해 얻음[得]이 된다. 그러므로 무위의 도를 사유한다고 말한다. 또한 사思는 생각하는 것, 유惟는 희고 검은 것을 분별하는 것이다. 검은 것은 생사가 되고 흰 것은 도가 된다. 도는 무소유無所有이므로 이미 무소유를 분별하면 곧 하는 바가 없다. 그러므로 무위도를 사유한다고 말한다. 만일 하는 바가 있어 집착을 헤아리게 되면 사유가 아니다.

해설 숨의 들어오고 나감을 생각하면 무위無爲의 도道를 사유하는 것이다. 여기에서 글자 하나하나에 대한 설명부터 시작한다.
먼저 무無는 만물을 생각하지 않고, 위爲는 가르치는 대로 행하며, 도道는 실천해서 자신의 것으로 얻어진 삶이다. 사유思惟는 받아들이고 생각하는 것이다. 받아들인다는 것은 밖에서 들어온 것을 분별하는 능력이다. 분별이란 좋고 나쁜 것을 가려 선택하는 것이니, 흑백을 분별하여 나쁜 것인 생사의 번뇌를 없애고 좋은 것을 택하여 얻음이 바로 도이다. 붓다의 호흡과 명상은 만물을 생각하지 않으면서 가르치는 대로 행하여 자신의 소유로 만드는 좋은 방법이다.

좋고 나쁜 것을 취사 선택하기는 쉽지 않다. 생각만으로 헤아려서는 더욱 알 수 없다. 실천을 통해서 얻어지는 것을 보고 좋고 나쁜 것을 가릴 필요가 있으며 스승의 가르침에 따라야 한다. 좋은 스승을 만나면 스스로 생각할 필요도 없이 바로 진리의 길로 들어갈 수 있다.

붓다의 호흡법은 2,500년 동안 수많은 사람들의 실천을 통해서 가장 뛰어나다는 사실이 증명되었고 많은 사람들에 의해서 전수되었다.

우리는 다른 생각 없이 가르치는 대로 생각하면서 실천할 따름이다. '생각하는 바 없이 생각하는 것' 또한 공의 실천이기도 하다.

호흡은 생각하는 바 없이 생각하는 것이다. 무의식 속에서 행해지는 숨은 생각하는 바가 없다. 그러나 수를 헤아리는 것이 곧 생각하는 것이다. 이는 다시 생각하지 않는 지止와 관觀으로 이어져서 드디어는 청정한 세계에 도달한다. 즉 생각 없이 생각하고, 생사의 고통이나 번뇌가 없어진 즐겁고 쾌적한 흰 길이다. 생각 없는 흰 길은 깨달음으로 가는 즐거운 길이다. 부처님의 가르침은 모든 중생이 깨달음으로 가는 길이기에 백도라고 말해진다.

이 길로 가는 방법은 오로지 일념으로 가르침에 따라서 매진하는 일뿐이다. 세속의 길은 괴로움이 따르기 때문에 검다. 반면에 백도는 가진 것이 없는 길이기도 하다. 마음에 가진 바가 없다는 것은 집착하지 않는다는 뜻이다.

수를 헤아릴 땐 수에 집착하지 않고 헤아리게 되므로 가진 바가 없는 고요함을 얻게 된다.

《수행도지경修行道地經》 5권은 이렇게 설한다.

"나가고 들어오는 숨을 헤아려서 고요함을 얻는다. 수행자는 아무도 없는 고요한 곳에서 마음을 가라앉혀 흩어지지 않게 하고 입을 다물고 정신을 집중하여 출입식을 관한다. 숨이 코로 들어와서 목구멍으로 가고 배꼽에 이르러 다시 코로 돌아온다. 마땅히 이와 같이 성찰할지니라. 나가는 숨과 들어오는 숨은 다르다. 마음을 숨에 따라서 들어오고 나가게 하여 흩어지지 않게 한다. 이 수식數息으로 마음이 고요히 안정되니 중간에 아무 생각이 없다. 오직 불법승의 거룩한 덕과 고苦와 그 원인과 고가 없어진 것과 여덟 가지 길의 뜻을 생각하여 마음의 기쁨을 얻는다. 이를 온화溫和라고 한다. 마치 불어서 불을 끄면 열기가 다가와 온화함을 느끼는 것처럼 불은 얼굴에 닿지 않으나 그 열기는 느껴진다. 마땅히 이와 같이 할지니라."

붓다의 아나파나사티는 기쁨을 얻는 호흡법이요, 고요 속에서 깨달음을 얻는 호흡법이다. 무위도의 실천으로 부처의 길인 흰 길을 가는 것이다.

1-5. 호흡으로 십이인연법을 안다

思亦爲物惟爲解意. 解意便知十二因緣事. 亦謂思爲念惟爲計也.

사思는 또한 사물이 되고 유惟는 해의解意가 된다. 해의는 곧 십이인연(열두 가지 인연)의 일을 아는 것이다. 또한 사思를 염念이라고 하고 유惟를 헤아림이라고도 한다.

해설 십이인연을 헤아려서 그 도리를 아는 것이 사유思惟이다. 다시 십이인연만이 아니라 모든 사물의 실상을 헤아려서 올바르게 아는 것이 사유라고 거듭 설명하고 있다.

　모든 사물은 십이인연으로 대표될 수 있다. 붓다께서는 보리수 밑에서 열두 가지의 인연을 순順과 역逆으로 관찰하여 연기의 도리를 깨달으셨다. 열두 가지의 인연은 일체만물이 생하고 멸하는 도리이며 그 속에 생로병사라는 삶의 실상이 있음을 깨닫는 것이다.

　호흡에서 숨이 들어오고 나가는 것은 바로 십이인연과 다름이 없다. 숨이 들어오고 나감이 삶 자체이기 때문이다. 동시에 죽음이기도 하다. 생로병사가 무명으로부터 생긴다는 순관은 연생緣生의 도리요, 죽음이 없으면 생이 없고, 무명도 없다는 역관은 연멸緣滅의 도리이다. 이러한 생이나 멸의 도리는 호흡의 들어오고 나가는 도리이기도 하다.

　생로병사로 대표되는 삶의 현실은 정신작용인 식식과 물질인 명색名色이 만남으로써 생긴다. 십이인연법은 숨의 출입과 마음이 상응하는 도리이므로 붓다의 호흡은 '아나파나ānāpāna'와 '사티sati'가 합쳐진 것이다. 명색名色인 출입식과 식식인 염송이 만나서 올바른 호흡이 이루어지는데 들어오는 생과 나가는 멸이 이어지면서 우리의 삶이 존재한다.

　십이인연의 12라는 숫자는 중요한 것이 아니다. 우리의 존재는 생과 사의 되풀이되며 생사 속에는 열두 단계가 있다. 십이인연법은 원인과 결과이며, 또한 연기의 도리이기도 하다.

　호흡을 보고 12의 연기법을 보면 무위의 도를 사유하게 된다고 했다. 열두 가지 인연은 무명으로부터 시작하고 무명으로 끝난다. 무위의 도를 사유하는 것은 생과 사요, 생각함이 없이 도를 행함은 생사를 끊음이다. 생사 속에서 생사를 끊음이 또한 무위의 도이다.

　호흡에 있어서 지止와 관觀으로 나아가면 생사가 없는 속에 생사가 있다. 사유하지 않고 헤아려서 알기 때문이다. 여기에서 더 나아가 환

還과 정淨으로 가면 헤아림이 완전히 없어지니 생사를 끊었다고 한다.
　생사를 끊었기 때문에 인연에 따라서 생과 사를 자유로이 할 수 있다. 이러한 환과 정은 마음을 억제하는 단계에 이른 것이다. 어디에도 마음이 끌리지 않고 사물을 있는 그대로 성찰해서 아는 것이다. 경에서 비유하기를 문지기가 높은 누대에 앉아서 움직이지 않고 많은 사람들의 오고 가는 모습을 성찰하여 아는 것 같이 한결같은 마음으로 숨의 들어오고 나감을 관한다고 했다.
　《수행도지경修行道地經》 5권의 〈수식품〉에서는 다음과 같이 설한다.

"수식이란 무엇인가. 한가한 곳에 앉아서 마음을 잡아 흩어지지 않게 한 후 나가는 숨과 들어오는 숨을 헤아려서 10에 이르고, 다시 하나에서부터 센다. 만일 마음이 흩어지면 다시 헤아려서 하나에서부터 아홉에 이른다.
　수행자는 이와 같이 주야로 수식을 익혀서 한 달, 1년, 십식十息을 얻으면 마음이 흩어지지 않나니, 자재하여 움직이지 않음이 산과 같이 출입식을 헤아려서 10에 이르게 하여 낮과 밤, 달과 해를 게을리하지 않는다.
　이와 같이 수행하여 수식을 지킨다. 수식이 이미 정해지면 마땅히 상수相隨를 행할지니, 비유하면 앞에 가는 사람을 따르듯, 그림자가 형체를 따르듯 한다. 수행도 마찬가지다. 숨의 출입에 따라서 다른 생각이 없다.
　수식으로 뜻이 정해지면 자유이다. 숨의 출입을 헤아리는 수행을 하여 그 마음이 따라서 흩어지지 않으니 수식으로 마음을 항복시키는 것을 상수相隨라고 한다. 그런데 수행자가 이미 상수를 얻었으면 이때는 마땅히 관할지니라. 마치 목우자牧牛者가 한쪽에 머물러 소가 풀을 뜯는 모습을 바라보는 것과 같다. 행자도 앞에서와 같이 수식으로부터 뒤의 구경究竟에 이르기까지 모두 관찰할지니라. 목우자가 먼 곳에서 성찰하여 소의 무리가 연못가에 있음을 보호하고 감시함과 같도다.

수식을 한곳에 잡아매 정신을 집중함을 관觀이라 한다. 이미 관을 이룬 수행자는 환정還淨으로 가야 하니 수문자守門者가 문 위에 앉아서 출입하는 사람을 보고 인식하여 아는 것처럼 행자도 이와 같다. 코 끝에 마음을 집중하여 마땅히 수식을 관하고 그 출입을 알아야 한다.

비유하면 수문자가 앉아서 출입하는 사람을 볼 때 한 자리에서 움직이지 않고도 모든 사람을 아는 것처럼 마땅히 일심으로 수식하여 그 출입하는 숨을 관찰할지니라. 수행도 이와 같이 하여 환정을 세운다."

여기에서 문지기는 높은 곳에 앉아서 문으로 들어오는 사람들이 어디서 와서 어디로 가며 무슨 옷을 입고 무슨 이야기를 하는지를 모두 안다. 헤아리지 않고 헤아리는 것이다. 숨이 들어오면 들어오는 대로 맡겨두고 나가면 나가는 대로 맡겨두되, 어디에도 끌리지 않고 수식을 떠나지 않는다. 인연에 따라서 무명으로부터 행行이 있고, 행에서 식識이 있고, 식에서 명색明色이 있고, 명색에서 육처六處가 있고, 육처에서 촉觸이 있고, 촉에서 수受가 있고, 수에서 취取가 있고, 취에서 유有가 있고, 유에서 생로사生老死가 있다는 인연의 도리가 알려진다.

숨이 들어오니 나가고, 나가니 들어오는 호흡의 모습이 바로 '이것이 있을 때 저것이 있고, 이것이 생하므로 저것이 생하고, 이것이 없을 때 저것이 없고, 이것이 멸함으로써 저것도 멸한다.'는 연기의 법을 설명한 것이다. 그러므로 호흡을 통해서 그 실상을 알면 무상과 고와 무아의 진리를 모두 알게 된다. 이것이 붓다의 호흡 목표다.

1-6. 신통력을 얻는다

斷生死得神足. 謂意有所念爲生. 無所念爲死. 得神足者能飛行故. 言生死當斷也.

생사를 끊으면 신족神足을 얻는다. 곧 마음에 생각하는 바가 있으면 생이요, 생각하는 바가 없으면 사死가 된다. 그러므로 신족을 얻으면 능히 비행하기 때문에 생사는 마땅히 끊는다고 말한다.

해설 생사는 마음에 따라서 노예가 되거나 생각하지 않고 침잠한 상태에 빠져 있는 것이다. 이른바 번뇌라고도 한다. 탐이나 진심은 마음에 잘못된 생각이 일어나서 그에 끌려가고 있는 상태이므로 생이라고 할 수 있고, 어리석음은 마음이 일어나지 않아서 혼침상태에 떨어져 있으니 죽음이라고 말해진다. 그래서 이러한 번뇌들을 끊으면 신족을 얻는다고 했다.

신족이란 신통력을 말하며 우리가 본래부터 가지고 있었던 특수한 능력이다. 신통력은 마치 하늘을 날듯이 걸림 없이 발휘된다. 마음의 장애가 없어져서 사물의 실상이 눈에 환히 보이므로 걸릴 데 없이 서로 상응한다. 마음의 장애로 인해서 좁고 괴롭고 답답하게 느껴지던 현실세계가 넓고 즐겁게 바뀐다. 지금까지 닫혀 있던 심안이 열려서 새로운 세계를 보기 때문이다.

마음에 생각하는 바가 없이 인연에 따라서 수를 헤아리는 수식관數息觀을 닦으면 생각때문에 생기는 장애도 없어지고, 수를 헤아림으로써 혼침에 빠져 있지도 않고 항상 깨어 있게 되므로 생사를 끊게 된다. 이처럼 붓다의 호흡은 누구나 가지고 있는 특수한 능력을 발휘할 수 있는 가장 쉬우면서 즐겁게 행하는 올바른 방법이다. 그러면 특수한 능력이란 어떤 것인가. 흔히 경전에서는 세 가지 혹은 여섯 가지를 들고 있다.

'생사를 끊으면 신족을 얻는다.'고 했다. 우리가 하늘을 날 수 있다는 말이 아니라 우리의 몸과 마음이 활연 경쾌하여 걸릴 바가 없다는 뜻이다. 무애無碍의 경지와 같다. 몸과 마음이 민첩하게 움직여서 자유자재로 활동할 수 있는 것이다. 호흡으로 몸과 마음이 건전해지면 무한한 잠재력을 발휘할 수 있다.

인간은 의지나 인격의 힘에 의해서 뛰어난 능력을 발휘할 수 있다. 남다른 집중력으로 주어진 모든 힘을 길러서 우리에게 갖추어져 있는 신족을 발휘해야 한다. 신족을 얻는 것, 바로 그것이 우리를 온전히 살리는 길이다.

불교 경전에서는 원시불교 이래로 붓다나 그 제자들이 나타내 보였다는 초자연적인 능력, 곧 신통을 설하고 있다.

원시불교에서는 삼명三明 tisso Vijjā이라 하여 세 가지를 들기도 하고, 여섯 가지인 육통六通 cha abhiññā을 들기도 하였다.

삼명은 자타의 과거세를 아는 숙명지宿命智와, 미래의 중생의 모습을 아는 천안지天眼智와 불교의 진리를 알아서 번뇌를 끊어 없애는 누진지漏盡智를 말한다.

육통六通은 삼명에 신족통神足通과 타심통他心通, 천이통天耳通을 더한 것이다. 신족통은 생각하는 곳에 마음대로 도달하는 신통력이다. 마음대로 비행하는 능력과 마음대로 모습을 바꾸고 외부의 세계를 마음대로 하는 지혜의 힘이 있다. 이 중에서 뒤의 것은 부처님만이 갖출 수 있다고 한다. 천안통은 이 세상의 것, 멀고 가까운 것이나 괴로운 것이나 즐거운 것, 작고 큰 것 등을 모두 볼 수 있는 지혜의 극치이다.

천이통은 천이지통天耳智通이라고도 하는데 세상의 모든 소리를 다 들을 수 있는 힘이다. 타심통은 다른 사람의 생각을 아는 힘이다.

《지도론智度論》에서는 보살은 다섯 가지에 통하고, 부처님은 여섯 가지에 모두 통달했다고 한다. 반면《성실론成實論》에서는 불교 이외의 외도로도 오통을 얻는다고 한다. 이러한 신통은 인간의 능력 이상이므로 명상을 통해서 얻기도 하고 주력으로 얻기도 한다. 한편《종경록宗鏡錄》에서는 다섯 가지 뛰어난 힘이 있다고 하여 도통道通, 신통神通, 의통依通, 보통報通, 요통妖通을 들었다. 도통이란 중도의 이치를 깨닫고 사물의 진실을 살펴 나타내는 힘이요, 신통이란 선정에 의해서 마음이 고요하게 되어 사물을 깊이 관찰하여 숙명을 아는 힘이다. 이 경에서 말하는 신통, 즉 신족, 천안, 천이, 타심, 숙명의 다섯 가지 능력은 중도의 이치를 깨닫고 공의 도리에 따라서 사물을 성찰하는 힘을 길러주고 마음이 고요히 억제되어 청정한 상태에서 나타나는 특수능력이다.

그러면 이러한 능력은 어떤 힘에서 나오는가.

1-7. 다섯 가지 특수한 힘을 얻는다

得神足有五意. 一者喜. 二者信. 三者精進. 四者定. 五者通也.

신족을 얻는 데에는 다섯 가지 마음이 있다. 첫째는 기쁨, 둘째는 믿음, 셋째는 정진, 넷째는 정정, 다섯째는 통통이다.

해설 오근五根, 곧 다섯 가지 뛰어난 작용에 대한 설명이다. 바라던 일이 뜻대로 이루어져서 세상만사가 자신을 따르니 기쁨이 있다. 이때의 기쁨은 변함 없는 기쁨이다. 언제 어디서나 무엇이든지 뜻대로 되기 때문이다. 내 마음도 생각대로 되고, 남의 마음도 나에게 따르니 어찌 기쁘지 않으랴. 이 기쁨은 절대적이다. 진리를 깨달아서 나와 하나가 되면 우주와 내가 하나이니 모든 것이 나와 함께 한다. 나의 생명도 우주와 더불어 영원하고, 나의 몸이나 말, 마음이 걸릴 데가 없다.

이렇게 되면 마음은 항상 환희에 가득하여 안온한 가운데 자재함을 얻으니 숨이 들어오고 나감에 따라 자재로움을 느낀다. 이를 경험하면 몸이 마음에 따라서 유순하여 흩어지지 않게 된다. 이것이 믿음이다.

호흡에 있어서도 들어오고 나가는 숨에 마음이 같이 하여 몸과 마음이 항상 흩어지지 않음은 바로 이러한 믿음 때문이다. 몸과 마음이 흩어지지 않고 항상 같이 하면 이미 신통력을 얻은 사람이다.

몸과 마음이 한결같이 움직이면서 권태를 느끼지 않고 일을 추진하며, 거침 없이 진리를 말하고, 마음에 힘이 생겨서 강인한 의지와 꾸준한 사유가 뜻하는 대로 움직인다. 이를 정진이라 한다.

정진은 몸과 마음과 말이 한결같이 나아가는 것이다. 붓다의 일평생은 그야말로 정진, 정진, 또 정진이었으며 그는 정진으로 일생을 마치셨다. 그래서 임종 때도 제자들에게 '정진하라.'는 말씀을 남기셨다.

다음에는 항상 마음이 주인이 되어 몸을 움직이고 말을 하며 의젓하게 자리잡고 밝게 비춤을 정定이라 한다. 기쁨과 믿음과 안온함 가운데 마음이 일정한 상태에서 흔들리지 않는 것이다.

흔히 선에서는 제1단계에서 마음이 기쁨과 안온함을 얻는다고 한다. 제2단계에서는 어떤 사물을 대하더라도 적응하여 안온함을 잃지 않으며 견고하고 부동하게 된다. 이때 다음 단계의 신통을 얻고자 바라면 천안이 열리고, 천이가 투철하게 들리며, 모든 생명의 과거와 미래를 알고, 남의 마음을 아는 자의자재自意自在에 이른다. 마치 보석을 만드는 사람이 여러 가지 색깔의 금붙이로 마음대로 영락이나 귀고리, 반지 등을 만드는 것과 같다. 이렇게 하여 몸과 말이 마음을 따르면 마음이 주인이요, 마음 이외의 모든 것은 종이 되어 항상 따르므로 뜻대로 되지 않는 일이 없다. 이로써 제4단계에 이른다. 이미 제4선을 얻으면 마음과 몸의 자재함이 이와 같으니, 이것이 통통이다.

흔히 사선오통四禪五通이라고 한다. 통통의 단계에 이르면 움직임 속에 마음의 전일함을 잃지 않고, 무서운 정진력으로 못할 바가 없으며 굳은 신심으로 흔들리지 않고 삶이 항상 환희 속에 영위된다. 이런 삶이 바로 호흡으로부터 시작된다고 설법하고 있다.

《수행도지경修行道地經》에서도 이렇게 말하고 있다.

"이미 신족을 얻으면 믿음의 힘인 신근信根이 뛰어나게 나타난다. 마음과 몸이 흔들리지 않고 강인해져 정진근精進根이 나타나고, 모든 사물이 생각하는 대로 이루어지는 의근意根이 나타나고, 능히 법을 분별하여 가는 곳을 아는 지혜근智慧根이 나타난다. 이와 같이 다섯 가지 힘이 구족된다."

1-8. 모든 것이 뜻대로 된다

四神足念不盡力得五通. 盡力自在向六通. 爲道人四神足. 得五通盡意可得六通盡意. 謂萬物意不欲也.

사신족념四神足念이 힘을 다하지 않으면 오통五通을 얻고, 힘을 다하면 자재함이 육통으로 향한다. 도인이 사신족을 위하여 오통을 얻고 뜻이 다하면 가히 육통을 얻어서 뜻이 이루어지니 곧 마음이 만물을 바라지 않는다.

해설 사신족은 욕여의족欲如意足, 정진여의족精進如意足, 염여의족念如意足 또는 심여의족心如意足, 사유여의족思惟如意足 등의 네 가지다. 욕여의족은 바라는 일을 뜻대로 할 수 있는 힘이요, 정진여의족은 하고자 하는 일에 꾸준히 정진하는 힘이다. 염여의족은 마음에 둔 일이 뜻대로 되는 힘이며, 사유여의족은 진리를 생각하면 뜻대로 되는 힘이다.

이들 네 가지의 중심이 염여의족이다. 이 네 가지는 어떻게 생각하냐에 따라 모두 이루어질 수도 있고 그렇지 않을 수도 있다. 그러므로 마음이 가장 중요하다.

앞에서 우리는 신통력이 어떤 특수한 능력이지만 기적이 아닌 정신력의 무한한 확대임을 알았다. 여기서 사신족을 얻기 위해서는 그 생각을 일으켜서 이들을 얻으려고 힘을 다하지 않으면 오통만을 얻고, 힘을 다하면 육통을 얻게 된다고 한다.

오통은 천안통, 천이통, 숙명통, 타심통, 신족통 등이다.

천안통은 뛰어난 통찰력이다. 육안으로 천리 만리를 보는 것이 아니라 마음의 눈으로 보는 것이다. 만일 육안으로 천리나 만리 밖의 물건을 볼 수 있는 능력을 천안통이라고 생각한다면 잘못이다.

마음이 고요히 가라앉고 몸이 편안하여 한결같은 생각으로 천리 밖의 어떤 상황을 살펴본다면 능히 그것을 짐작하여 살필 수 있다. 천리 만리 떨어진 먼 곳에 있는 자식이 항상 고향의 부모님을 골똘히 생각하고 사모해 꿈에 소상하게 나타나는 것과 같다. 잠재의식 속에 박혀 있는 고향의 모습이 잠든 고요한 상태에서 나타나는 것이다. 이때의 고향은 진짜 고향의 모습이다. 마음의 눈에 비친 것이다. 육안으로 본 것과 같다. 그래서 천안통이라고 한다.

천이통도 이처럼 귀로 직접 듣는 것이 아니다. 꿈에 그리운 부모님의 목소리를 들었다면 그것이 천이통이다. 꿈결만이 아니다. 깨어 있으면서도 볼 수 있고 들을 수 있다. 수행이 쌓인 도인은 움직이되 고요함을 떠나지 않으므로 낮에도 천안통이나 천이통을 가진다. 낮과 밤, 깨어 있거나 잠든 때를 가리지 않고 언제 어디서나 가능하다.

숙명통은 현재를 보면 능히 과거나 미래도 볼 수 있는 능력이다. 현재의 인연을 살펴 알면 그 일이 있게 된 내력과 앞으로 있게 될 일도 알 수 있다. 현재 생각하고 행하는 모든 일을 있는 그대로 진실하게 아는 것이 올바른 견해다. 올바른 견해는 인연법 그대로 보는 것이니 원인에 의해서 결과가 있게 된 것이므로 과거나 미래는 불을 보듯 분명하다. 몸과 마음이 고요하여 거울처럼 맑고 둥근달과 같이 결점이 없는 사람은 현재의 그림자 속에 지난날의 모습이 살아 있음을 보고 앞으로 있을 일도 보게 되는 법이다. 이것이 숙명통이다. 염력이 뛰어난 사람은 몇 전생의 일도 알 수 있고 내생의 일도 알 수 있다.

타심통도 이와 같다. 사람의 마음은 서로 다르면서도 같은 점이 있다. 그래서 나의 마음을 헤아려 남의 마음을 짐작할 수 있는 것이다. 인간의 심리는 시시각각 바뀌고 시대에 따라 변하나 원칙은 변함이 없다. 그 사람의 환경이나 모양과 마음가짐에 따라서 어떤 생각을 하고 있는지를 알 수 있다. 이 중 마음가짐은 일정하지 않으므로 그 마음을 꼭 잡아보면 그가 어떤 생각을 하고 있는지를 알 수 있다. 마음도 현재의 마음, 과거의 마음, 미래의 마음이 있으나 실체가 없기 때문에 마음을 꼭 잡아 알기란 매우 어렵다.

그러나 타심통은 실체가 없는 마음을 알 수 있게 한다. 과거심, 미래심, 현재심이 모두 불가득이지만 그 마음을 알 수 있어야 한다.

불가득이라는 사실을 알면 이미 알 수 있는 능력을 갖춘 것이다. 누구나 마음에는 훈습력熏習力이 있다. 훈습력에 의해서 나타난다. 곧 마음이 있게 된 인연을 살펴보면 마음의 일어나고 없어짐을 알 수 있다. 내 마음의 생멸을 보고 남의 마음을 아는 지혜가 곧 타심통이다. 내 마음이나 남의 마음은 곧 우주 일체의 마음이기도 하다. 모든 중생의 마음을 알면 자비심이 일어날 것이다. 타심통은 남의 마음을 좋은 길로 인도하고 나쁜 마음을 갖지 않도록 하는 힘으로 자비심이 없으면 안 된다. 남의 마음을 꿰뚫어보는 눈을 가지고 마음을 써서 올바른 길로 인도하겠다는 생각이 중요하다.

신족통은 뛰어난 민첩성이다. 두뇌가 잘 움직여 생각하는 곳에 마음대로 도달하는 힘이다. 몸과 마음이 건전하면 얼마든지 가능한 일이다. 기민하고 뛰어난 두뇌와 무한한 신체의 가능성을 유감 없이 개발한 사람은 신족통을 얻은 사람이다. 정신집중으로 두뇌의 능력을 최대한으로 발휘하여 기민함과 통찰력을 가지고 신체의 모든 장기가 건전하여 혈액이 원활히 움직이면 뛰어난 기능이 발휘된다. 붓다의 호흡과 명상은 이러한 신족통을 얻는 데 필요한 기본적인 수행이다.

누진통은 모든 번뇌를 없애고 지혜를 나타내는 힘이다. 무시 이래로 쌓이고 쌓인 업력을 극복하고 번뇌가 일어나지 않는 상태에 이르려면 많은 수행을 해야 한다. 붓다는 이 경지에 도달한 분이다. 범부나 특수한 수행인은 오통까지 성취할 수 있으나 누진통을 얻기는 어렵다. 깨달은 사람이 아니면 누진통에 도달할 수 없다. 그러므로 '힘을 다하면 자재함이 육통으로 향한다.'고 했다.

오통을 얻으면 그 마음이 자연히 육통으로 갈 수 있다. 천안이나 천이나 숙명이나 타심, 신족 등 다섯 가지 신통력을 얻은 사람은 이미 번뇌가 없어지고 있으니 마음을 더 써서 번뇌를 끊으려 하면 누진통을 얻게 된다. 그래서 불교에서는 누진통을 가장 중요시한다.

《잡아함경》제26《금비라경金毘羅經》에는 이런 대목이 있다.

"비구는 마땅히 안나반나념安那般那念을 닦으라. 그러면 큰 과보와 복리를 얻으리라. 이 비구는 제2, 제3, 제4선의 자비희사慈悲喜捨, 공입처空入處, 식입처識入處, 무소유입처無所有入處, 비상비비상입처非想非非想入處를 구족하고, 삼결三結(세 가지 번뇌)이 다하여 수다원과修陀洹果를 얻고, 삼결이 다하여 탐진치가 엷어져서 사다함과斯陀含果를 얻고, 오하분결五下分結(중생을 욕계에 결박하는 번뇌)이 다하여 아나함과阿那含果를 얻고, 무량한 신통력인 천이天耳, 타심지他心智, 숙명지宿命智, 생사지生死智, 누진지漏盡智를 얻고자 하면 마땅히 안나반나념을 닦으라. 이와 같이 안나반나념은 대과대복리를 얻는 것이니라."

실로 사신족을 얻으려는 생각을 일으켜서 오통을 얻고 육통으로 나아가서 누진통까지 얻으면 더이상 바랄 것이 없게 된다. 모든 번뇌가 끊어지고 마음과 몸이 같이 하고, 나와 만물이 하나가 되었으니 어찌 다시 만물에 마음을 쓸 것인가. 나를 보면 일체를 보고 나를 얻으면 일체를 얻는다. 내가 무한한 능력을 발휘하여 지혜에 걸림이 없으니 만물은 곧 나의 빛 속에 있다. 그러니 어찌 다시 만물을 바랄 것인가.

1-9. 다섯 가지 힘이 생긴다

一信二精進三意四定五黠. 是五事爲四神足. 念爲力者凡六事

也. 從信爲屬四神足念. 從喜從念精進從定從黠. 是爲屬五根也. 從喜定謂信道. 從力定謂精進. 從意定謂意念定. 從施定謂行道也.

첫째는 믿음, 둘째는 정진, 셋째는 뜻, 넷째는 정정, 다섯째는 꾀(지혜)이니, 이 다섯 가지가 사신족이다. (여기에) 생각을 힘으로 삼으면 모두 여섯 가지가 된다.
 믿음이 따르는 것은 사신족에 속하는 생각이요, 기쁨이 따르고, 생각이 따르고, 정진이 따르고, 정이 따르고, 지혜가 따르는 것은 오근五根에 속한다. 기쁨이 따르는 정정을 믿음의 도라 하고, 힘이 따르는 정정을 정진이라 하고, 뜻이 따르는 정정을 의념정意念定이라고 하며, 베풂이 따르는 정정을 도의 행함이라고 한다.

해설 여기에서는 사신족, 곧 하고자 하는 욕망[欲]의 뛰어남과 정진의 뛰어남과 마음가짐[念]의 뛰어남과 사유의 뛰어남이 여섯 가지 힘으로 나타남을 설하고 있다.
 먼저 믿음이 생긴다. 자신에게서 뛰어난 능력이 나타나고 있다는 믿음[信根]이 힘으로 솟아난다. 또한 몸과 마음이 흔들리지 않고 하고자 하는 일에 정진하는 정진근精進根이 생긴다. 또한 생각하고자 하는 모든 사물을 마음대로 생각하는 염근念根이 생긴다. 또한 마음이 전일하여 고요히 한결같이 움직이는 정근定根이 생긴다. 또한 능히 법을 분별하고 모든 존재가 어디서 와서 어디로 가는지를 아는 지혜근智慧根이 생긴다. 이로써 다섯 가지 힘이 갖추어지면 그 믿음이 한결같이 같이하여 기쁨을 가져다주니, 이것이 믿음의 힘[信力]이다. 이러한 신력이 정진력이 되고, 의지력, 적정력寂靜力이 되며 지혜력이 된다. 이들 다섯 가지 힘을 성취하여 능히 모든 사물에 미치면 마음이 그 사물의 진실을 깨달아서 제법을 분별하게 된다.

그런데 이들 믿음, 정진, 생각, 적정, 지혜 등의 오근五根과 그 힘이 더욱 증장하여 나타난 오력五力은 떠날 수 없는 관계에 있고, 오력을 얻으면 번뇌에도 무너지지 않는다. 또한 믿음이나 적정력이 없으면 정진이나 하고자 하는 의지도 일어나지 않는다. 그러므로 의지와 적정이 하나가 되고, 믿음과 적정이 하나가 되어 적정과 정진이 하나가 되고, 적정 속에서 모든 행동이 이루어지면〔定施〕 참된 도를 행하게 된다.

마음과 몸은 서로 떠날 수 없다. 마음이 자재하면 몸도 자재롭다. 굳건하게 믿는 마음은 부드러운 기쁨의 마음이기도 하다. 그러므로 믿음을 가진 사람은 억센 의지력을 가지면서도 온화하고 유순하다. 또한 끝까지 밀고 나가는 적극적인 정진력은 믿음과 적정의 고요함을 떠나지 않는다. 그러므로 진실로 고요함에는 움직임이 있으니 움직임 속에 고요함이 있다.

'정정에서 정진精進이 있다.'고 하고, '정에 따라서 믿음의 길이 있다.'고 하고, 고요한 적정의 마음과 움직이는 생각이 하나가 된 상태를 의념意念定이라고 하고, 이에 의해서 고요한 적정 속에 무한한 움직임인 행도行道가 있게 된다고 말한다.

사신족은 바로 정시定施에 따르는 행도이다. 적정 속에 다양한 모든 움직임이 있어 그 움직임이 모든 중생을 위하는 자비행으로 나타난다. 이것이 신통이다.

1-10. 튼튼한 뿌리가 좋은 열매를 낳는다

爲種故有根. 有爲之事. 皆爲惡. 便生想不能得勝. 謂得禪是因

爲力. 亦爲惡不能勝善意. 滅復起故爲力. 力定者惡意欲來不
能壞. 善意故爲力定也.

종자를 (얻기) 위해서 뿌리가 있으니 유위有爲의 일들은 모두 악
이 된다. 곧 생각이 생기면 뛰어난 것을 얻지 못한다. 이른바 선禪
을 얻는 것은 위력으로 인함이다. 또한 악은 선의善意를 이기지 못
한다. 다시 일어나도 멸하기 때문에 힘이 된다. 정에 힘을 쓰면 악
한 마음이 오려고 해도 무너뜨리지 못하니 선의는 고로 정에 힘을
쓰는 것이다.

해설 앞에서 네 가지 뛰어난 힘인 사신족이 나타나면 다섯 가지 힘
인 믿음과 정진과 생각과 적정과 지혜의 힘이 생긴다. 그 힘이 더욱
증장하면 번뇌에 의해서 멸하지 않는 믿음의 힘과, 정진력과, 한결같
이 한 생각만을 일으키는 염력과, 일심으로 생각하여 흩어지지 않는
정력定力과, 진리를 관찰해서 아는 지혜의 힘이 생긴다고 했다. 이러
한 힘들은 흩어지지 않는 생각으로부터 생기므로 생각이 한결같이 흩
어지지 않아야 한다고도 했다.

오근五根이나 오력五力은 사신족이 뿌리가 되어 종자를 거둬들임과
같다. 뿌리 없는 종자는 있을 수 없다. 그러므로 뿌리가 좋으면 좋은
종자를 수확하게 되고, 뿌리가 나쁘면 나쁜 종자를 수확하게 된다.

그러면 좋은 종자에 속하는 한결같이 흩어지지 않는 생각, 곧 정정
의 힘은 그 뿌리가 어디에 있는가. 그 뿌리는 함이 없는 마음에 있다.
무위無爲의 생각이 좋은 뿌리요, 함이 있는 유위有爲의 생각은 나쁜 뿌
리다. 나쁜 뿌리로부터는 힘있는 정정이 나올 수 없다.

'생각이 있으면 뛰어남을 얻지 못한다.'는 번뇌 등의 좋지 않은 조작

된 마음이 일어나고 없어지면서 우리를 괴롭힌다는 뜻이다.

이러한 생각은 우리를 올바른 삶으로 이끌어가지 못한다. 곧 나쁜 뿌리와 같아서 뛰어난 능력을 발휘하지 못한다는 뜻이다. '함이 있으면 모두 악이 된다.'는 조작된 생멸심이 우리를 미혹케 한다는 뜻이다. 즉 나쁜 뿌리와 같은 마음가짐은 뛰어난 힘을 얻을 수 없다는 뜻이다.

또한 '생각이 있으면 뛰어남을 얻지 못한다.'는 유위의 상, 곧 생멸을 거듭하면서 항상 흩어지는 생각은 뛰어난 힘을 얻지 못한다는 뜻도 된다. 호흡과 마음이 한결같이 일치하여 생각이 흩어지지 않으면 무위의 생각이다. 이러한 생각이 뛰어난 힘을 얻는다. 무위의 생각은 바로 정定의 생각이니 정의 힘을 얻게 된다.

다음으로 '선을 얻으면 이로 인해 힘을 얻는다.'고 했다. 선은 정정定이므로 선을 얻으면 정의 힘을 얻는다. 이러한 힘은 고요한 마음과 올바르고 안정된 자세인 튼튼한 뿌리로부터 얻어진다.

올바른 호흡과 명상은 튼튼한 뿌리요, 이 뿌리로부터 선정력을 얻어서 팔정도八正道와 같은 좋은 열매를 얻게 되고, 안반념법의 마지막 단계인 청정을 얻으려면 지止가 뿌리가 되어야 한다고 말한다.

지止는 마음이 한곳에 집중되어 흩어지지 않는 것이나, 이 힘이 더해가면 사물을 관찰하여 그 실상을 알게 되고, 마음과 숨이 대상의 한곳에 머물게 된다. 이러한 단계에 이르면 밖으로 나간 생각을 자기 자신에게로 돌아오게 할 수 있다. 그래서 마음을 억제하면 집착 없이 관조하는 환還과 정淨의 세계에 머물게 되니 좋은 열매를 얻은 것이다.

1-11. 인연법으로 과거와 미래를 안다

道人行道未得觀. 當校計得觀. 在所觀意不復轉爲得觀止惡一

法爲坐禪觀二法. 有時觀身有時觀意有時觀喘息有時觀有有時
觀無. 在所因緣當分別觀也.

도인으로서 도를 행하되 아직 관을 얻지 못했으면 마땅히 헤아려 관을 얻을지니라. 관하는 바가 있어서 뜻이 다시 바뀌지 않으면 관을 얻었음이다. 악을 그치게 하는 방법으로는 첫째 좌선, 둘째는 관이 있다. 어떤 때는 몸을 관하고 어떤 때는 마음을 관한다. 어떤 때는 숨을 관하고 어떤 때는 있음(존재)을 관하고 어떤 때는 없음을 관한다. 인연이 있음을 마땅히 분별하여 관한다.

해설 불교는 올바른 생활을 가르치는 종교다. 그렇다고 해서 도덕만을 강조하는 것이 아니라 일체 사물의 참된 모습을 올바르게 아는 깨달음을 통해서 그릇된 삶으로부터의 해방과 올바른 삶으로 가는 길목에서 당연히 지켜야 할 도덕적인 규범의 실천을 강조하고 있다. 그러므로 일체의 사물을 올바르게 아는 것이 첫째 조건이다. 인생고를 벗어나는 팔정도의 첫 항목으로 정견正見을 든 것도 이런 까닭에서이다. 팔정도 중에서 정견이 이루어지면 여타의 일곱 가지는 저절로 행해지며, 다른 것이 잘 행해지면 정견도 따라 이루어진다.

사물을 올바르게 관찰하는 정견은 사물을 연기의 법 그대로 보고, 생하고 없어지는 도리를 통해서 공의 도리를 알아 그대로 대처하는 중도의 생활이다. 이러한 올바른 견해는 무엇을 통해서 얻어지는가. 마음을 가라앉히고 대상에 정신을 집중하여 겉에 나타난 현상에 끌리지 않고 진실한 모습을 꿰뚫어보아야 한다. 이렇게 보려면 눈을 감고 가만히 생각할 경우도 있으나 눈을 뜬 채 직관으로 알 수도 있다. 이때의 앎은 육안으로는 볼 수 없는 다른 모습을 보게 되므로 심안心眼으로 보는 것이다.

  심안으로 사물의 실상을 있는 그대로 보기 위해서는 먼저 호흡이 올바르게 행해지고 정신이 이에 따라야 한다. 호흡과 정신이 하나가 되어 어떤 사물에 집중하였을 때 심안이 열린다. 이를 觀이라고 한다. 이는 止에서 더 나아가 언제 어떤 대상에든 호흡과 정신이 하나가 되어 집중되는 상태이다. 정신이 한곳에 집중되는 止에서 숨의 들어오고 나감을 관찰한다. 다시 숨과 더불어 같이 움직이고 있는 몸이나 숨과 더불어 일어나고 있는 감수작용, 생각하고자 하는 의지의 움직임이나 인식작용 등 모든 육체적이고 정신적인 현상을 뜻하는 대로 관찰하게 된다. 이때는 그 실상을 있는 그대로 관찰하게 된다.

  과거에는 의식하지 못했던 사실들을 알게 될 뿐만 아니라 그 존재가치를 다른 각도에서 볼 수도 있다. 과거에는 싫어했던 것을 좋아하게 되거나, 미워했던 것이 곱게 보이고, 괴롭던 것이 즐겁게 느껴질 수도 있다. 마음이 호흡과 더불어 안정됨에 따라서 이와 같이 보는 눈이 달라진다는 사실을 알지 않으면 안 된다. 보이지 않는 마음을 보는 일은 결코 쉽지 않다. 마음을 보되 마음이 일어나고 없어지는 모든 현상을 보기는 더욱 어렵다. '열 길 물 속은 알아도 한 길 사람 속은 모른다.'고도 하니, 나의 마음을 알기도 어렵지만 남의 마음을 알기는 더욱 어렵다. 그러나 자신의 몸과 마음을 관찰하여 관찰력이 생기면 남의 마음도 볼 수 있게 된다.

  도인은 자신의 마음이나 남의 마음까지 잘 알아서 조절할 줄 아는 사람을 가르킨다. 수행인은 이러한 경지에 이르기 위해서 꾸준히 노력해야 한다. 수행인은 먼저 호흡훈련부터 시작하여 마음을 다스리는 공부를 해야 한다. 이 훈련이 바로 '아나파나사티'이다.

  '觀을 얻지 못하면 마땅히 교계校計하여 관을 얻을지니라.'고 한 바와 같이 교계는 호흡과 정신의 조화를 꾀한다.

사물을 올바르게 관찰하게 되면 진실을 그대로 알게 되니 악함과 선함을 가릴 수 있어 악을 멀리하고 선에 따르게 된다.

만법을 있는 그대로 보게 되면 아직 나타나지 않은 것, 다시 말하면 무無도 관하게 된다. 인연에 따라서 없던 것이 생기기 때문이다. 또한 현존하는 만법이 어떻게 되는가도 볼 수 있으니 유 속에서 무를 본다. 유에서 무를, 무에서 유를 본다. 있고 없음은 인연생멸이기 때문에 인연을 분별하여 관하면 있는 것과 없는 것을 알 수 있다.

인연법에 따라서 관하는 힘에서 우리의 과거생과 미래생을 꿰뚫어볼 수 있게 된다. '어떤 때는 있음을 관한다.'는 나타난 현실을 그대로 본다는 의미이고, '어떤 때는 없음을 관한다.'는 생하고 멸하는 인연법을 보고 생과 멸의 두 가지를 동시에 본다는 의미이다.

인연법을 알아서 마음이 선善에 있으면 과거나 미래를 현재 속에서 알게 되니 삼세를 안다. 그리하여 현법現法에 낙주樂住하는 멋진 삶을 누릴 수 있다.

1-12. 止와 觀은 깨달음의 두 수레바퀴다

止惡一法觀二法惡已盡. 止觀者爲觀道. 惡未盡不見道. 惡已盡乃得觀道也. 止惡一法爲知惡. 一切能制不著意爲止. 亦爲得息想隨止. 得息想隨止是爲止惡一法. 惡已止便得觀故. 爲觀二法.

악을 그치는 한 방법으로서 두 가지 법을 보면 이미 악은 사라진다. 지止와 관觀을 행하는 자는 도道를 본다. 악이 그쳐지지 않으면 도를 보지 못한다. 악이 이미 다하면 곧 도를 관할 수 있다. 악을 그치는 법 중 하나는 악을 아는 것이다. 일체를 능히 억제하여 마음에 집착이 없음을 지止라 하고, 또한 생각을 쉬면 지止에 따르게 된다. 생각을 쉬고 지止에 따르면 곧 악을 그치는 한 가지 방법이 된다. 악이 이미 그치면 곧 관을 얻기 때문에 두 가지 법을 보게 된다.

해설 몸이나 마음의 잘못된 상태가 악이다. 악을 그치는 방법으로는 지止와 관觀의 두 가지가 있다.

앞서 누차 서술했듯이 지止는 마음이 한곳에 집중되어 다른 생각이 끊어진 상태이다. 이러한 상태에서는 잘못이 있을 수 없다. 또한 관은 지를 확대시켜 어떤 사물이든지 집중적으로 관찰하는 것이다. 그러므로 지와 관은 모든 사물이 잘못되지 않게 하는 방법들이다. 지와 관이 잘 되어서 잘못됨이 그치면 모든 사물을 올바르게 볼 수 있고 나아가 모든 사물을 잘 살릴 수 있다.

도道는 모든 사물을 있는 그대로 살리는 것이다. 도인은 자신을 진리 그대로 살릴 뿐만 아니라 남도 살릴 수 있는 힘을 가진 사람이다. 이러한 도인은 항상 지와 관을 떠나지 않는다.

지와 관이 제대로 이루어지면 악이 그치고, 악이 그치면 지와 관이 제대로 실현된다. 곧 지와 관이 원인이면 악의 제거는 결과다. 그러나 원인과 결과는 절대적인 것은 아니다.

원인 속에 결과가 있다는 견해는 인중유과론因中有果論에서 비롯되었다. 이러한 견해는 인도 수론數論 sāṁkhya의 학설이다. 그러나 불교에서는 그렇지 않다. 원인이 결과가 되는 동시에 결과가 원인이 된다. 원인과 결과는 연기의 관계에 있다. 원인은 실체적이고 절대적인 것이 아니며 결과 또한 마찬가지다. 원인도 공이요 결과도 공이다. 공이기에 인연법에 의해서 있고 인연법에 의해서 없어진다. 지와 관이 제대로 이루어져 악이 없어지면 좋은 인연으로 좋은 결과를 얻은 셈이다. 이러한 인연은 무자성無自性이다. 무자성인 인연이 원인이 되어 무자성인 결과로 맺어진 것이다. 지와 관은 공의 세계에 머물러 있음이요, 공의 세계에서 관조한다.

 우리는 자신을 성찰할 필요가 있다. 몸이나 마음이 잘못되어 있음을 알아야 고칠 수 있기 때문이다. 건강진단을 받아서 어디가 나쁜지를 알아야 치료방법을 찾을 수 있듯이 항상 몸이나 마음을 살펴보아야 한다. 번뇌를 가진 범부는 항상 전도된 몽상 속에서 살아간다. 그러므로 몸도 불건전하고 마음도 그릇된 상태에 있다. 호흡이 올바르게 행해지지 않고 마음이 지나 관의 상태에 있지 않으면, 우리의 몸이나 마음은 이미 병들어 있다는 사실을 알아야 한다. 자신이 병에 걸렸다는 사실을 모르거나 자신의 마음이 그릇되어 있다는 사실을 모르면 어리석은 사람이다. 흔히 무명이라고도 말해지는 어리석음은 밝지 않은 것이다. 마치 밝은 달이 구름에 가려 있거나 맑은 거울에 때가 끼여 있는 것과 같다. 어리석음은 본래 있는 것이 아니라 단지 때가 끼였거나 구름에 가려져 있을 뿐이다. 그런데 그 때나 구름도 실체가 없다. 구름 없는 하늘이 없고 때 없는 거울이 없으니 어리석음도 밝고 현명함의 속성에 지나지 않는다. 인연에 따라서 나타나고 없어진다. 인연에 의해 없어지면 밝은 달과 맑은 거울은 자연히 나타나게 된다. 맑은 거울과 같고 밝은 달과 같은 마음의 상태가 바로 지와 관의 상태이다.

 그래서 '악이 이미 다하면 곧 도를 관한다.'고 했다. 때가 없는 거울과 구름이 없는 달과 같이 악이 없어지면 그대로 밝은 달과 맑은 거울이 된다. 도는 밝고 맑은 거울이나 달처럼 진리가 밝게 나타난다.

자신의 호흡이 잘못되었으면 고쳐서 바르게 하고 몸에 병이 있어도 고쳐야 한다. 마음에 병이 들었으면 고치려고 노력해야 한다. 이와 같이 몸과 마음의 병을 치료하기 위해서는 모든 집착을 떠나야 한다. 집착은 나쁜 습관이다. 나쁜 습관이 건강을 해치고, 나쁜 마음가짐이 마음을 안정되지 않게 하여 잘못된 방향으로 끌어간다. 그래서 이러한 나쁜 습관을 그치는 것은 마치 거울에 낀 때를 닦아내는 것과 같다. 나쁜 습관을 고쳐서 바르게 하면 생각도 바르게 따라간다.

'생각을 그치면 지止에 따르게 된다.'는 생각이 흩어지지 않고 한곳에 그치면 일체를 억제할 수 있고 집착하지 않게 된다는 뜻이다. 이렇게 생각하면 자신의 병은 자신이 고쳐야 한다. 자신의 건강도 스스로 찾아야 한다. 우리의 몸이나 마음은 올바르고 건강하게 될 수 있는 능력을 갖추고 있다. 수행은 이러한 능력을 찾아내는 길이다.

붓다가 가르친 호흡법은 몸의 질병과 마음의 병을 고치는 가장 쉬운 방법이다. 모든 일에는 원인이 있다. 몸이 건강하지 못하다거나 잘못된 정신상태는 마음에 원인이 있다. 그릇된 생각에서 굳어진 나쁜 생활이 몸을 해치고 그릇된 생각에 집착하여 괴로워한다. 몸에 붙어 있는 나쁜 요소를 떨쳐버리고 마음에 붙어 있는 어리석은 독소를 씻어버려야 한다. 그러한 방법이 바로 호흡의 조절이요, 생각의 그침이다. 마음이 항상 정지하여 사물을 공 그대로 관조하면 그릇됨이 사라지고 악이 그친 뒤에는 지와 관이 스스로 이루어져서 다시는 악이 일어나지 않게 된다. 호흡도 마찬가지다. 나쁜 습관이 들어서 길고 짧음이 질서가 없고, 정신이 호흡과 함께 하지 않고 무의식 속에서 멋대로 호흡하면 산소 공급이 부족해져서 건강을 잃게 된다. 뿐만 아니라 정신과 호흡이 각각 멋대로 움직이면 나쁜 습관에 젖어들고 사물에 대한 집착으로 스스로 고뇌를 짊어지게 된다. 그러나 스스로 잘못되었음을 알아서 이를 고치려고 노력하여 악이 그치면 마음의 평온이나 건강이 스스로 찾아지고 영구히 지속될 수 있음을 가르치고 있다.

'악이 이미 그치면 곧 관을 얻기 때문에 두 가지 법을 보게 된다.'고 했다. 여기서 말하는 '두 가지 법'이란 지와 관이니, 이 두 가지가 깨달음으로 가는 관문이다. 지는 정定이라고도 하는데 정과 관은 수레의 두 바퀴와 같이 서로 떠나지 않는다. 지와 관이 수레의 두 바퀴가 되어 깨달음의 세계로 싣고 간다.

《잡아함경》의 〈금강경金剛經〉에서도 이렇게 말한다.

"'세존이시여, 원컨대 다시 다른 법을 설하시어 여러 비구가 듣고 지혜를 닦아 정법을 즐겨받고 즐겁게 머물게 하소서.' 하니, 부처님이 아난에게 고하시되 '이로써 나는 다음에 설하겠노라. 고요히 머물러 그침에 따라서 깨달으면 이미 일어난 것, 아직 일어나지 않은 악한 것, 좋지 않은 것은 속히 쉬게 될 것이니라. 마치 비가 많이 와서 일어난 먼지와 아직 일어나지 않은 먼지를 능히 없애듯이, 이와 같이 고요히 머물러 그침을 닦으면, 이미 일어난 것, 아직 일어나지 않은 악한 것, 좋지 않은 것이 능히 없어지리라. 아난아, 어떤 것이 고요히 머물러 그침을 닦고 깨달으면 이미 일어난 것, 아직 일어나지 않은 악하고 선하지 않은 것을 능히 쉬게 하는가. 바로 안나반나념에 머무는 것이니라.'"

2. 안반수의로 얻는 지혜의 세계

2-1. 四聖諦의 진리를 깨닫는다

爲得四諦爲行淨. 當復作淨者. 識苦棄習. 知盡行道. 如日出時. 淨轉出十二門故. 經言從道得脫也. 去冥見明如日出時. 譬如日出多所見爲棄諸冥. 冥爲苦. 何以知爲苦. 多所罣礙故知爲苦. 何等爲棄習. 謂不作事. 何等爲盡證. 謂無所有. 道者明識苦斷習盡證念道.

사제四諦를 얻기 위해 청정함을 행한다. 마땅히 다시 청정을 행하라고 함은 고苦를 알아서 습習을 버리고, 다함을 알아서 도를 행하라는 것이다. 해가 뜰 때와 같이 청정은 바뀌어 십이문十二門을 나오기 때문이다.

경에서는 도에 따르면 해탈을 얻는다고 말했다. 어둠을 떠나서 밝음을 보면 해가 뜰 때와 같다. 비유하면 해가 나와서 보이는 것이 많아지면 모든 어둠을 버리는 것과 같다. 어둠은 고苦이다. 어찌하여 고가 되는가. 장애가 많기 때문에 고가 됨을 안다. 무엇이

습을 버리는 것인가. 곧 일을 행하지 않는 것이다. 무엇이 진리를 깨닫는 것인가. 곧 가진 바가 없는 것이다. 도는 고를 알아서 습을 끊고 모두 깨달아서 도를 생각함을 밝힌다.

해설 '사제四諦를 얻기 위해서 청정을 행한다.'고 했다. 사제란 고苦, 집集(혹은 습習), 멸滅, 도道의 네 가지 진리다. 붓다의 호흡훈련은 이 사제를 얻기 위함이다. 호흡이 나와 더불어 항상 같이하여 청정의 단계에 머물면 지혜가 나타난다. 지혜는 고집멸도의 진리를 있는 그대로 알 수 있게 한다.

고苦의 원인은 일체는 고라는 사실과 진실을 있는 그대로 알지 못하고 잘못 보는 데에 있다. 이 사실을 깨닫고 고의 원인을 알면 그 원인을 없애는 길도 알 수 있다. 이 길이 팔정도八正道이다. 팔정도를 실천하면 고를 없앨 수 있음을 안다. 그러므로 흔히 불교에서는 계戒, 정定, 혜慧 세 가지 공부를 한다. 계행을 지켜서 올바른 행동을 하려고 애쓰고, 마음의 안정과 움직임의 통일을 위해서 선禪을 닦고, 일체의 사물을 있는 그대로 진실하게 알기 위해서 지혜를 닦는다. 여기서 사성제를 아는 것은 지혜에 속한다.

붓다의 깨달음은 지혜의 완성을 의미한다. 여기서 지혜는 명상을 통해 정定에서 얻어진다. 지혜는 우주의 근본 진리를 아는 것으로, 그 진리는 모든 사물 속에 있다. 모든 사물이 어떻게 생겨났으며, 어디로 가고, 어떻게 존재하는지가 불을 보듯 훤히 눈앞에 나타난다.

존재하는 모든 것은 생하고 늙고 병들고 죽는다. 곧 고이며, 일체 사물의 실상을 있는 그대로 보지 못하고 그릇된 생각으로 보는 데에서 생긴다. 이런 사실을 깨닫지 못하면 고에서 벗어날 수 없다. 원인을 알지 못하면 그 원인을 없애는 길도 모를 수밖에 없기 때문이다.

붓다는 우리의 삶이 '고' 그 자체임을 있는 그대로 보았다. 그 사실을 모르고 인생이 즐거움이라고만 생각한 지난날의 그릇됨을 깨달은 그는 거기서 그치지 않고 고의 원인이 번뇌, 곧 무명임을 알았다. 또한 그 무명을 없애는 길까지 뚜렷이 제시하였다.

이로써 붓다는 생로병사의 인간고를 멸하게 되었고, 더없는 즐거움 속에서 중생제도에 일생을 바치게 되었다.

또한 붓다는 인간이라면 누구나 이러한 경지에 도달할 수 있다고 했다. 해탈이 신의 은총에 의한 것도 아니고, 인간이 운명적으로 고통 속에서 울면서 살아가야 할 존재도 아니다. 우리의 눈이 뜨이면 갖추고 있는 지혜의 힘으로 이런 사실을 알고 그렇게 살 수 있음을 가르쳤다. 그리하여 붓다는 인간을 비롯한 모든 존재에게 뛰어난 스승이 되었다.

고의 진실을 알면 그 원인을 알고, 또 어떻게 해야 없어지는지도 알 수 있다. 원인 없이 존재하는 것은 없기 때문에 고에는 반드시 원인이 있고, 그 원인은 반드시 없앨 수 있다. 모든 것은 생하면 없어지기 마련이다. 어떤 것이 존재하기 위해서는 다른 어떤 것이 필요하고, 그들이 서로 관련되고 의지하여 존립한다는 사실을 발견했다. 이것이 연기緣起의 도리이다. 모든 것은 인연에 의해서 생하고 인연에 의해서 멸한다. 인연이란 이것과 저것의 얽혀 있는 관계요, 서로 주고받는 관계다. 좋든 나쁘든 홀로 존재하는 것은 없고, 모두 어떤 뜻에서든지 뗄 수 없는 관계 속에서 주고받으며 의지하고 있다. 나쁜 것은 나쁜 것끼리, 좋은 것은 좋은 것끼리 우리의 생각으로는 헤아릴 수 없는 미묘한 관계로 걸려 있다. 그러므로 나쁜 일이 생기면 그 원인은 나쁜 어떤 것들이 서로 모여 관련되어 있는 것이다.

고의 원인이 바로 무명이다. 무명의 원인은 탐진치요, 탐진치의 원인은 그릇된 마음에 있다. 그릇된 마음은 진실을 진실 그대로 보거나 행하지 않는 마음이다. 되어진 도리 그대로 생각하고, 되어진 도리 그대로 보고, 되어진 도리 그대로 행하지 않음이 바로 탐진치라는 잘못된 번뇌이다.

이는 진리를 있는 그대로 보는 눈이 멀었기 때문이니 곧 무명이다. 무명으로 인해서 모든 존재가 있게 되었다는 사실은 붓다에 의해서 최초로 발견되었다. 그리하여 붓다는 자신의 마음속에서 일체의 번뇌가 사라져 어두운 밤이 환히 밝은 것처럼 진리를 발견하였고, 실천을 통해서 그 진리를 보여주었으며, 진리 그대로 실천하면 누구나 고를 벗어날 수 있다고 가르쳤고, 실제로 수많은 제자들이 그렇게 되었다.

여기서 우리는 '일체의 존재는 고이다.'라는 뜻을 올바르게 알아야 한다. 이 세상 모든 존재의 실상은 뜻대로 되지 않는 것인데, 이것을 모르고 뜻대로 하려는 데에서 그릇된 견해와 그릇된 삶이 있게 된다. 그래서 고통받고 남에게도 고통을 주는 삶을 계속하게 된다.

붓다는 고행으로 들어가기 전에 생로병사를 면할 수 있는 길이 없는지를 찾았다. 그러나 곧 그 생각이 잘못이었음을 깨닫게 되었다. 생로병사를 면하겠다는 생각이 바로 뜻대로 안 되는 일을 뜻대로 해보겠다는 망상이었음을 깨달은 것이다. 본래는 존재하지도 않는 죽음과 늙음, 병듦을 있다고 여기고 벗어나려고 했던 것이다. 그러나 눈을 뜨고 보니 죽음은 죽음이 아니고, 늙고 병듦 또한 생각한 대로가 아님을 알게 되었다.

마음이 생로병사를 일으킨다. 그러나 현실적으로 죽음은 확실히 존재한다. 삶이 있기 때문이다. 그러면 그 삶은 어디서 왔는가. 이렇게 생각하니 삶도 결국 무명으로부터 왔음을 알 수 있다.

현실적으로는 확실히 존재하는 죽음이 진실한 깨달음에서는 없다는 것은 죽음도 무명 때문에 존재한다는 의미이다. 붓다는 이 무명을 없애면 죽음이나 삶도 없는 것은 아닌지를 살펴보았다. 단지 죽음이나 삶만이 아니라 우리가 생각하고 느끼는 모든 일들이 진실로 존재하지도 않으면서 그릇된 무명에 의해서 생기고, 그에 집착하여 괴로워진다는 사실을 알 수 있었다. 열두 가지 인연의 절차에 의해서 모든 존재가 생기고 없어진다. 이를 흔히 십이인연설十二因緣說이라고 한다. 이 경전에서는 십이문十二門이라고 했다.

그러면 모든 것은 고이며 원인이 있는데, 그 원인을 없애는 길은 올바른 생각, 올바른 행동, 올바른 삶 등임을 알게 되는 것은 어떤 상태인가. 붓다가 깨달은 이 세계는 어떤 것인가. 한마디로 말하자면 청정함이다.

붓다가 사성제를 얻었을 때에는 우주의 모든 사물에 정신이 집중되고, 숨이 죽은 듯이 고요하게 들어오고 나갔다. 숨과 마음, 몸과 마음, 일체의 사물과 붓다 자신은 완전히 하나가 되어 적정 그대로요, 영묘한 움직임 그대로며, 밝은 빛으로 가득 찬 지혜의 바다가 되었다.

여기에 죽음이나 삶, 괴로움이나 즐거움이 어디 있으며, 너와 내가 어디 있으랴. 이렇게 자연법이自然法爾 그대로가 우주만상의 생하고 멸하는 세계이다. 죽음과 삶이 있으면서도 없고, 괴로움과 즐거움이 있으면서도 없는 이러한 세계에 자적하는 깨달음의 세계, 이것이 우리의 참된 모습이다.

경에서는 고의 원인을 습習이라고 했다. 습은 훈습熏習이니 훈습이 업을 지어 그 업력이 모든 것을 존재하게 한다고 보기 때문이다. 고의 원인인 습이 없어지면 고도 사라진다는 것을, 해가 동쪽에 떠오를 때에 온 천지의 어둠이 일시에 걷히고 만상의 모습이 있는 그대로 보이는 것에 비유했다. 깨달음의 세계란 이런 세계이다. 이렇게 보이게 된 이유는 새로운 눈이 열린 것이 아니라 단지 눈에 가려져 있던 장막이 사라져서 본래 갖추고 있던 밝은 지혜가 있는 그대로 나타났을 뿐이다. 이러한 눈이 열린 세계를 청정한 마음이라 한다.

청정한 세계에서 사물을 있는 그대로 보면 그것이 곧 십이문, 곧 십이연기의 도리이다. 붓다는 경에서 청정함이 열두 가지 문을 거쳐서 나온다고 자세히 설명했다. 청정 그대로 십이문을 나오고 들어가는 길이 도이다. 그러므로 경에서는 '청정이 바뀌어 십이문을 나오기 때문이다.' '도로부터 해탈을 얻는 것이다.'고 했다.

도는 깨달음의 길이다. 지혜롭게 사는 것이 도를 행하는 길이요, 지혜로부터 해탈에 이른다. 지혜는 어둠 같은 고의 장애를 없앤다. 밝은 빛이 비치는 올바른 길을 걸어갈 때에는 해탈이라는 고의 지멸止滅이 있고, 고를 떠난 열반의 즐거움이 있다.

열반의 즐거움은 여덟 가지 올바른 생활에서 비롯된다. 팔정도는 반드시 열반으로 가는 길이다. 열반은 즐거운 세계이며 또한 고가 없기 때문에 번뇌가 일어나지 않는 청정한 세계이다. 이러한 청정한 세계는 호흡을 조절하는 '아나파나사티'의 즐거운 삶 속에 있다. 열반은 먼 곳에 있지 않고 지금 이 순간의 들어오고 나가는 숨 속에 있다. 숨과 하나가 된 집착하지 않는 이 마음속에 있다.

《성실론成實論》 제14에서는 이렇게 말했다.

"'어떤 것이 물인가. 만일 팔직성도八直聖道로써 물을 삼으면, 곧 마땅히 안과 밖의 육입六入으로써 기슭을 삼거나 탐희貪喜 등을 중류中流로 삼을 수 없다. 또한 마땅히 썩지도 않는다. 만일 탐애를 물로 삼으면 어찌 이에 따라서 열반에 이를 수 있으랴.'

답하여 가로되, '팔직성도로써 물을 삼는다. 비유는 반드시 꼭 같은 것은 아니다. 이 나무가 팔난八難을 떠나면 반드시 큰 바다에 이르게 되는 것처럼 비구도 이와 같이 여러 흐름의 재난을 떠나면 곧 팔성도수八聖道水에 따라서 흘러가 열반에 든다.' 이는 곧 '젖은(乳) 조개와 같다.'고 할 때 단지 그 빛만을 보고 취하되 굳고 여림을 취하지 않는 것이요, '얼굴이 달과 같다.'고 할 때 단지 그 풍성함만을 취하고 형태를 취하지 않음과 같다.

또한 행자로서 거룩한 길을 나와서 안과 밖의 육입六入에 집착하면 이 나무가 물속에서 이 기슭, 저 기슭에 붙어서 부패함과 같다.

어떤 존자는 말하기를 '항하(갠지스강)의 물이 반드시 큰 바다로 들어가는 것처럼 팔성도는 반드시 열반에 이르기 때문에 이런 비유로써 한다.'고 열하나의 정定을 갖춤을 설했다. 만일 '이 법'이 있으면 자연히 정定을 얻는다."

여기서 '이 법'이란 '아나파나사티법'을 말한다. 붓다의 호흡법은 정에 드는 호흡법이니 팔정도 중에서 정정正定이 가장 중심이 된다. '정정은 번뇌가 일어나지 않는 고요하고 움직임이 없는 청정이다. 쓸데없는 욕심이 일어나지 않으므로 습을 버리면 일을 행하지 않음과 같다.'라고 했다. 일을 행하지 않는다는 것은 업業을 짓지 않는다는 뜻이다.

다음에 '깨달아 아는 것이 다하면 무소유'라고 했다. 깨달음은 고가 없어진 상태이므로 마음에 번뇌가 없으며, 어떤 것에도 욕심을 부리지 않는다. 무소유는 비어 있는 마음이다. 비어 있는 마음으로 재산을 가지면 갖고 있지 않음과 마찬가지다. 번뇌가 없으면 아무것도 하지 않고 탐진치가 완전히 없어진 것이지만, 번뇌는 깨달음의 조건이 되기도 한다. 번뇌가 없으면 깨달음도 없다. 다시 말하면 고는 없애야 하지만 그 고를 앎으로써 원인을 알고 없앨 수 있다. 즉 고는 깨달음의 동기가 된다는 말이다. 그래서 고는 나쁘면서도 고맙기도 하다. 그러므로 대승불교에서는 '번뇌가 곧 깨달음〔煩惱卽菩提〕'이라고 한다.

　번뇌는 없앨 것이 아니라 잘 살려야 한다. '즉卽'은 같다는 뜻이 아니라 부정과 긍정의 의미를 동시에 담고 있다. 번뇌 역시 나쁘면서도 좋은 것이다. 《금강정경金剛頂經》에서는 '일체가 청정하니 반야바라밀다는 청정하다.'고 했다. 일체가 청정하면 번뇌도 청정하다.

　청정한 세계는 일체가 가치의 전환으로 살아나는 세계이기도 하다. 그러므로 경에서는 '도는 고를 알아서 습을 끊고 깨달아 알아서 길을 생각함을 밝힌다.'고 했다. '~을 밝히는 것'은 가야 할 바른 길이 마음에 환히 나타나는 것이니 바로 도이다. 우리가 가야할 길은 환히 밝혀진, 즉 어둠이 밝음으로 바뀐 길이다. 밤이 없으면 아침해의 밝음도 없다. 번뇌인 밤은 깨달음인 아침의 밝음을 가져온 인연이 된다. 그래서 밤은 부정할 대상인 동시에 긍정할 대상이기도 하다.

　불교에서 말하는 올바른 여덟 가지 길은 어떤 것을 부정하는 것이 아니라 가치를 전환하여 살리는 것이다. 그러므로 깨달은 사람은 악한 사람을 미워하지 않고 자비로 착한 사람으로 교화하니 이미 번뇌는 깨달음의 자량資糧으로 바뀐다.

2-2. 태양 같은 지혜를 얻는다

識從苦生. 不得苦亦無有識. 是爲苦也. 盡證者. 謂知人盡當老病死證者知萬物皆當滅. 是爲盡證也. 譬如日出作四事. 一壞冥. 謂慧能壞癡. 二見明. 謂癡除獨慧在. 三見色萬物. 爲見身諸所有惡露. 四成熟萬物. 設無日月萬物不熟. 人無有慧癡意亦不熟也.

지식은 고로부터 생하니 고를 얻지 않으면 식도 있을 수 없다. 이것이 고이다. 깨달음이 다한다고 함은 곧 사람이 모두 마땅히 늙음과 병듦과 죽음을 알게 되고, 만물은 모두 마땅히 멸한다는 사실을 깨달아 안다. 이것이 깨달음이 다한 것이다. 비유하면 해가 떠서 네 가지 일을 하는 것과 같다. 첫째는 어둠을 부순다. 곧 지혜는 능히 어리석음을 부순다. 둘째는 밝음을 본다. 곧 어리석음이 제거되어 지혜만이 홀로 있다. 셋째는 색色의 만물을 본다. 곧 몸에 있는 여러 가지 나쁜 악로惡露들을 본다. 넷째는 만물을 성숙시킨다. 만일 해나 달이 없으면 만물이 성숙하지 못하듯이 사람에게 지혜가 없으면 어리석은 마음 또한 익지 못한다.

해설 앞에서도 말했지만 일체는 모두 청정하다. 그러므로 버릴 것이 없다. 지혜가 부족하면 버리게 된다. 마치 폐품을 이용하여 새 물건을 만들듯이.

고는 나쁘지만 제대로 알면 고를 떠날 수가 있다. 고를 고로 알지 못하기 때문에 괴로움에 빠져서 허덕인다.

여러 가지 좋고 나쁜 일을 경험하여 풍부한 지식을 얻으면 실패의 경험이 성공의 인연으로 이어지기도 한다. 지혜롭지 못한 사람은 실패를 인정할 줄 모르고 더불어 그 원인도 알지 못하기 때문에 성공의 좋은 인연으로 바꿀 수 없다. 지혜로운 사람은 실패를 성공의 어머니로 삼고 두번 다시 되풀이하지 않는다. 이렇게 하여 인생경험이 풍부해지면 그 지식이 깨달음에 도움이 된다. 마치 봄에 싹을 틔우고 여름을 거치는 동안 수많은 고난을 겪고 견디면서 꽃을 피워 가을에 아름다운 열매를 맺는 것과 같다. 온실 속에서 자란 꽃나무는 색깔도 곱지 않고 향기도 없으며 열매도 성숙하지 않는다.

사람이 태어나 늙고 병들고 죽는다는 사실을 알면 고를 알게 된다. 생로병사는 내 뜻대로 되지 않는다. 만물은 반드시 이를 통해서 생겨나고 없어진다는 사실을 알면 고를 떠나게 된다.

사람이 늙고 병들고 죽는다는 것은 누구나 다 아는 당연한 사실이 아닌가라고 반문하는 사람이 있겠으나, 사실 제대로 아는 사람은 많지 않다. 지혜로운 사람은 이러한 사실을 알아서 그 인연을 살펴 고를 낙으로 바꿀 수 있다. 생로병사를 통해서 고를 떠난 열반적정의 세계로 전환시킨다. 나면 병들고 늙고 죽는 것은 자연의 법칙이다. 곧 인연법에 따른다. 자연법은 늙음과 죽음이 고임을 알게 하고, 이를 통해서 고를 떠나게 한다. 인연법은 나면 병들고 늙고 죽음을 통해서 고를 알고, 고를 통해서 인연을 알고, 인연을 알아서 열반으로 가게 한다.

지혜는 마치 태양의 뜨겁고 밝은 빛과 같고, 달의 서늘하고 밝은 빛과도 같다. 동쪽 하늘에 떠오르는 태양은 밤의 어둠을 사라지게 하고 밝은 세계로 바꾼다. 가치의 전환이다. 어둠이 사라진 후에 밝음이 오는 것이 아니라 어둠이 밝음으로 전환된다.

이 세상에는 좋고 나쁜 것이 같이 있다. 밝고 지혜로운 눈이 있으면 나쁜 것과 좋은 것을 보고 분별하여 나쁜 것을 버리고 좋은 것을 취할 수 있다. 지혜도 이와 같으므로 무분별지無分別智 속에 분별지가 있다고 한다. 또한 태양이 뜨거운 열기로 만물을 원만히 성숙시키는 은혜를 베풀듯이, 지혜도 이와 같아서 자비광명이요 무량복덕이다. 그러므로 지혜를 대원경지大圓鏡智나 평등성지平等性智, 묘관찰지妙觀察智, 성소작지成所作智라고도 한다. 이들 네 가지를 다 갖춤이 불지佛智다.

동쪽 하늘에 태양이 떠오르면 송아지도 울고, 종달새도 하늘 높이 날아 울부짖으며, 꽃이 피고 나비가 날아든다. 대자연은 물론 인간의 삶도 이렇게 이루어진다. 밝은 달밤에 기러기가 줄을 지어 나는 모습도 부처님의 지혜가 원만하게 나타난 것이 아니랴. 천리 만리를 달빛 따라 날아가는 기러기가 곧 부처님의 몸이다.

지혜는 어리석음을 제거할 뿐만 아니라 이를 바꾸어 성숙하게 한다. 이것이 부처님의 덕이요 가치의 전환이며 절대가치의 창조다. '지혜가 없으면 어리석은 마음도 성숙하지 못한다.'고 했다. 어리석음을 제거하지 말고 성숙시켜야 한다. 어두운 어리석음이 밝은 지혜로 바뀌어야 한다. 어리석음이나 현명함은 따로 존재하는 것이 아니라 지혜의 빛에 의해서 어리석음이나 현명함으로 바뀔 뿐이다. 우리는 모두 이런 능력을 갖추고 있다. 청정한 본심이 바로 지혜의 빛이다. 태양빛이나 달빛과 같이 본성은 항상 빛이 나고, 모든 것을 살리는 덕을 갖추고 있다.

《금강정경》에 속하는 《대비공지금강대교왕의궤경大悲空智金剛大敎王儀軌經》 제2권 〈청정품〉에서는 "이러한 청정을 설함으로 일체는 의혹이 없고, 일체가 거룩한 것을 마땅히 분별하여 설하리라. 오온五蘊, 오대종五大種, 육근六根 및 육처六處, 무지無知, 번뇌의 어둠도 자성自性은 모두 청정하다. 스스로 이렇게 받아들이면 묘락상응하나니 경계 등은 청정하도다. 그러므로 부처님은 선교善巧로써 일체의 자성이 청정하다고 설하셨다."고 했다.

〈청정품〉은 이어서 다시 이렇게 설한다. "만일 세간의 어리석은 어둠과 밝은 진실을 알면 곧 이들의 계박繫縛으로부터 해탈을 얻으리니 ……마음이 청정하므로 일체가 청정하다."

2-3. 생사의 법에 따른다

上頭行俱行者. 所行事已行不分別說. 謂行五直聲. 身心幷得行也. 從諦念法意著法中. 從諦念法意著所念. 是便生是求生

死. 得生死求道. 得道內外隨所起意. 是爲念法.

위머리의 행이 같이 행한다고 함은, 이미 지은 바 일이 행해지면 분별하여 설하지 않나니, 곧 다섯 직성直聲을 행하면 신심身心은 더불어 같이 행해짐이다. 진리에 따라서 법을 생각하여 뜻이 법 속에 머물고, 진리에 따라서 법을 생각하여 뜻이 생각하는 바에 머물면 곧 생이니, 이는 생사를 구하고 얻어서 도를 구한 것이다. 도를 얻으면 내외는 뜻을 일으키는 대로 따른다. 이로써 법을 생각하게 된다.

해설 앞에서 말한 바와 같이 올바른 호흡으로 청정한 지혜를 얻으려면 먼저 해야 할 일이 있다. 첫번째 단계에서 행하는 일은 다음 단계에서 할 일과 관련이 있기 때문에 결국 같이 행하게 된다. 경에도 '첫번째로 행해지는 일이 다음에 행해질 일들과 더불어 행해진다.'고 되어 있다. 예를 들면, 먼저의 행이 직直과 더불어 행해지고, 행이 성聲과 더불어 행해지고, 행이 신身과 더불어 행해지며, 행이 심心과 더불어 행해진다.

다시 말하면 자세를 곧게 하는 일과 더불어 호흡조절이 같이 행해지고, 말을 할 때에 나가고 들어오는 음성과 더불어 호흡조절이 행해지며, 몸의 움직임이나 마음의 움직임과 더불어 호흡에 정신을 집중하는 행이 행해진다. 곧 앉거나 말하거나 몸을 움직여서 걷거나 생각할 때도 호흡이 떠나지 않는다.

처음에는 호흡에 정신을 집중하는 훈련을 하기 위해서 조용한 곳을 찾아 곧은 자세로 단정히 앉아서 해야 하지만, 익숙해지면 말하거나 걸으면서, 또는 몸을 구부리거나 생각하면서도 호흡과 정신이 하나가 된다. 이와 같이 되면 드디어는 자재롭게 움직이고 생각하고 관찰하더라도 도에서 벗어나지 않게 된다.

이때에는 마음이 청정 그대로 되어 진리를 밝게 보는 눈이 열린다. 그리하여 진리에 따라서 모든 사물을 생각하게 된다. 진리는 곧 고집멸도의 네 가지를 말한다. 모든 존재는 고이며 원인이 있다. 그 원인을 없애면 고가 없어지고, 그 원인을 없애는 길이 바른 삶의 길임을 알고, 바른 길을 따라 모든 사물을 생각하며 행동한다. 진리에 따라서 법을 생각하면 마음이 법에 머물러 법과 하나가 된다. 곧 주관과 객관이 하나가 되어 순일한 속에서 생각하는 것이니 바로 생이다.

생이 있으면 반드시 죽음이 있으므로 생은 죽음을 있게 하고, 생과 사를 모두 얻으면 생사 속에서 생사에 걸림 없는 삶을 살게 된다. 이러한 집착 없는 삶을 얻으면 마음속에 일어나는 모든 정신작용이나 그것이 상대하는 대상은 생각에 따라서 떠나지 않으니 법을 생각하여 일체 사물과 생각을 같이 하게 된다.

올바른 삶은 항상 생이란 무엇이며, 죽음이란 무엇인가를 알고, 생과 사의 도리에 의해서 사물을 관찰하는 삶이다. 그렇게 함으로써 삶을 통해서 죽음을 극복하고, 죽음이 항상 생과 같이 하기 때문에 생사가 하나라는 높은 차원에서 살아갈 수 있다. 즉 생사에 구애받지 않는 높은 차원에 이르러 참된 행복을 얻게 된다. 그러한 삶의 길이 바로 도를 구하여 얻은 것이다.

여기에 매우 중요한 가르침이 있음을 알아야 한다. 우리가 죽음을 눈앞에 의식하고 산다면 오늘 하루가 바르고 알차야 함도 알게 된다. 또한 사물을 보는 데 있어서 그 사물이 지금은 존재하나 곧 멸하게 된다는 사실을 알면 얼마나 소중하고 귀한지도 알게 된다.

사업을 하거나 공부를 할 때 죽기를 각오하면 못 하는 일이 없다.

"죽는 자는 산다."고 했으니 대사일번大死一番하라고 했다. 한 번 죽은 삶은 생사를 떠난 삶으로 크게 비약하는 법이다.

2 - 4. 마음이 법을 떠나지 않는다

意著法中者. 從四諦自知意生. 是當得是不生是不得. 是便却意畏不敢犯. 所行所念常在道. 是爲意著法中也.

마음이 법 가운데 머문다고 함은, 사제四諦에 따라서 스스로 뜻이 생함을 안다는 말이다. 이는 마땅히 얻음이니, 생함도 아니요, 얻음도 아니다. 오히려 뜻을 두려워하여 감히 범하지 못함이다. 행하는 것과 생각하는 것이 항상 도에 있으면 마음이 법 가운데에 머문다.

해설 마음이 항상 법과 같이 하여 떠나지 않으면 올바른 마음이요 올바른 삶이다. 법이란 진리이니 사제四諦의 법에 따라서 마음이 항상 진리 속에서 움직이면 움직이고 있으나 생하지는 않는다. 법은 생하지도 멸하지도 않기 때문이다. 불생불멸 속에 생하고 멸하니, 이때의 생과 멸은 생도 아니고 멸도 아니면서 생이고 멸이다. 그러므로 사제를 따라서 법대로 일으킨 마음은 일어나지 않았으므로 멸하지도 않는다. 또한 얻음도 아니다. 얻었다면 진리가 아니기 때문이다. 진리는 얻음이 아니고 얻지 않음도 아니다. 얻을 수 없는 것을 얻는 것이다. 얻었거나 얻지 않았다고 해도 진리가 아니다. 얻었다 하면 '있음'에 떨어지고, 얻지 않았다면 '없음'에 떨어지니 진실의 세계가 아니다. 어느 한쪽에 치우쳐서 떨어지면 진실의 세계에서 멀어진다. 그러므로 마음이 법에 머물러 있어서 떼려고 해도 뗄 수 없는 상태에 이르면 그런 생활이 몸에 배어서 법이 아닌 그릇된 일은 생각하지도 않고 행하지도 않게 된다.

불교는 진리를 아는 종교가 아니라 진리 그 자체이다. 마음과 몸이 진리가 되어버린 사람은 진리를 벗어나려고 하지도 않고, 오히려 진리를 벗어나면 두려움을 느끼게 된다. 그런 사람은 법을 안 사람이요, 법과 더불어 같이 하는 사람이기 때문이다. 그대로 살고 있는 사람〔如來〕은 법 그대로 가고 있는 사람이기도 하다〔如去〕. 여래와 여거는 같다. 부처란 법 그대로 살고 법 그대로 죽는 사람이다. 가는 것은 오는 것이요, 오는 것은 가는 것이다.

이렇게 되면 행하는 바가 도에 어긋나지 않아서 도 가운데 있으며 생각하는 바가 법 가운데에 머문다. 생각하는 바가 진리와 떠나지 않고 행동이 이에 따르면 그것 또한 열반의 세계다. 당연히 이러한 세계가 얻어져 머물 수 있게 된다.

진리는 불생불멸이다. 용수龍樹도 팔부중도八不中道를 설하여 불생불멸이 공이요, 중도라고 했다. 생하지도 않고 멸하지도 않는 속에 생하고 멸하는 것이 우주자연의 법이다. 불생불멸의 법 속에서의 생과 멸은 세속적인 생도 아니고 멸도 아니다. 그러므로 도인은 평상심의 생멸 속에서 생멸이 아닌 마음을 가지고 있으므로 평상심이 곧 도〔平常心是道〕라고 말한다. 이때의 평상심이 생멸심이다. 그러나 그 생멸심이 생멸을 떠난 진리 속에서 일어나고 없어지므로 도라 할 수 있다.

'아나파나사티'의 여섯 단계는 바로 이의 실천이며, 완성되면 청정이라고 말해진다.

2-5. 법은 正道다

是名爲法正從諦本起本著意. 法正者謂道法. 從諦謂四諦. 本起著意者謂所向生死萬事. 皆本從意起. 便著意便有五陰所起意當斷. 斷本五陰便斷. 有時自斷不念. 意自起爲罪. 復不定在道爲罪. 未盡故也.

이것을 이름하여 법은 바르며, 진리에 따르면 근본이 되고, 근본을 일으켜서 뜻에 머물게 된다고 한다. 법이 바르다는 것은 곧 도법이다. 진리에 따른다는 것은 곧 사제四諦이다. 근본으로부터 뜻의 머무름이 일어난다는 것은 곧 생사로 향하는 만사는 모두 본래 뜻으로부터 일어난다는 뜻이다. 곧 뜻에 머물러서 오음五陰이 일어나므로 마땅히 뜻을 끊어야 한다. 근본을 끊으면 곧 오음도 끊어진다.

어느 때에는 스스로 끊어서 생각하지 않으나 뜻이 스스로 일어나면 죄가 된다. 다시 정정의 길에 있지 않으면 죄가 된다. 아직 다하지 않았기 때문이다.

해설 위에서 말한 바와 같이 우리의 삶은 진리에 따르면 법을 따르게 되고, 법을 따르면 올바른 삶이 이루어진다. 그러면 진리로부터 나온 법은 어떤 것인지를 더 자세히 살펴볼 필요가 있다. 즉 법은 어디서 일어나고 어떻게 되어 있는지를 알아야 한다.

붓다는 법은 진리로부터 일어나며 올바르다고 설했다. 법은 진리로부터 있게 되었으니 바르고, 또한 뜻에 머물러서 뜻과 더불어 존재한다. 그렇기 때문에 우리의 마음을 보면 법을 보는 자라고 할 수 있고,

마음의 근본을 보면 진리를 보는 자라고 할 수 있으며, 법을 법대로 행하는 자는 올바른 삶을 산다고 할 수 있다. 법과 올바름과 마음은 하나의 근본으로부터 나온다.

 진리는 고집멸도의 사제四諦로 대표된다. 사제에 이들 모두가 들어 있다. 집集이 근본이 되어 고苦라는 결과가 있다. 고가 없어지면 근본도 없어진다. 나쁜 근본이 없어졌으니 올바른 길이 나타난다. 그러나 원인과 결과는 직선적이 아니라 상호 의지하고 있으므로 결과가 곧 원인이 된다. 올바른 길을 가면 고가 멸하고, 고가 멸하면 정도를 실천한 것이다. 다시 말해 정도의 실천으로 고가 멸한다. 생사의 도리를 설한 사제의 진리가 근본이므로 생사로 향하는 법이 나타난다. 모든 것은 진리에 의지해 있으므로 만사는 생사로 향한다.

 '생사로 향하는 만사는 모두 뜻으로부터 일어난다.'고 했다. 법과 마음은 다르지 않다. 마음이 진리요 법이니 만사는 마음에 따른다.

 만법의 근본인 사성제의 실천에는 37종의 수행방법이 있다. 바로 《삼십칠도품경三十七道品經》이다. 사성제의 근본원리대로 수행하면 깨달음에 도달하며, 근본을 알아서 고의 근본을 제거하여 복락을 누릴 수 있게 된다. 그런데 사성제의 진리가 근본이나 원리를 모르고 집착을 일으키면 생사를 거듭하여 유한한 삶 속에서 고뇌하게 된다. 집착은 곧 마음이 모든 것이 있는 근본에 머물러서 떠나지 않음이다. 그러므로 뿌리에 머무른 마음이 집착이 되어 오온五蘊을 있게 한다. 오온은 우리 실존의 구체적인 구조다. 인간의 몸은 다섯 가지로 구성되어 있다. 오온은 오음五陰이라고도 하는데, 색色, 수受, 상想, 행行, 식識 등이다. 객관세계와 주관적인 모든 것은 이들 다섯 가지로 분류될 수 있다.

 경에서 '뜻에 머물러서 오음이 일어나므로 마땅히 끊어야 한다.'고 했다. 오음의 집착으로 인해서 고라는 현실세계가 전개되고 있다. 고를 없애고 청정한 세계로 가려면 이 오음을 끊어야 하니, 오음을 끊으면 집착도 끊어져 정定에 머물게 된다. 이때 비로소 생사를 끊고 고뇌를 벗어날 수 있다.

오음 중에서 색色은 물질이니 객관세계이다. 수受는 감수작용, 상想은 생각, 행行은 의지의 움직임, 식識은 인식작용이니, 이들 네 가지는 정신세계이며 주관의 세계이다.

우리의 삶은 주관과 객관에 의해서 이루어져 있다. 주객의 그릇된 관계에서 그릇된 마음이 일어나고, 그릇된 마음으로부터 그릇된 삶이 있어 생로병사가 되풀이된다. 우리의 건강도 근본은 마음에 있다. 주관과 객관의 올바른 관계에서 건강도 유지된다.

환경에 잘 적응하고 마음가짐이 올바르면 건강해진다. 고민이나 공포나 불안, 스트레스가 없어지고 환경과 조화되면 자연히 건강이 유지된다. 건강은 주는 것이 아니고 스스로 갖는 것이다.

경에서 말한 '오음五陰을 끊는다.'는, 주체인 자신과 객체인 환경의 관계를 조화시킨다는 뜻이다. 주관에 고집하거나 객관에 집착하면 주관과 객관이 대립하기 때문에 조화가 이루어지지 않는다. 오온을 끊으면 객관세계에서 들어오는 자극에 끌리거나 자아에 고집하지 않게 된다. 그러므로 오온을 끊으면 주관인 자아를 세우지 않고 객관에 집착하는 쓸데없는 생각을 일으키지 않는다. 이것이 곧 마음의 안정이요, 한결같은 집중으로 흔들리지 않는 정定에 들어간 상태이다.

청정이란 바로 오온이 끊어진 상태이다. 청정은 한결같이 집착 없는 마음이 집중되면서 사물을 있는 그대로 관찰하여 조화를 가져오는 상태, 즉 묘적청정妙適淸淨이다. 청정은 인간과 인간, 인간과 자연이 법 그대로 조화되며 마음과 몸이 조화되고 주관과 객관이 진리 그대로 오묘하게 어우러진다.

여기에서 오온을 끊는다는 말은 오온 자체를 부정하는 의미는 아니다. 오온은 번뇌의 근본이기도 하지만 오온이 없으면 마음도 없고 깨달음도 없다. 그러므로 오온이 실체가 없음을 알고 잘 부리면 깨달음의 도구가 되기도 한다. 《반야심경》에서도 '오온이 모두 공空이다.'라고 했다. 오온은 부정할 대상이 아니라 진실한 세계인 공의 나타남이요, 공으로 간다는 뜻이다. 오온은 인간 자체이며 이 세계의 모습이다. 오온을 통해서 진리가 나타나고 오온의 생멸은 곧 공이다. 오온의 생멸을 통해서 불생불멸의 근본진리를 보여주고 있다.

생과 사는 세속의 현실이요, 불생불멸은 근본 진제다. 속과 진은 둘이 아니다. 이런 뜻에서 보면 오온은 번뇌를 일으키기도 하고 깨달음을 가져다 주기도 한다. '오온의 집착을 끊어야 오온이 산다.'가 바로 '오온을 끊는다.'의 진정한 의미이다. 오온을 끊으면 공이 되고, 공이 되면 정법正法이 선다. 정법은 정도正道이니 진리로부터 나와서 진리로 돌아가는 도이다.

2-6. 법에 따라 생각하고 행한다

意著法中者. 諦意念萬物爲墮外法. 中意不念萬物爲墮道法中. 五陰爲生死法. 三十七品經爲道法. 意著法中者. 謂制五陰不犯. 亦謂常念道不離. 是爲意著法中也.

뜻이 법 가운데에 머문다 함은 진리와 뜻이 만물을 생각하면 밖의 법에 떨어지고, (법의) 가운데에서 뜻이 만물을 생각하지 않으면 도가 법 가운데에 떨어진다. 오음은 생사의 법이 되고《삼십칠품경》은 도법이 된다. 뜻이 법 가운데 머물면 오음을 제어하여 범치 않는다. 또한 항상 도를 생각하여 떠나지 않으면 뜻이 법 가운데에 머문다.

해설 마음이 항상 법 가운데에 머물러 있으면 진리가 행해진다. 그러면 '마음이 법 가운데에 머문다.'는 무엇을 뜻하는가.

첫째로 뜻이 움직일 경우와 움직이지 않을 경우, 즉 만물을 생각할 경우와 생각하지 않을 경우가 있다. 둘째는 오음을 제어할 경우와 제어하지 않을 경우, 셋째는 항상 도를 생각할 경우와 그러지 않을 경우이다.

만물을 생각하면 마음이 밖으로 달려나간 것이다. 생각이 밖의 법, 곧 만물 속으로 떨어져서 그 안에 머물러 있다. 다시 말하면 주관이 객관에 접하여 하나가 된 경우를 말한다. 이때는 객관이 주가 되고 주관이 객이 된다. 그러나 생각이 만물을 생각하지 않고 법 가운데에 머물러 있으면 객관으로 달려나가지 않고 주관 속에 고요히 머물러 있게 된다. 어느 경우나 생각이 법을 떠나지 않으면 도가 법 가운데에서 행해진다.

오음은 있다가도 없어지니 생사의 법이 된다. 오음의 있고 없음이 곧 도의 행함이다. 오음이 도 그대로 행해지면 공도 그대로 행해진다. 이때 오음이 실체적으로 파악되지 않고 부정되어 억제되면, 생이 색이면서 색이 아니고, 수와 상과 행과 식 또한 마찬가지이다. 색, 수, 상, 행, 식이 제어되면 공으로 파악되어 그들에게 끌리지 않게 된다. 이렇게 되면 색이 나를 범치 못하고, 수와 상과 행과 식 또한 나를 범치 못한다. 즉 오음이 공으로써 존재하여 생과 사의 생멸법을 행하면 일체의 고액으로부터 벗어날 수 있다는 말이다. 오음이 제어되어 공으로 돌아가면 뜻이 법 가운데 머물게 된다. 뜻이 법 가운데 머물러 법을 떠나지 않으면 색을 대해도 끌리지 않고, 수와 상과 행과 식이 법 그대로 행해져서 여여如如한 법대로 작용한다. 생각이 법 속에 머물면 인연에 따라서 오음이 생멸하면서 법 그대로 살려지고, 그런 생활은 팔정도의 실천이 되어 고를 없애고 즐거움을 누리게 된다.

'오음을 제어하여 범치 않는다.'는 오음이 공으로 파악되어 그에 집착하지 않는 정도의 실현이다. 다음에 항상 도를 생각하여 떠나지 않음은 생각이 법 가운데에 머물고 있음이다. 도를 떠나지 않음은 법을 떠나지 않음이요, 정도를 떠나지 않음이다.

우리의 몸이나 정신은 제멋대로 내버려두면 안 된다. 몸은 물질로 구성되어 있기 때문에 그대로 내버려두면 타성이 붙고, 나쁜 습관이 붙어서 뜻대로 되지 않고 정신과 육체가 따로 있게 된다. 그렇게 되면 건강만이 아니라 정신에도 나쁜 영향을 미친다. 정신도 마찬가지다. 정신도 일어나는 대로 버려두면 멋대로 느끼고, 생각하고, 움직이면서 드디어는 몸까지 해치게 될 뿐만 아니라 근본정신까지 그르치게 하여 죄를 짓게 한다. 그러므로 생각이 진리를 떠나지 않고 법 가운데에서 항상 도를 생각하게 하려면 몸과 마음을 견제하고 좋은 습관을 가지도록 노력하여 꼭 잡아두어야 한다. 어떤 때는 금욕이나 극기훈련도 하여 오음을 억제함으로써 정도에서 벗어나지 않도록 해야 하고, 항상 도를 생각하여 떠나지 않게 하면 길을 잃지 않는다.

우리 마음속의 지침은 법이다. 법에 따라서 생각하고 법에 따라서 먹고 자고 일하며 법 가운데에서 옳고 그름을 가려서 정도를 걸어야 한다. 그러므로 법을 등명燈明이라고 한다. 법은 올바른 길을 가도록 인도하는 밝은 불빛과 같다. 사성제를 대표로 하는 진리의 법이다. 연기의 도리요, 공의 도리요, 생사의 도리요, 고를 떠나서 낙으로 가는 도리다. 법은 우리의 의지처요 따라갈 인도자다.

2-7. 正은 사물의 근본이다

所本正者. 所在外爲物本爲福. 所在內總爲三十七品經. 行道非一時端故言所本者. 謂行三十七品經法. 如次第隨行意不入邪爲正故名爲所本.

근본이 바르다 함은 밖으로는 사물의 근본이 되고, 복이 있다. 안으로는 모두 《삼십칠품경》이 된다. 도를 행함은 일시적인 끝이 아니기 때문이다. 근본이 되는 것은 《삼십칠품경》을 행함이다. 차례에 따라서 삿된 곳에 빠지지 않고 바르게 된다. 이름하여 근본이 바르다고 한다.

해설 사물은 존재조건이 올바르게 충족되었을 때에 존재할 수 있다. 물질이든 정신이든 다를 바 없다. 사물은 올바른 질서 속에서 존재한다. 올바름은 사물이 존재하는 근본 원칙이다. 일체 사물의 근본을 보면 올바른 진리의 법을 떠나지 못한다. 또한 올바름이란 진리요 사물의 존재법칙이다. 사물이 있어야 할 모습 그대로 존재한다면 근본인 올바름을 잘 간직하고 있는 것이니, 그 고유의 가치를 가지고 있는 것이다. 그래서 '올바름이란 사물의 근본이며, 복이 있다.'라고 했다.

인간은 올바른 길을 행해야 한다. 올바른 인간은 밖으로 나타난 모습과 안에 간직한 마음이 올바라야 한다. 자세도 바르게 나타나야 하고, 바른 말을 하고, 마음도 바르게 가져야 한다. 특히 마음을 올바르게 가지려면 《삼십칠품경》에서 설하는 모든 수행이 이루어져야 한다.

이렇게 안과 밖이 갖추어져야 비로소 도를 행하게 된다. 그러므로 도를 행한다고 함은 한때의 일시적인 현상이 아니어야 한다.

우리는 언제 어디서나 도가 행해질 수 있도록 수행해야 한다. 한때는 올바른 행위와 올바른 마음이 나타나도 시간이 지나 삿된 곳으로 떨어진다면 도인이 아니다.

도를 행하는 사람은 근본을 바르게 가져야 한다. 뿌리가 좋으면 가지와 꽃과 열매가 모두 좋은 것처럼 근본이 바르면 모든 것이 바르게 된다. 《삼십칠품경》은 근본을 튼튼히 하는 길을 가르친 경전이다. 《삼십칠품경》을 행하여 수행이 잘 이루어지면 언제 어디서나 올바른 길에서 벗어나지 않고 삿된 길로 들어가지 않는다.

앞에서 사물의 근본이 올바름이라고 한 것처럼, 사물의 근본은 진리요 법이며 법이 올바르게 나타나는 것이다. 삿된 것은 법이나 진리가 될 수 없으며 사물의 존재가 그 속에 있을 수도 없다. 사회가 정의에 의해서 유지되고, 법도 정의가 바탕이 되며, 비록 보이지는 않지만 가정이나 개인의 삶의 근본은 올바름이다. 옳게 사는 사람, 옳은 것이 이기는 사회, 옳은 것이 찬양받는 사회가 돼야 하는 이유는 근본진리가 올바르기 때문이다.

올바름이란 인간을 비롯하여 모든 존재를 지탱하는 힘이 된다. 그러므로 불교에서는 법法을 다르마 dharma라고 하여 이것과 저것이 서로 지탱하고 있는 질서요, 생하고 멸하는 조건이며 사물의 근본 성질이라고 한다. 이러한 법을 올바르다고 보는 것이 불교의 특질 중 하나이다. 그러면 불교에서 말하는 올바름이란 무엇인가. 공의 도리요, 연생연멸緣生緣滅하는 도리인 동시에 우리의 마음속에 자리잡고 있는 근본마음이다. 그 마음은 자비심이며 청정하여 어디에도 걸리지 않는다.

사물이 존재하기 위해서는 올바른 법 그대로 있지 않으면 안 된다.

건강을 유지하려면 마음이 바르고 청정하며 어디에도 집착 없이 한결같이 고요해야 한다.

또한 몸도 잘못되지 않은 올바른 상태여야 한다. 오장육부가 있어야 할 상태 그대로 있어야 하며, 몸에서 열이 난다든지, 마음이 불안하거나 공포가 느껴지면 올바른 상태가 아니다. 이런 상태에서는 병이 생기기 쉽고 올바른 생각이나 행동이 나올 수 없다. 우리의 몸과 마음이 근본을 잃은 것이다. 따라서 복을 받거나 주어진 가치를 발휘하지 못하게 된다.

2-8. 無爲야말로 正에 이르는 길이다.

正所本正各自異行. 以無爲對本. 以不求爲對正. 以無爲爲對無爲. 以不常爲對道. 以無有爲對亦無有所. 亦無有本. 亦無有正. 爲無所有也.

근본을 바르게 하는 바는 각자 다르게 행한다. 무위로써 근본에 맞서고, 구하지 않음으로써 올바름에 맞선다. 무위로써 무위에 상대한다. 떳떳하지 않음으로써 도에 상대한다. (능히) 없고 있게 함으로써 또한 없고 있음에 맞서고, 또한 없게 하고 있게 하는 근본과 없게 하고 있게 하는 올바름이 가진 바가 없게 된다.

해설 사물의 근본이 올바름이라면 모든 것은 근본으로부터 비롯되므로 올바라야 한다. 그러나 이미 근본으로부터 멀어져서 바르지 않게 나타나는 경우도 있으니 이는 잘못이다. 근본이 올바르다면 나타난 세계도 올바라야 한다. 그러나 근본 세계인 주체〔能〕와 나타내어진 세계인 객체[所]가 서로 완전히 같지는 않다. 마치 뿌리와 가지와 잎, 꽃과 열매가 근본은 같으나 각각 나타난 모습이 다른 것처럼 같으면서도 같지 않고, 같지 않으면서도 같다고 할 수 있다. 다시 말하면 하나도 아니고 둘도 아닌 관계라고 할 것이다. 이른바 불이不二의 관계이다.

 이 세상의 모든 사물은 나타내고 나타내어진 것과의 사이에 둘이 아닌 관계에 있다. 이것이 또한 연기의 도리이다. 다시 말하면 뿌리가 바르고 나타난 모습도 바른데 그 작용은 각각 다르다. 나타난 모습은 같으나 작용은 다른 것이다. 또한 작용은 같으나 모습은 서로 다르게 나타날 수 있다. 어떤 사물이 있기까지는 수많은 인연이 모여야 하고, 원인과 결과는 어느 것이나 무자성無自性이기 때문이다.

 그러면 근본으로서의 올바름은 어떤 성격을 가질까. 첫째로 무위의 세계를 가지고 있다. 무위는 사심 없이 행한다는 뜻이요, 무심히 마음을 일으킨다는 뜻이다. 함이 있으면 그로 인해서 무한한 능력이 제한을 받아 근본능력이 발휘되지 않는다. 무한한 가능성은 함이 없는 무심의 상태에서 나타난다. 어떠한 것에 마음이 걸려 있으면 함이 생겨 생사의 한계를 가진다. 태어나면 함이 있는 것이므로 반드시 죽음이 따른다. 그러므로 함이 있는 세계가 현실세계라면 무위의 세계는 부모미생전父母未生前의 세계이다.

 그래서 근본진리는 불생불멸이지만 생멸의 세계가 나타난다. 나타난 세계는 함이 있는 세계요, 근본진리의 세계는 무위의 세계이다. 그러면 어찌하여 올바름으로 나타난 것을 '함이 없다.'고 했는가. '무위로써 근본에 맞선다.'는, 나타난 올바른 세계에 함이 없으니, 이러한 무위로써 근본인 올바름에 상대한다는 뜻이다. 근본은 함이 없는 세계다. 함이 없는 올바름이다. 그러므로 근본으로부터 나타난 세계도 함이 없는 올바름이다. 즉 연기의 도리이다. 무위로부터 무위의 세계가 전개

된다. 되어진 세계를 함이 있는 유위라고도 하나 유위 속에 무위가 있다.

　유위에서 유위를 떠나 무위를 증득하는 것이 도이다. 우리의 몸도 무상함 속에 영원이 있다. 무상함 속에서 상常을 보고 유위법有爲法 속에서 무위법無爲法을 보는 사람은 법을 본 사람이다. 그러므로 올바른 무위로써 근본이 되는 무위에 상대한다고 했다. 이것이 연기의 도리이다.

　또한 되어진 세계인 올바름의 존재들은 떳떳하지 못한 무상한 존재이다. 생과 멸이 있는 것이다. 이러한 무상함 역시 근본인 도가 무상하기 때문이다. 근본이 무상이므로 나타난 세계도 무상일 수밖에 없다. 무상은 모든 존재의 실상이다. 근본자성이 무상이다. 절대불변하는 실체란 있을 수 없다. 붓다는 이를 가리켜 무아無我라고 하셨다. 무아이기 때문에 모든 존재는 무상하다. 근본인 올바름도 무상하므로 떳떳하지 않은 올바름으로 나타난다. 정법定法도 있을 수 없다. 올바르다거나 올바르지 않다는 모든 법도 절대불변하는 실체가 있는 것이 아니다. 그러므로 제법은 무아이며 무상이다. 무상한 것은 무상한 것으로부터 나타난다. 이것도 인연의 법이다.

　또한 능히 있고 없게 하는 근본이 이 세상의 만물을 있게도 하고 없게도 한다. 모든 존재가 있다가 없어지는 까닭은 그의 근본에 있고 없게 하는 힘이 있었기 때문이다. 있고 없는 것은 생과 사의 되풀이다. 생과 멸의 법이요, 윤회의 법이다. 이런 것도 인과의 관계를 떠날 수 없다.

　이렇게 볼 때 근본이 되는 올바름은 아무것도 가진 바가 없다. 어디에도 끌리지 않는 세계이며, 아무것도 갖지 않았기에 무한량하게 가졌고, 그 무한량한 것은 또한 아무것도 없는 것이다.

무일물無一物이 무진장이요, 무진장이 무일물이다. 무일물이 근본의 올바름이요, 무진장이 나타난 올바름이다. 무일물이 무요, 무진장도 무위다. 무일물인 하나의 도에서 수많은 무상한 존재를 창조해낸다. 무진장한 창조물은 하나의 도일 뿐이므로 단 하나의 물건도 없다. 정도는 무위정도無爲正道다.

2-9. 올바름은 고요하다

定覺受身. 如是法道說謂法定. 道說者謂說所從因緣得道. 見陰受者爲受五陰. 有入者爲入五陰中. 因有生死陰者爲受正. 正者道自正. 但當爲自正心耳.

정각定覺은 몸을 받는다. 이와 같이 법과 도를 설說함은 법의 정정을 말한다. 도를 설한다는 것은 곧 따르는 인연을 설하여 도를 얻는 것이다. 음의 받음을 본다는 것은 오음을 받는 것이고, 들어갔다는 것은 오음 중에 들어가는 것이고, 생사음生死陰이 있다는 것은 정정을 받는다는 것이다. 정이란 도가 스스로 올바르게 되는 것이니, 단지 마땅히 마음의 올바름일 뿐이다.

해설 고요한 마음속에서 얻어지는 깨달음에는 맑은 거울에 만물의 영상이 있는 그대로 보이듯이 일체의 사물이 그대로 나타난다. 사물인 법이 고요함과 만나 고요함 속으로 들어온 것이다. 주와 객이 만나서 하나가 된 것이기도 하다.
  이런 뜻에서 '정각은 몸을 받는다.'고 했다. 깨달음은 고요한 정정 속에 있다. 정정과 각覺은 같다. 깨달음의 지혜는 마음의 적정으로부터 나타난다. 따라서 법과 도는 떠날 수 없으니 법과 도를 있는 그대로 말하면 법이 곧 정이라고 할 수 있다. 이렇게 보면 법과 정과 각은 서로 떠날 수 없는 관계에 있다. 정에서 비춰진 대상이 법이며 정은 고요한 주관이니, 주관과 객관이 하나가 된 것이 도이다. 주객이 하나가 되어 주관은 주관대로, 객관은 객관대로 인연에 따라서 작용하므로, 이것이 또한 도를 얻음이다.

주체는 객체가 있어야 하고 객체는 주체가 있어야 존재한다. 그러므로 주체와 객체가 인연관계에서 만나 깨달음이 있다. 이것과 저것이 있으므로 이것이 있고 저것이 있으니, 곧 인연에 따라서 깨달음이라는 도가 있다.

깨달은 사람은 오음을 거부하지 않는다. 색, 수, 상, 행, 식의 오음은 번뇌의 근원이기도 하지만 깨달음의 근원도 된다. 오온은 모두 공〔五蘊皆空〕이기 때문에 받아들일 것이요, 받아들인다고 함은 공으로 들어오는 동시에 오음 중으로 들어가는 것이기도 하다. 오음은 공의 세계로 들어오기도 하고 공이 오음으로 들어가기도 한다.

정定은 일체를 거부하지 않고 있는 그대로 받아들이는 세계이다. 이것이 관觀이다. 받아들여진 것이 집착을 떠난다면 청정이요 각覺이다. 그러므로 정각定覺은 '정과 각'이라는 뜻도 되고 '정이 바로 각'이라는 뜻도 된다. 정과 각은 서로 떠나지 않는다. 정은 각의 원인이고 각은 정의 결과이니 원인과 결과는 같다.

'받아들이는 것'과 '들어가는 것'은 같다. 받아들이는 입아入我는 들어가는 아입我入이다. 입아아입관入我我入觀은 내가 부처요, 부처가 나라는 깨달음의 세계를 보여준다. 여기에서 도와 성불이 이루어진다.

생사음生死陰이란 오음이다. 오음은 생하고 멸하기 때문이다. 이러한 생사음이 있음으로 해서 올바름이 있게 된다. 생사음이 있기 때문에 팔정도八正道가 있고, 죽음과 삶이 있기 때문에 생사가 없는 정도正道가 있다. 번뇌가 있기 때문에 깨달음이 있다. 번뇌즉보리煩惱卽菩提가 바로 이런 뜻이다. 깨달음은 올바름이다. 그래서 '정이란 도가 스스로 올바른 것이다.'고 했다.

　이와 같이 적정인 정과 깨달음과 생사의 음은 서로 받아들이고 받아들여지는 인연관계에 있다. 오음을 떠나서는 깨달음이 없고, 적정도 있을 수 없음을 알아야 한다. 고요히 받아들여 집착이 없고, 집착이 없는 고요함 속에 깨달음이 스스로 나타나 올바른 법이 살아난다. 이렇게 하여 깨달음 속에서 올바름을 얻으려면 먼저 심적정을 가져야 하는데, 이는 숨이 올바르게 들어오고 나감에 있다고 한다. 숨이 올바르게 들어온다는 것은 오음 중에 들어오는 것이요, 숨의 나감은 오음 중에서 나가는 것이다. 들어오고 나감이 오음을 인연으로 하여 올바르게 행해지면 곧 도이다. 도는 올바름이라고 했다. 마음을 올바르게 쓰려면 마음이 적정 그대로인 정에 있어야 한다. 올바른 마음은 정 그대로이니 깨달음 자체이다.

　붓다의 아나파나사티는 마음의 올바름이요 고요함이요 청정한 각이라고 설했다.

3. 안반수의로 얻는 깨달음의 세계

3-1. 數息·相隨·止의 한계

人行安般守意. 得數得相隨得止便歡喜. 是四種譬如鑽火見煙 不能熟物. 得何等喜用未得出要故也.

사람이 안반수의를 행하면 수數를 얻고, 상수相隨를 얻고, 지止를 얻어서 곧 환희한다. 이 네 가지를 비유하면 불을 붙여 연기를 보나 그 연기로는 사물을 익히지 못함과 같다. 어떤 기쁨의 작용을 얻으나 아직 요긴함으로 나가지 못하기 때문이다.

해설 수는 수식數息으로서, 수를 열까지 세어서 숨의 들어오고 나감에 정신을 집중하여 이를 길들이는 첫 단계이다. 상수는 되풀이하여 수를 세면 마침내 수를 세지 않아도 정신이 숨에 집중되는데, 이 단계에서는 수를 세지 않고 마음이 자재하게 움직일 수 있다. 그래서 이 단계에서는 수를 세는 방편을 빌리지 않더라도 숨과 마음이 자연히 서로 따르게 되어 하나가 된다.

지는 마음을 뜻대로 움직여서 어떤 사물에 머물게 할 수 있는 단계이다. 마음속에 일어나는 잡다한 생각을 정리하여 한 곳으로 모으고 정신을 집중하는 힘이 생겨서 스스로 마음을 다스릴 수 있게 된다.

생리적으로 보면 수식은 횡경막의 수축을 조장하여 복압력腹壓力을 길러서 몸 속의 피를 심장으로 몰아넣고, 다시 탄산가스를 토해 뇌순환을 원활히 하여 신체기능이나 정신활동을 활발하게 해준다. 이렇게 되면 다음 단계의 상수에서는 이런 작용이 무의식적으로 행해져 조화로운 기능을 발휘하게 된다. 이때는 마음이 멋대로 달려나가지 않으므로 스트레스가 생기지 않고, 신체기능이 원활하게 이루어져 피로를 모르게 된다. 이로써 마음과 몸이 하나가 된 경지에 이른다.

지에서는 정신기능이 집중적으로 나타난다. 무의식적으로 행해지던 호흡이나 정신집중이 의식적으로 한 곳에 작용하게 된다. 마음이 호흡을 부리고 호흡이 마음을 부리면서 마음과 호흡이 하나가 되어 집중적으로 작용하는 단계이다. 이때는 마음에 따라서 몸이 움직이고 몸에 따라서 마음이 움직이므로 몸은 마음의 뜻대로 되고 마음은 몸의 뜻대로 된다. 그러므로 지금까지 못 하였거나 알지 못했던 사실을 알게 되고 감득하지 못했던 힘을 감득하게 되어 특수한 기쁨을 느낄 수 있다.

가령 꽃이 한 송이 있다고 하자. 꽃에 마음을 쏟지 않고 예사로 보면 그 꽃이 좋은 줄 모른다. 그러나 꽃에 마음이 끌려서 호흡이 가라앉고 호흡과 정신이 하나가 되어 꽃에 정신을 집중하면 그 특징을 발견하고 예쁘다거나 향기롭다는 사실을 파악하게 된다. 이때는 그 꽃에만 정신이 집중되고 호흡도 정신과 더불어 조화된다. 그래서 그 꽃을 보고 기쁨을 느끼게 된다. 기쁨은 꽃과 마음이 하나가 된 데에서 얻어지는 감정이다. 완전히 하나가 되면 꽃이 나요, 내가 꽃이다. 여기에서 꽃과 내가 서로 통하는 환희가 있게 된다.

그러나 이 네 단계로는 안반수의, 곧 숨이 들어오고 나감에 정신을 집중하는 단계에 도달할 수 없다. 여기에서 더 나아가야 한다. 경에서는 이를 '얻을 것을 아직 얻지 못했다.'고 했다. 이는 마치 부싯돌로 불을 붙이면 연기가 피어올라 불기운을 보기는 했으나, 활활 타오르지 않으면 쓸모가 없는 것과 같다. 이와 같이 불을 본 단계가 止이다. 불꽃을 보면 '아, 불이 일어난다.' 하고 기뻐하지만 불은 더 일어나야 한다. 활활 타올라 고기를 굽든지 찌개를 끓일 수 있어야 한다. 경에서는 '어떤 기쁨의 작용을 얻으나 아직 요긴함으로 나가지 못했다.'고 했다. 요긴함은 불이 활활 붙어서 쓸 수 있게 된 것이다. 여기에 불의 가치가 있듯이 안반수의도 다음 단계인 관과 환, 정으로 나아가야 한다. 이 단계는 '사물을 익히는' 단계이다.

3-2. 호흡의 열여덟 가지 장애물

安般守意有十八惱. 令人不隨道. 一爲愛欲. 二爲瞋恚. 三爲癡. 四爲戱樂. 五爲慢. 六爲疑. 七爲不受行相. 八爲受他人相. 九爲不念. 十爲他念. 十一爲不滿念. 十二爲過精進. 十三爲不及精進. 十四爲驚怖. 十五爲强制意. 十六爲憂. 十七爲忽忽. 十八爲不度意行愛. 是爲十八惱. 不護是十八因緣不得道. 以護便得道也.

안반수의에는 열여덟 가지 고뇌가 있어서 사람으로 하여금 도에 따르지 않게 한다. 첫째는 애욕, 둘째는 노여움, 셋째는 어리석음, 넷째는 희락, 다섯째는 만慢, 여섯째는 의疑이다. 일곱째는 행상行相을 받지 않음이요, 여덟째는 타인의 모습을 받음이요, 아홉째는 생각하지 않음이요, 열번째는 다른 생각이요, 열한번째는 생각이 채워지지 않음이요, 열두번째는 지나친 정진이다. 열세번째는 정진에 미치지 않음이요, 열네번째는 놀람과 두려움이요, 열다섯번째는 지나친 마음의 억제요, 열여섯번째는 근심이요, 열일곱번째는 조바심이며, 열여덟번째는 마음의 욕망을 없애지 못함이다. 이를 열여덟 가지 고뇌라고 한다. 이 열여덟 가지 인연을 지키지 않으면 도를 얻지 못한다. 지킴으로써 곧 도를 얻는다.

해설 호흡과 명상의 수련에 장애가 되는 열여덟 가지 걸림돌이 있다. 이들 18종의 장애는 우리가 도에 들어가지 못하게 하는 장애물로서 주로 정신적인 잘못들이다. 이를 살펴보면 다음과 같다.

(1) 애욕 : 애욕은 흔히 탐욕이라고 하는데 식욕, 성욕, 재욕, 명예욕 등을 비롯한 지나친 욕심을 말한다. 탐욕은 마음을 들뜨게 하므로 호흡이나 정신집중에 장애가 된다. 그래서 깨끗한 마음을 더럽힌다고 말한다.

(2) 노여움 : 노여움은 심한 감정의 격동이다. 뜨거운 격정이라고도 한다. 뜨거운 격정은 냉정한 이성을 흐리게 하며 신경을 흥분시키므로 호흡이나 정신집중이 되지 않는다.

(3) 어리석음 : 어리석음은 지난 일을 잊지 못하고 매달리거나 앞일을 걱정하는 등 한 가지 일에 마음을 쓸 수 없게 한다. 지금 우리의 삶에 도움이 되지 않는 일을 생각하거나 따르면 어리석은 것이다. 호흡은 지금 이 순간에 살아 있는 생명의 나타남이다. 호흡의 출입에 정신을 집중하면 현재의 삶을 살리게 된다. 과거나 미래는 문제가 되지 않는다. 현재를 가장 중요시하는 사람이 가장 현명하며 호흡에 정신을 집

중하는 안반수의를 이룬다.

(4)관능적인 쾌락 : 쓸데없는 쾌락이다. 순간적인 쾌락이니 관능적이다. 눈으로 보는 것, 귀로 듣는 것, 피부로 느끼는 것 등의 관능적인 쾌락에 따라서 이에 빠져들면 마음을 억제할 수 없게 된다. 마음에 안정이 없고 관능을 쫓아서 밖으로 달려나가기만 하여 정신이 산란하고 쾌락이 사라지면, 실의에 빠져서 삶의 의욕을 잃으니 호흡도 초침焦沈하고 정신도 혼침하여 심신이 쇠퇴하고 만다. 이런 사람은 안반수의가 잘 이루어지지 않는다.

(5)오만 : 오만도 일종의 격앙된 감정의 표현이다. 오만은 남을 낮게 보므로 남과 조화롭게 지내지 못할 뿐만 아니라 자기 자신을 제대로 살릴 수도 없게 한다. 안반수의는 자신을 지키는 것이므로 이러한 오만은 잘못이다.

(6)의혹 : 남을 의심하는 마음이다. 사실을 있는 그대로 믿지 않고 의심하면 실천이 따르지 않는다. 안반수의는 가장 가까운 곳에 있는 작은 일 같지만 우리로 하여금 안락한 세계, 지혜로운 세계로 가게 하는 유일한 방법임을 믿어야 한다. 그렇게 하지 않으면 호흡도 명상도 이루어지지 않는다.

(7)행하는 모습을 받지 않음 : 호흡이 잘 행해지고 있는 모습을 받아들이지 않는다는 뜻이다. 호흡조절이 잘 되고 마음이 집중되어 숨과 마음이 조화된 모습은 경에서 설해진 그대로요, 붓다의 모습이나 행동 속에 나타나 있다. 그럼에도 불구하고 붓다의 32상이 아나파나사티의 완성임을 믿어 받아들이지 않거나, 또는 《삼십칠도품경》에서 설하는 내용을 그대로 받아들이지 않으면 이에 관심이 없는 것이다. 붓다의 32상을 자세히 살펴보면 호흡이 마음과 조화되어 청정의 세계에 가 있고, 《삼십칠도품경》의 내용은 곧 청정으로 가는 과정이며 결과이다.

(8) 타인의 모습을 받음 : 타인의 모습을 받는다 함은 수식에서 상수로 가고 다시 관으로 가야 하는데 아직 수식도 되지 않았으면서 상수로 가는 것과 같다. 곧 앞서 간 남을 따르는 것이다. 경에서 설명하기를 '행이 서로 따르는 것이다.'라고 했다. 남의 행을 따라서 자신이 밟아야 할 단계를 거치지 않으면 올바른 안반수의의 길이 아니다.

(9) 생각하지 않음 : 생각이 한결같지 않아 주의력이 없고 산만하여 집중이 되지 않는다. 호흡을 생각하여 그 생각과 숨을 같이해야 안반수의이다.

(10) 다른 생각 : 정신이 호흡에 집중되지 않고 다른 생각을 하면 호흡도 들어오고 나감에 따르지 않고, 숨도 달라져서 심신에 장애를 가져오게 된다. 숨이 들어올 때는 들어온다고 생각하고 나갈 때는 나간다고만 생각해야 한다. 또한 숨이 길면 길다고 생각하고 짧으면 짧다고만 생각해야 한다. 이렇게 해야만 안반수의가 제대로 행해진다.

(11) 생각이 채워지지 않음 : 생각을 끝까지 한결같이 유지하지 못하고 중도에 다른 생각이 들어오는 경우이다. 단계를 밟아 올라가지 않는 것이다.

(12) 지나친 정진 : 단계를 밟아서 차근차근 점진적으로 수행하지 않고 지나치게 욕심을 내 무리하게 수행하는 경우다. 지나치면 부족함과 같다. 지나치게 과격하지도 않고, 지나치게 태만하지도 않고, 중도를 지켜서 단계를 밟아 편안한 마음으로 안반수의를 닦아야 한다.

(13) 미치지 않는 정진 : 방일放逸하여 부지런히 닦지 않음이다. 정진은 꾸준히 노력해야 한다. 그렇지 않으면 안반수의가 이루어질 수 없다. 안반수의는 꾸준한 정진이 없으면 닦을 수 없는 호흡법이다. 성급하게 어떤 효과를 보려고 과격하게 행하면 좋지 않고, 효과를 의심하여 노력하지 않아도 좋지 않다. 정진은 올바르고 좋은 것에 대한 노력

이다. 그 반대는 게으름이며 자포자기다. 정진에는 인내가 따른다.

(14) 놀람과 두려움 : 놀라거나 두려워하면 심장이 두근거리고 혈액순환이 잘 되지 않으며 숨을 잘 쉬지 못한다.

(15) 지나친 마음의 억제 : 마음은 법에 따라서 일어나고 사라지는데, 지나치게 억제하면 몸의 기능도 억제당해 건강을 해친다. 지나친 금욕은 욕구불만으로 인해서 또다른 죄를 짓게 한다. 자연스럽게 마음에서 일어나지 않는 억제가 이상적이다. 억지로 누르면 더 큰 반발을 가져오기 때문이다.

(16) 근심 : 우울은 마음의 안정을 방해하고 심해지면 우울증을 일으키게 하므로 근심걱정이 쌓이면 올바른 호흡을 하려는 의욕도 없어진다. 이런 사람은 안반수의를 믿지도 않고 행하려는 의욕도 없다. 그러므로 기분전환을 해서 명랑을 되찾아야 한다. 우울증이 사라지면 만사에 의욕이 생기고 안반수의도 의욕적으로 닦게 된다.

(17) 조바심 : 마음이 산만하고 초조한 사람은 안반수의가 이루어지지 않는다. 호흡수련은 자신과의 싸움이므로 침착하고 대담하며 확고한 신념을 가져야 할 수 있다. 끝까지 이기겠다는 강한 의지와 인내심을 가지고 차근차근 단계를 밟아야만 최고의 경지인 청정에 이를 수 있다. 그러려면 초조한 마음을 가지면 안 된다.

(18) 마음의 욕망을 없애지 못함 : 욕망을 달리는 대로 버려두면 진리를 멀리하고 그릇된 생활을 하게 된다. 안반수의는 마음의 욕망을 없애는 길이기도 하다.

이상 18종의 장애물은 안반수의에 의해서 제도濟度된다. 장애물은 스스로 없어지는 것이 아니고 없애려고 노력해야 하니 가장 쉽고 즐거운 방법인 안반수의법으로 제거될 수 있다.

장애가 제거되면 안반수의가 올바르게 이루어진다. 그래서 경에서 18종의 고뇌라며 없애야 할 대상으로 본 것이다. 따라서 이들 18종의 장애가 없어지는 인연인 안반수의를 지키지 않으면 도를 얻지 못한다. 호흡을 조절하는 법과 호흡에 정신을 집중하는 법을 잘 지켜서 고뇌가 없어지는 인연을 실천하면 올바른 호흡이 이루어져서 도가 얻어진다.

모든 것의 근본은 마음이다. 올바른 호흡도 마음이 올바른 상태에 있어야 한다. 여기에서 든 18종의 장애는 모두 잘못된 마음가짐들이다. 이런 마음가짐은 고뇌를 가져오고 정신을 산만하게 하여 광란을 일으킬 뿐만 아니라 몸도 상하게 한다. 마음과 몸은 떠날 수 없는 관계에 있으므로 몸의 건강은 올바른 마음에서 비롯된다. 올바른 마음은 올바른 호흡을 가져 오고, 올바른 호흡은 올바른 마음을 가지게 한다. 이들이 모두 인연법을 떠나지 않기 때문이다.

붓다는 호흡의 장애물을 제거하는 데에도 인연법을 살려야 하고 도를 얻는 데에도 인연법을 살려야 한다고 설법했다.

3-3. 장애물을 없애는 지혜

不受行相者. 謂不觀三十二物. 不念三十七品經. 是爲不受行相. 受他人相者. 謂未得十息便行相隨. 是爲受他人相. 他念者. 入息時念出息. 出息時念入息. 是爲他念. 不滿念者. 謂未得一禪便念二禪. 是爲不滿念. 強制意者. 謂坐亂意不得息. 當經行讀經以亂不起. 是爲強制意也. 精進爲點. 走是六事中. 謂數息相隨止觀還淨. 是爲六也.

행상을 받지 않음이란 서른두 가지 물건을 보지 않음이요, 《삼십칠품경》을 생각하지 않음이니, 이것이 행하는 모습을 받지 않는 것이다. 타인의 모습을 받음이란 아직 열의 숨을 얻지 못한 것이니, 곧 행이 서로 따른다. 이것이 타인의 모습을 받음이다. 다른 생각이란 숨이 들어올 때에 나가는 숨을 생각하고, 숨이 나갈 때 들어오는 숨을 생각하는 것이다. 이것이 다른 생각이다. 생각이 채워지지 않음이란 아직 일선一禪도 얻지 못했으면서 이선二禪을 생각하는 것이다. 이것이 생각이 채워지지 않음이다. 억지로 뜻을 억제한다는 것은 앉아 있어도 마음이 흩어져서 숨을 얻지 못함이다. (이때) 마땅히 경행하거나 독경을 하여 흩어지지 않게 한다. 이것이 억지로 뜻을 억제하는 것이다. 정진을 지혜롭게 해야 하니 이 여섯 가지 일 가운데에서 달린다. 곧 수식, 상수, 지, 관, 환, 정의 여섯이다.

해설 앞에서 든 18가지는 안반수의를 닦는 데 방해가 되는 장애들이다. 이 중에서 몇 가지를 들어 설명하고 있다.

첫째로 행상을 받지 않음(不受行相)은 붓다가 안반수의를 행하여 32상을 갖추게 되었다는 사실을 믿지 않는다는 뜻이요, 《삼십칠품경》의 내용이 곧 안반수의임을 믿지 못한다는 뜻이다.

붓다는 과거세부터 수행할 때 훌륭한 생각을 수없이 일으켜서 복덕을 지은 결과로 32상을 얻은 것이다. 그래서 32상의 거룩한 모습을 백사장엄百思莊嚴, 또는 백복장엄百福莊嚴이라고 한다. 복은 착하고 거룩한 행위를 말하고, 장엄은 그 선행으로 하나하나의 모습을 꾸몄다는 뜻이다. 그러므로 32상은 붓다가 전생으로부터 선행을 통해서 이룩해 놓은 모습이다. 바로 이러한 선행이 안반수의를 통해서 얻어진다.

붓다의 32상의 장엄한 모습은 다음과 같다.

(1) 발밑이 땅에 밀착하여 편안하게 머물렀다〔足下安平立相〕.
(2) 발 속에 천千의 수레바퀴살〔輻〕이 있는 둥글고 보배스러운 문紋금이 있다〔千輻輪相〕.
(3) 손가락이 길다〔長指相〕.
(4) 발꿈치가 넓고 평평하다〔足跟廣廣平相〕.
(5) 손과 발가락에 줄이 고른 물갈퀴의 금이 나 있다〔手足指縵網相〕.
(6) 손이 유연하다〔手柔軟相〕.
(7) 발 뼈가 높고 풍만하여 두둑하다〔足趺高滿相〕.
(8) 팔의 뼈가 마치 녹왕鹿王과 같이 알맞게 섬세하고 통통하다〔伊泥延膊相〕.
(9) 서면 양손이 무릎을 덮는다〔正立手摩膝相〕.
(10) 음부가 말과 같이 내부로 감추어져 있다〔馬陰藏相〕.
(11) 몸의 길이와 너비가 균형이 잡혔다〔身廣長等相〕.
(12) 몸의 터럭이 위로 향하여 잘 나 있다〔毛上向相〕.
(13) 털구멍 하나하나에서 털이 나 있다〔一一孔一毛生相〕.
(14) 몸에서 금빛이 난다〔金色相〕.
(15) 몸에서 나는 빛이 한 길을 비춘다〔丈光相〕.
(16) 섬세하고 부드러운 피부를 가졌다〔細薄皮相〕.
(17) 두 손, 두 발, 두 어깨, 목덜미 일곱 군데에 살이 잘 솟아 있다〔七處隆滿相〕.
(18) 두 겨드랑이 밑이 통통히 솟아 있다〔兩腋下隆滿相〕.
(19) 몸의 윗부분이 사자와 같다〔上身如師子相〕.
(20) 몸이 크고 곧다〔大直身相〕.
(21) 어깨가 둥글고 원만하다〔肩圓滿相〕.
(22) 40개의 이가 나 있다〔四十齒相〕.

(23) 이가 고르게 나 있다〔齒齊相〕.
(24) 어금니가 희고 깨끗하다〔牙白相〕.
(25) 볼이 사자의 볼과 같다〔師子頰相〕.
(26) 최상의 미각을 가지고 있다〔味中得上味相〕.
(27) 혀가 넓고 길다〔廣長舌相〕.
(28) 목소리가 거룩하다〔梵聲相〕.
(29) 눈동자가 푸르고 맑다〔眞靑眼相〕.
(30) 속눈썹이 소와 같이 높게 났다〔牛眼睫相〕.
(31) 머리 위의 살이 상투 같이 솟아나 있다〔頂髻相〕.
(32) 미간에 흰 터럭이 있어 빛이 난다〔眉間白毫相〕.

　이상은 인도에서 고래로 행해지던 상相을 점치는 상서로운 모습을 대표한다. 붓다는 이러한 모습을 모두 갖추었다. 붓다가 태어났을 때 이미 정평있는 선인으로부터 이런 장엄상을 갖추고 있음이 증명되었다. 이러한 모습은 위대한 성군인 전륜성왕轉輪聖王이나 각자覺者에게서 나타나는데 붓다가 이런 모습을 갖추었다고 한다. 장엄상은 마음의 거룩함을 나타내기도 한다. 그러므로 전생으로부터 선행을 닦아서 그 복덕으로 이생에 장엄상을 받은 것이라고 말해지고 있다.
　안반념법은 마음과 몸을 올바르게 하는 수행이므로 안반념법을 닦을 때에는 32상을 눈에 그리면서 내생에라도 이러한 상의 보를 받으려고 노력해야 한다.
　《삼십칠도품경》의 내용은 바로 우리의 마음에 나타나는 거룩한 모습이다. 사념처四念處, 사정근四正勤, 사여의족四如意足, 오근五根, 오력五力, 칠각지七覺支, 팔정도八正道 등이다.
　사념처인 우리의 몸〔身〕과 받아들여지는 감수작용〔愛〕과 마음〔心〕과

만유(法)에 대하여 이들이 생하고 멸하는 근본을 관하고 인연을 성찰하여 그에 따라서 생사의 고를 보고, 고를 벗어나는 길로 가서 제2단계의 행법으로서 네 가지 바른 노력인 사정근을 닦는다. 곧 아직 나타나지 않은 악을 끊으려고 애쓰고, 이미 생긴 악을 끊으려고 애쓰고, 아직 나타나지 않는 선을 나타내려고 애쓰고, 이미 나타난 선을 증대시키려고 애쓰는 일 등이다. 그 다음에는 3단계에서 앞의 선법을 구족하게 하려면 서원을 세우고 더욱 노력하여 마음을 전일하게 하며 부동심으로 마음이 이미 바라는 바에 따르니, 바라는 대로 따르는 욕여의족欲如意足이 이루어지고, 몸과 마음이 더욱 힘을 얻어서 정진하며, 마음가짐이 전일해지고, 성찰과 사유가 지혜롭게 된다. 이를 네 가지 신통이라고 말하기도 한다.

다음 단계에서는 이미 신족을 얻어서 이들의 행해짐을 보아 믿음이 생기고, 심신이 견고하여 후퇴하는 일이 없이 정진하게 되고, 항상 진리를 생각하여 뜻이 법에 머물게 되고, 전일한 굳은 마음가짐과 능히 법을 분별하여 나갈 바를 아는 지혜가 갖추어진다. 이러한 다섯 가지 능력을 키운다.

다음으로는 이들 다섯 가지 능력을 확고하게 자신의 것으로 갖추면 능히 마음에 온화함을 가지게 되니 곧 신력信力이다. 또한 정진하는 힘이 생겨서 바라는 바를 이루게 된다. 또한 법을 생각하고 견고한 마음으로 전념하고 제법을 분별하는 힘을 얻게 된다.

이렇게 되면 몸과 마음이 짓는 업이 모두 청정하여 법을 살펴서 참과 거짓을 알고(擇法覺意), 바른 수행의 길에서 정진하는 깨달음의 마음(精進覺意)을 얻고, 마음에 선법을 얻어서 기뻐하고(喜覺意), 그릇됨을 제거해 그 멸을 본다(除覺意). 또한 그릇됨을 추모하는 마음이 버려지고(捨覺意), 마음이 한결같이 고요하여 번뇌 망상이 일어나지 않으며〔定覺意〕, 뜻하는 대로 고요함과 지혜가 한결같이 된다〔念覺意〕. 이들 일곱 가지가 칠각의七覺意이니, 이를 이루면 팔정도가 행해진다.

팔정도 중에서 정견正見, 정사유正思惟는 관觀에 속하고, 정념正念, 정정正定은 마음의 적정이니 지止에 속한다. 지와 관은 마치 수레의 두 바퀴와 같다. 이 둘에 의해서 다른 올바른 말과 올바른 행동과 올바른 생활과 올바른 정진이 있게 된다.

이들 37종의 수행이 구족하면 해탈할 수 있으니 이것이 무루無漏의 본심이요 청정한 세계이다. 청정한 세계가 그대로 실천되는 삶이 팔정도이다. 이러한 각자의 삶이 이루어지게 하려면 정진함에 한 계단 한 계단을 밟아 올라가야 깨달음의 세계가 완성되므로, 지혜롭게 호흡을 조절하여 이것이 완성되도록 한 것이 여섯 단계의 호흡조절이다. 이것이 바로 수식, 상수, 지, 관, 환, 정이다. 그러므로 경에서는 '정진은 지혜이니 여섯 가지 속에서 달린다.'고 했다.

3-4. 기운을 조절하는 숨

何等爲喘. 何等爲息. 何等爲氣. 何等爲力. 何等爲風. 制者爲意. 息爲命守. 爲氣. 爲視聽風. 爲能言語從道屈伸力. 爲能擧重瞋恚也.

어떤 것이 헐떡임이고, 어떤 것이 숨이고, 어떤 것이 기운이며, 어떤 것이 힘이고, 어떤 것이 바람인가. 제어하는 것이 마음이니 숨이 목숨을 지키고, 기와 보고 듣는 바람이 되며, 능히 말을 하고, 도에 따라서 굴신하는 힘이 된다. 또한 능히 무거운 진에를 움직인다.

해설 숨의 들어오고 나감이 그치지 않고 이어지는 것이 헐떡임이다. 또한 숨이란 예사롭게 들어오고 나가며, 그 숨 속에 기운이 있어서 목숨을 지킨다. 기氣에는 생명을 유지하는 힘이 있다. 그 기운은 바람이 되어서 귀로 듣게 하고 눈으로 보게 한다. 바람을 공간을 지닌 기운으로 눈에 보이고 귀에 들린다고 본 것이다.

그러므로 헐떡이는 숨, 예사로 들어오고 나가는 숨, 그 속에서 생명을 유지하는 기운, 기운의 움직임인 바람 등은 본질은 모두 같다. 어떻게 나타나고 움직이느냐에 따라서 이름이 다르게 불려질 뿐이다. 말하는 것도 바람 때문이며 기운이 있어서 듣게 하고 뜻을 전할 수 있다. 말할 때는 숨이 나가고 들어와야 한다. 이러한 힘은 숨에 따라서 크게 나타나기도 하고 적게 나타나기도 한다. 숨을 어떻게 쉬며 기운을 어떻게 사용하느냐에 따라서 도가 행해지니, 행하거나 씀에 따라서 힘이 더해지기도 하고 적게 되기도 한다. 좋게 쓰이면 도가 행해지고 나쁘게 쓰이면 무서운 노여움으로 나타난다.

실로 어떻게 숨을 쉬느냐에 따라서 생명이 유지되며 보고 들을 수 있고 말하고 몸을 움직일 수도 있고 크게 노하는 일도 생긴다. 그러므로 숨을 잘 조화하여 도에 따라서 움직이도록 해야 한다. 도에 따르는 것은 있어야 할 도리에 따른다는 뜻이다. 들어올 때 들어오고 나갈 때 나가되, 들어올 때는 짧고 나갈 때는 길게 나가고, 고요히 정신을 집중하여 행함이 호흡의 도이다. 안반수의는 올바른 숨의 길이다.

이러한 숨을 잘 조절하는 것이 마음이다. 거친 호흡도, 거친 숨을 억제하는 것도 마음이다. 마음으로 잘 제어하면 호흡이 있어야 할 상태로 돌아가서 정신과 육체가 자신의 기능을 유감없이 발휘하게 된다. 곧 건강해지고 마음이 안정된다.

마음으로 호흡을 제어하는 훈련이 호흡조절이다. 호흡과 우리의 생명은 밀접한 관계가 있다. 붓다는 호흡이 중요하다는 사실을 실천을 통해서 몸소 알려주셨다.

오늘날 요가나 단전호흡법 등의 호흡훈련으로 건강을 회복한 사람이 많은 이유는 요가의 쿰바카 *Kumbhaka*나 단전호흡이 복압력을 높여주기 때문이다. 그러나 일상생활에서 언제 어디서나 누구라도 행할 수 있는 가장 효과적이고 용이한 방법은 안반수의법이다.

3-5. 마음의 전환

要從守意得道. 何緣得守意. 從數轉得息. 息轉得相隨. 止觀還淨亦爾也.

요는 수의守意로부터 도를 얻는다. 어떤 것에 연緣해서 수의를 얻는가. 수로부터 바뀌어 숨을 얻고, 숨이 바뀌어 상수를 얻고, 지와 관과 환과 정 역시 이와 같다.

해설 마음으로 숨을 억제하고 조절하려면 마음을 잘 지켜야 한다. 마음을 지킨다는 것은 정신집중을 의미한다. 마음이 밖으로 집중되기도 하고 자신을 떠나지 않고 지켜 간직되기도 한다. 이것이 수의이다. 마음이 밖으로 집중되거나 안으로 잘 지켜지면 올바른 호흡이 행해진다.

그러면 어떻게 해야 마음을 잘 지킬 수 있는가. 그 방법이 바로 붓다가 가르쳐준 아나파나사티의 안반수의이다. 먼저 수를 세는 것이 첫 단계다. 수를 세는 것으로부터 점차 바뀌어 나간다. 아무리 좋은 것이라도 더욱 발전하려면 앞의 것을 버리고 새로운 단계로 전환해야 한다. 첫 단계인 수식이 이루어지면 수를 버리고 숨과 마음이 서로 따르는 상수의 단계로 옮겨가야 한다. 상수가 이루어지면 다시 여기에 머무르지 않고 다음 단계인 지로 옮겨져야 한다. 다시 지에서 관으로, 관에서 환으로, 환에서 정으로 바뀌어 올라가야 비로소 도가 이루어진다. 붓다는 여섯 가지를 온전히 행함으로써 마음을 지켰다.

수식은 숨이 들어올 때 배꼽으로 들어가서 온몸에 퍼지고, 나갈 때 온몸에 퍼졌던 힘이 체내의 나쁜 기운을 모두 씻어서 코로 내보낸다고 생각하여, 그 숨을 하나에서 둘, 셋…… 열까지 세고, 이를 되풀이하면서 정신을 수에 집중시킨다. 이 첫 단계는 마음을 진정시켜서 고요하게 한다.

상수는 수를 버리고 오직 마음이 숨만을 따른다. 그래서 수축隨逐이라고도 하며, 들어오고 나가는 숨까지 느끼지 않으므로 생멸이 없는 세계다.

지는 숨에서 다시 마음이 떠나 코끝이나 입술, 숨이 들어오고 나가는 부위에 두어 머물게 하는 것이다. 그래서 이를 안치安置라고도 한다. 흩어지지 않는 절대안정을 얻는다.

관은 마음을 다시 자유롭게 하여 한곳에만 머물지 않게 하고 다른 부위에 둔다. 그리하여 그곳에서 기쁨을 느끼면서 관찰한다. 관은 수관隨觀이라고도 하여 생각을 올바르게 가지는 것이니, 사물의 진실상을 있는 그대로 보아서 아는 법이다. 이때는 숨과 같이 하나가 된 색色이나 수受나 상相이나 식識을 따라서 관찰하여 안다.

환은 오음五陰을 관찰하던 것에서 떠나 다시 바뀌어 사념처四念處 등의 진실을 본다. 순수한 주관으로 돌아온 것이다.

정은 모든 번뇌를 떠나서 청정하게 된 상태이다. 이는 주와 객이 대립하지 않고 모두가 정화된 세계다.

3-6. 마음을 그치는 법

行道欲得止意. 當知三事. 一者先觀念身本何從來. 但從五陰行有. 斷五陰不復生. 譬如寄託須臾耳. 意不解念九道以自證. 二者自當內視心中隨息出入. 三者出息入息念滅時息出小輕. 念滅時何等爲知無所有. 意定便知空. 知空便知無所有. 何以故. 息不報便死. 知身但氣所作. 氣滅爲空. 覺空墮道也. 故行道有三事. 一者觀身. 二者念一心. 三者念出入息.

도를 행하여 마음을 그치고자 하면 마땅히 세 가지 일을 알지니, 하나는 먼저 몸의 근본이 어디에서 왔는지를 관해서 알지니라. 다만 오음으로부터 비롯되었으나 오음을 끊으면 다시 생하지 않는다. 비유하면 잠깐 기탁함과 같을 뿐이다. 마음에 알지 못하면 구도九道를 생각하여 스스로 증득하라. 둘째는 나가고 들어오는 숨에 마음이 따르는 것을 내관하라. 셋째는 나가는 숨과 들어오는 숨에 대한 생각이 멸할 때에 숨이 나가서 조금 가볍다.

   생각이 멸할 때는 어떤 것이 무소유임을 아는 것인가. 마음이 정定이면 공空을 알고, 공을 알면 곧 무소유를 안다. 숨이 응하지 않으면 곧 죽기 때문이다. 다만 몸은 기가 지은 것일 뿐이라고 알면 기가 멸한 것을 공이라 하게 되니, 공을 깨달으면 도에 떨어진다.

   도를 행함에 세 가지 일이 있다. 하나는 몸을 관하고, 둘째는 한 마음을 생각하며, 셋째는 나가고 들어오는 숨을 생각한다.

   해설 앞에서 도는 마음을 지키는 수의守意, 곧 정신집중에서 얻어진다는 것을 살펴보았다. 수의는 정신이 한곳에 머무는 상태다. 그러므로 지의止意라고도 한다. 지의에 의해서 도가 얻어지고 도가 행해지면 지의 또한 얻을 수 있다. 여기에서는 도를 행하여 마음을 그치고자 하면 마땅히 세 가지 일을 알아야 한다고 가르치고 있다.

하나는 먼저 몸을 관찰하는 일이다. 몸은 색色, 수受, 상想, 행行, 식識의 다섯 가지 요소로 구성되어 있다. 모든 사물의 실상을 알기 위해서는 그 근본을 알아야 한다. 나라는 존재는 오온으로부터 비롯되었으므로 몸의 근본이 오온이라는 사실을 먼저 알고 나로 인해 마음과 고뇌도 있으니, 먼저 근본인 오온을 끊으면 그로부터 생겨난 모든 것이 끊어짐은 당연한 이치다.

우리는 육체적인 색色과 감각기관을 통해서 받아들이는 힘(受)으로 뇌가 움직여 생각이 생기고 마음이 일어난다(想). 다시 몸과 마음이 서로 작용하여 이에 대한 대응력이 생기고(行), 그를 판단하여 인식하게 된다(識). 이것이 우리 삶의 모습이다. 육체와 정신이 잘 어울리면 원만한 삶이 이루어진다. 이런 사실을 알면 우리의 몸이나 정신은 실체가 없고, 마치 물거품이나 그림자와 같이 순식간에 있다가 없어지는 존재에 지나지 않음을 알 수 있다. 살아 있다는 사실은 번갯불과 같이 허망한 속에 순간순간을 생멸하고 있는 것이다. 그래서 지나가는 나그네에 비유하기도 한다. 잠시 맡은 몸이요, 잠시 기탁한 순간이라고 한다. 그러나 이러한 사실을 알기는 쉽지 않다. 누구나 자신의 몸은 영원한 것이요, 마음도 항상 가질 수 있다고 생각한다. 만일 이러한 사실을 알지 못하는 사람은 아홉 가지 길, 곧 아홉 가지 진리(九諦)를 생각하여 스스로 깨달아 알 수 있다고 한다. 아홉 가지 길이란 무상無常, 고苦, 공空, 무아無我, 유애有愛(상견常見), 무유애無有愛(단견斷見), 피단방편彼斷方便, 유여열반有餘涅槃, 무여열반無餘涅槃 등이다.

무상, 고, 공, 무아를 앎은 인생이 고苦라는 사실을 알게 되는 것이니, 도를 행하여 마음을 그치는 첫째 조건이 된다. 이로써 우리의 마음도 본래는 없었다는 것을 알 수 있다.

본래 마음이 없다는 사실을 알지 못하는 이유는 모든 것이 영원히 존재한다고 생각하는 상견常見과 이와는 반대로 아무것도 없다는 단견斷見이 마음의 본질을 모르기 때문이다. 그래서 마음을 그칠 수 없게 된다. 그러므로 마음을 그치고 도를 행하려면 올바른 길을 실천하는 길밖에 없다. 이것이 피단방편이다. 그러면 마음이 그친 세계는 어떤 것인가. 그 세계는 번뇌가 있는 상태로 열반에 드는 유여열반이나 번뇌도 없고 몸도 없는 무여열반이다. 이러한 아홉 가지 진리를 생각함으로써 마음을 그칠 수 있다. 아홉 가지 진리 중에서 무상, 고, 공, 무아는 고제苦諦에 해당하고, 유애, 무유애는 집제集諦가 되며, 피단방편은 도제道諦, 유여열반과 무여열반은 멸제滅諦에 해당한다.

두번째 방법은 숨을 관하는 일이다. 마음속으로 숨의 출입에 따라 숨을 관찰하여 마음이 숨과 함께 생멸하고 있음을 안다. 숨이 들어와서 생하나 곧 나가서 멸하는 것처럼 마음도 생과 멸을 되풀이하고 있음을 깨달을 수 있다. 이때 마음이 그친 고요함을 증득하게 된다. 즉 숨을 통해서 그친 마음의 세계를 안다.

세번째는 나가는 숨과 들어오는 숨에 따라 마음이 생하고 멸하는데, 숨이 나갔을 때 그 숨이 극치에 이르러서 다시 들어오기 직전에 마음도 완전히 쉬게 되어 편안함을 느낄 수 있다. 그래서 '출식과 입식의 생각이 멸할 때에 숨이 나가서 조금 가볍다.'고 했다. '조금 가볍다.'는 말은 바로 유여열반에 해당한다. 숨이 다 나가면 다시 들어와서 생이 있으므로 완전한 멸이 아니기 때문이다. 유여열반은 아직 생명이 있으므로 완전한 열반이 아님과 같다.

그러나 생각이 멸할 때에는 무소유無所有의 상태를 실감할 수 있다.

실제로 무소유의 세계가 마음속에 증득된다. 마음이 이러한 상태에 고요히 머물러 있으면 그것이 공空의 세계이다. 숨의 출입으로 생각의 지멸을 알고, 생각의 지멸을 통해서 무소유를 알고, 무소유를 알면 마음이 흔들리지 않아서 공을 안다. 공을 알면 무소유를 안 것이다. 무소유가 곧 공이기 때문이다. 무소유는 아무것도 갖지 않는 것이 아니라 집착이 없는 마음이다. 호흡의 나가고 들어옴도, 마음의 생멸도 모두 무소유의 실천이다. 생에 집착하면 들어오기만 하고 나가지 않는 잘못된 호흡이 된다. 사물에 얽매여 고를 떠나지 못하기 때문이다. 마음의 무소유를 실천하면 생한 마음이 멸하여 모든 고뇌가 없어진 즐거움을 맛볼 수 있다.

'숨이 응하지 않으면 곧 죽는다.'는 숨의 들어오고 나감이 없으면 곧 죽는다는 뜻이다. 들어온 숨이 나가고, 나가면 다시 들어와 생과 사가 되풀이되면서 죽지 않고 이어진다.

공空은 마음이 어디에도 집착하지 않는 동시에 몸의 기운이 없어진 상태이기도 하다. 기운의 생멸은 생명의 생멸과 같다. 기운의 일어나고 멸함이 되풀이되면서 생멸에 집착 없이 걸리지 않으면 그것이 바로 공의 실천이다. 멸에 떨어진 것만이 공이 아니다. 생에만 집착해도 공이 아니다. 생사 속에서 생사에 집착하지 않음이 공이다.

그러므로 기氣의 생멸에 의해서 공을 깨닫는다. 숨의 출입식을 통해서 공을 알고, 마음의 일어나고 없어짐을 통해서 공을 알며, 몸이나 마음의 기의 생멸을 통해서도 공을 알 수 있다. 이와 같이 공을 깨닫고 실천하면 곧 도道에 들어간다. 즉 '도에 떨어지는 것이다.' 도에 들어간다는 말이나 도를 안다는 말은 같다.

3-7. 숨을 조절하는 여섯 가지 방법

復有三事. 一者止身痛痒. 二者止口聲. 三者止意念行. 是六事疾得息也.

다시 세 가지가 있다. 하나는 몸의 아픔이나 가려움을 그침이요, 둘째는 말소리를 그침이며, 셋째는 생각을 그침이다. 이들 여섯 가지 일은 속히 숨을 얻는 것이다.

해설 앞에서 마음을 그치는 방법에 대하여 설하였으나 다시 이어서 일상생활에서 할 수 있는 쉬운 방법을 가르치고 있다.

첫째로 몸의 아픔이나 가려움을 그치는 일이다. 즉 외부와의 관계에서 일어나는 감정을 그치게 한다. 외부의 자극으로 인해서 일어나는 주관의 세계를 없애기는 매우 어렵다. 그러나 이 경우는 외부의 자극을 차단하고 그 자극으로 일어난 마음을 없애버리는 방법이다. 모든 것은 주관과 객관의 상호관계에서 생기므로 마음을 고요히 그치게 하려면, 외부의 자극을 차단하고 받아들여 일어나는 마음을 없애야 한다.

이것과 저것에 의해서 모든 것이 있게 된다. 또한 이것이 없으면 저것이 없고 이것과 저것을 없애기 위해서는 외부의 자극과 내부의 움직임을 없앨 필요가 있다.

'몸의 통양痛痒을 그친다.'는 주관의 움직임인 동시에 객관의 자극이기도 하다. 우리는 항상 외부의 자극에 끌려서 자신을 상실하는 생활을 하기가 쉽다. 그러므로 환경의 정화가 요구된다. 그러나 외부의 자극을 끊음으로만 되는 것이 아니니 어떤 자극에도 움직이지 않는 주관의 세계를 가져야 한다. 이 경우에 외부환경을 무시하면 안 된다. 서로 연기緣起의 관계가 있음도 잊어서는 안 된다.

'아프고 가려움'은 마음의 조건을 말한다. 몸이 아프거나 가려우면 이에 따라서 마음이 움직여 흩어진다. 그러나 마음이 확고하게 정定에 들어 있으면 아픔이나 가려움에도 흔들리지 않게 된다. 이렇게 되려면 먼저 외부의 자극을 없앨 필요가 있다. 이것이 첫째 조건이다. 우리가 흔히 수행하기 위해서 고요하고 한적한 산사를 찾는 이유도 여기에 있다. 호흡훈련이 잘 된 사람은 마음이 적정에 들어 있어서 아픔이나 가려움 등 외부의 자극에도 흔들리지 않고 초연할 수 있다. 그러니 고요한 산사를 찾을 것이 아니라 마음속의 고요한 곳을 찾아야 한다. 고요한 곳은 먼 바깥에 있는 것이 아니라 우리 안에 있다.

둘째는 말소리를 그치는 일이다. 즉 묵언默言이다. 말은 마음으로부터 나온다. 말은 마음을 움직이므로 말을 적게 해야 한다. 말을 하지 않으면 마음이 움직이지 않게 된다. 또한 숨이 고요하며 길게 나가고 들어오게 하려면 말소리를 내지 말아야 한다. 말소리가 상대방에게 들리게 하려면 거센 숨을 내뿜어야 하는데, 거센 숨이 나가면 그 반동으로 거센 숨이 들어오기 마련이다. 이와 같이 거센 숨이 나가고 들어오면 마음이 거칠게 움직이고 있는 것이다.

마음을 그치면 도를 행하게 되고, 도를 행하면 마음을 그치게 된다고 했다. 거친 행동, 거친 말소리…… 이런 것들을 그치게 하려면 마음에서 나오는 것을 그치게 해야 하니, 결과로부터 원인이 나온다. 원인과 결과는 뗄래야 뗄 수 없는 관계에 있으므로 원인을 없애면 결과가 없어지는 동시에 결과를 없애면 원인도 없어진다. 불교의 인과관에서 원인과 결과는 실체적으로 존재하지 않는다. 원인과 결과는 공이다. 공이기에 원인에 의해서 결과가 있고, 결과가 원인을 있게 하고 멸하게 한다.

셋째는 생각을 그치는 일이다. 자신의 마음속에서 일어나는 생각은 뜻대로 없애기 어렵고, 스스로 괴로워하게 만든다. 그러나 일어나는 마음은 그치게 할 수 있다. 마음의 움직임은 반드시 원인이 있기 때문에 그 원인을 없애면 그칠 수 있다.

생각의 움직임이 호흡의 들어오고 나감과 관계가 있다는 사실은 놀라운 발견이다. 호흡이 거칠면 마음도 움직인다는 사실을 통해서 호흡이 무질서하게 행해지지 않도록 하여 그치게 하면 마음도 그친다.

안반수의법의 세번째 단계인 지는 호흡과 마음이 하나가 되어 한곳에 머물러 그치는 것이니, 이 단계에 이르면 마음도 그친다.

이상의 여섯은 모두 숨을 올바르게 하는 길이라고 말하고 있다. 경에서 말한 '숨을 얻는다.'는 들어오고 나가는 숨이 수식, 상수, 지, 관, 환, 정의 단계를 통해서 완전히 자신의 것으로 되어 버린 상태이니 무의식 속에서 청정한 호흡이 자연스럽게 행해진다.

3-8. 마음과 몸의 일체화

要經言一念謂一心. 近念謂計身. 多念謂一心. 不離念謂不離念. 身行是四事. 便疾得息也.

요긴한 것은 경에서 말하고 있는 일념一念은 곧 일심一心이다. 가까운 생각은 몸을 생각하고, 많은 생각은 일심이다. 떠나지 않는 생각은 생각이 떠나지 않는 몸의 움직임이다. 이들 네 가지는 곧 속히 숨을 얻는 길이다.

해설 가장 요긴한 것은 한 생각에 있다는 사실을 강조하고 있다.

한 생각이 어떠냐에 따라서 호흡도 좌우되고, 몸의 건강이나 정신의 안정, 번뇌의 멸도나 깨달음도 있게 된다. '한 생각'은 곧 '한마음'이다. 한마음은 한결같은 마음가짐이다. 불교에서는 이 한마음을 강조한다. 쉽게 말하면 부처님의 마음과 중생의 마음이 하나가 된, 즉 깨달음에 이른 마음이다. 한마음에는 네 가지가 있는데, 첫째는 일어난 생각이 끝까지 변치 않는 것이다. 이를 '일념은 곧 일심'이라고 했다.

두번째는 가까이 있는 자기 몸을 생각하는 마음이요, 또는 한결같은 마음으로 여러 가지를 생각하되, 근본 일심을 떠나지 않고 움직이는 마음이다. 경에서는 이를 다념多念이라고 했다. 그래서 '다념은 곧 일심'이라고 했다.

마음을 얼마든지 다양하게 쓰되 근본 마음을 떠나지 않으면 잡다한 마음도 하나의 마음과 다르지 않다. 이렇게 됨으로써 모든 사물에 대하여 그 실상을 파악할 수 있다. 안반수의법에서 수식과 상수와 지의 단계는 가장 가까운 코끝을 생각하는 것이니 근념近念이 되고, 관觀의 단계는 다념이 된다. 오온에서부터 일체의 법에 대하여 여실히 관조하는 것이니 다념이 곧 일심이다.

세번째는 생각이 움직임에서 떠나지 않는 일이다. 일념一念이나 근념近念, 다념多念은 몸을 움직이지 않고 단정히 앉아 있는 경우이다. 그러나 몸을 움직일 경우에는 어떻게 할 것인가. 한 생각을 한결같이 가질 수도 없고, 코끝이나 입술만을 생각할 수도 없고, 오온을 생각할 수도 없다.

몸을 움직일 때에는 몸의 움직임을 생각하여 몸의 움직임과 마음이 떠나지 않게 한다. 이때는 가만히 앉아 있을 때보다 마음을 전일全一하기가 어렵다. 이미 호흡훈련이 쌓여서 수식이나 상수, 지나 관이 이루어져서 환의 단계나 정의 단계에 이르면 생각이 객관에 의해서 흔들리지 않게 된다. 또한 생각하려는 대상을 마음대로 생각하되 자기 본심을 떠나지 않으므로 몸의 움직임에 마음이 항상 같이하여 서로 떠나지 않을 수 있다. 즉 주와 객이 하나가 된 것이다. 몸과 마음이 서로 각각 움직이면 몸이 잘못 움직일 수도 있고, 마음이 잘못된 곳으로 달려갈 수도 있다. 마음이 몸의 움직임과 떠나지 않으면 고요한 마음이 항상 같이 하고 있으므로 몸의 움직임을 잘 조절하여 억제한다.

억제된 마음은 몸을 억제하여 도에서 벗어나지 못하게 한다. 말〔馬〕을 잘 타는 사람이 말과 하나가 되어 있으면 말이 달리는 것과 고요한 마음은 하나이므로 말은 내 뜻대로 달리고, 말과 내가 하나가 되어 말을 탔다는 생각이나 말이 달린다는 생각도 없는 편안함과 즐거움만이 있게 된다. 다시 말하면 말을 얻은 것이다. 말과 사람이 하나가 되었으므로 말은 나의 것이다.

마음이 몸의 움직임을 떠나지 않으면 몸과 마음이 하나가 되어 오히려 마음이 몸을 자유자재로 한다. 더 나아가면 몸이 마음이요, 마음이 몸이면서도 몸도 마음도 의식하지 않게 된다. 이 단계는 오직 마음만 있으므로 환이다. 반본환원返本還源이라고 할 단계다. 이렇게 되면 몸이 마음이고, 마음이 몸이니 입진수수入塵垂手의 단계가 아니랴. 이것이 또한 청정의 단계이다.

3-9. 마음의 안정과 수식

坐禪數息卽時定意. 是爲今福. 遂安隱不亂. 是爲未來福. 益久續復安定. 是爲過去福也. 坐禪數息不得定意. 是爲今罪. 遂不安隱亂意起. 是爲當來罪. 坐禪益久遂不安定. 是爲過去罪也.

좌선하여 수식數息하면 즉시 마음이 안정되어 현금의 복이 되고, 드디어 안온하여 흩어지지 않으면 미래의 복이 되며, 더욱 오래 지속되어 다시 안정되면 과거의 복이 된다. 좌선하여 수식을 하나 마음이 안정되지 않으면 현금의 잘못이 되고, 드디어 불안하여 마음이 흩어지면 마땅히 미래의 잘못이 되며, 더욱 오래 좌선을 하여도 안정을 얻지 못하면 과거의 잘못이 된다.

해설 단정히 앉아 숨의 수를 세면서 정신을 집중하여 마음이 안정되면 즉시 복을 받은 것이다. 또한 수식을 닦아서 점차 마음이 안정되면서 드디어 안온한 상태에 도달하면 장차 복을 받을 수 있는 것이요, 수식을 더 닦아서 오래 지속된 뒤에라야 마음이 안정되면 지나간 복이 된다.

이와 반대로 좌선을 하여 수식을 닦아도 마음이 안정되지 않으면 지금의 잘못이다. 수식이 제대로 되지 않으면 마음의 안정을 얻지 못하기 때문이다. 수식은 마음의 안정을 위한 것이므로 당장 나타날 수도 있고, 오래 계속해서 나타날 수도 있으며, 애써서 지속하더라도 안정이 되기도 하고 안 되기도 하면 지나간 것이라고 한다. 복福은 행복을 가져오는 업業이 된다. 이와 반대로 죄罪는 불행의 업이 된다. 현금의 복은 마음이 바로 안정되는 것이고, 미래의 복은 장차 안정될 것이 기약되는 경우다. 과거의 복은 오랫동안 애써서 수식을 한 후 어렵게 안정이 되는 경우다.

경에서는 수식의 효과에 대하여 마음이 안정되는 과정에 따라서 잘됨과 잘못됨을 살펴보았다. 안정되기도 하고 안 되기도 하면 과거에 속하므로 잘 되면 현재와 미래의 복이 약속되나, 잘 안 되면 현재와 미래의 죄로 나아간다고 설하고 있다.

수식이 잘되거나 잘못 되면 반드시 결과가 나타난다. 언제 나타나느냐의 차이는 있으나 원인이 있으면 반드시 결과가 있게 마련이다. 좋은 결과를 얻기 위해서는 수식을 잘 닦아야 한다.

3-10. 좌선과 수식

亦有身過意過. 身直數息不得. 是爲意過. 身曲數息不得. 是爲身過也. 坐禪自覺得定意. 意喜爲亂意. 不喜爲道意. 坐禪念息已止便觀. 觀止復行息. 人行道當以是爲常法也.

또한 몸의 허물이 있고 마음의 허물이 있다. 몸은 곧으나 수식을 얻지 못하면 마음의 허물이 되고, 몸이 굽어서 수식을 얻지 못하면 몸의 허물이 된다. 좌선을 하여 마음의 안정을 얻었음을 자각하여 마음에 기쁨이 있으면 마음이 흩어진다. 기쁘지 않으면 도의 마음이 된다. 좌선하여 생각과 숨이 이미 그쳤으면 곧 관이 된다. 관을 그치고 다시 숨을 행한다. 사람이 도를 행하면 마땅히 이로써 떳떳한 법으로 삼는다.

해설 몸과 마음에 잘못됨이 없어야 수식이 이루어진다. 몸이 단정하고 마음이 이에 따라야 한다. 수식은 마음이 바른 상태로 들어가는 길이다. 그러므로 몸을 단정히 하고 마음에서 수식이 이루어지도록 하되, 수식이 이루어져서 마음의 안정을 얻었더라도 기쁨을 느끼면 완전한 안정이 아님을 알아야 한다. 기쁨은 마음이 흩어졌을 때 느끼기 때문이다. 그러므로 그 기쁨까지도 그치는 상태가 바로 止의 세계다. 지가 이루어져서 생각이 그치고 숨도 그친 상태에서 사물을 관찰하는 것이 관觀의 단계다. 숨이 그쳤다고 하나 실은 숨에 의식이 가서 느끼지 않을 뿐, 실제로는 숨을 쉬고 있다. 다시 말하면 자신도 숨을 쉬고 있는지를 모를 정도로 된 상태에 이른 것이다.

　예를 들면 고양이가 쥐를 잡으려고 노려보고 있을 때에는 숨을 죽이고 쥐의 동작을 감시하여 기선을 잡는다. 이때는 스스로 숨을 느끼지도 않고 어떤 생각도 일으키지 않는다. 무념무상의 상태에서 숨이 그친듯이 고요히 행해진다. 이 상태가 바로 도에 들어간 것이다. 사람도 이와 같이 정신이 항상 어떤 것에 집중되어 몸과 마음이 하나가 되면서도 몸과 마음을 모두 잊은 상태에 이르러서야 올바른 진리를 깨달을 수 있다. 마음이 흩어지지 않고 그친 상태인 지와 그 그침까지도 떠난 관은 수레의 두 바퀴에 비유되고 있다. 지에서 떠나야만 사물을 자재롭게 관찰할 수 있다. 이때 떠났다는 것은 마음이 그친 상태에서 떠남을 말한다. 그러므로 지를 떠나지 않은 관이다. 관은 마음이 그친 무심의 상태에서 사물을 관찰한다. 이때 숨은 여전히 들어오고 나가면서 가장 고요하고 몸과 마음과 하나가 되어 행해진다. 마음과 몸과 숨이 하나가 된 상태다. 이렇게 되어서 비로소 마음은 올바른 상태에 안주하고 몸은 건강하게 유지되며 숨도 올바르게 된다.

　여기에서 마음의 고요함을 자각하면 1선神, 기쁨을 느끼는 단계를 2선二神이라고 한다. 더 나아가 기쁨까지도 그친 단계가 3선이다. 이때 관이 있게 된다. 관을 그치고 다시 숨을 행하는 단계가 제4선이다.

　경에서 말한 '관을 그치고 다시 숨을 행한다.'는 숨을 마음대로 행하면서도 고요함을 떠나지 않는 것이다. 동중정動中靜이다.

　《성실론成實論》 제14권 〈정난품定難品〉에서는 이렇게 말한다.

"만일 정定에 의해서 장애가 되는 여러 온蘊을 떠나면 능히 큰 이로움을 얻는다. 경에서 설한 바와 같이 정난定難, 정정의 어려움은 기쁨〔鹿喜〕이다. 기쁨이 생하면 수행자는 마땅히 마음의 난법難法이라는 기쁨을 일으키지 말라. 탐착 등의 허물이 있어서 정심定心을 흐트러뜨리기 때문이다.

묻되, 법에서 기쁨이 생하는데 어찌 생하게 하지 말라고 하십니까? 답하되, 수행자가 공空을 생각할 때에는 기쁨이 생하지 않는다. 중생은 생각이 있으므로 기쁨이 생한다. 오음은 공이니 중생도 없다. 어찌 기뻐할 것인가. 또한 수행자는 마땅히 이렇게 생각하라. '인연에 의하기 때문에 여러 가지 법이 생한다. 곧 광명등이니 이 속에 어떤 것이 기뻐할 것이랴.'"

3-11. 다섯 가지 믿음

佛說有五信. 一者信有佛有經. 二者去家下頭髮求道. 三者坐行道. 四者得息. 五者定意所念不念爲空難不念爲空.

부처님 말씀에 다섯 가지 믿음이 있다. 첫째는 부처가 있고 경이 있다고 믿고, 둘째는 집을 나가 머리를 깎고 도를 구하며, 셋째는 앉아서 도를 행한다. 넷째는 숨을 얻는 것이요, 다섯째는 정의定意로써 생각하는 바가 없음을 공으로 삼되, 생각하지 않는 것을 공으로 삼음을 힐난한다.

해설 붓다는 다섯 가지 믿음이 있다고 말한다. 첫째는 부처가 있다는 사실과 경이 있다는 사실을 믿는 것이요, 둘째는 집을 나가서 머리를 깎고 도를 구하는 승려가 있다는 사실이다. 도를 구하는 수행자, 곧 승려에 대한 믿음이다. 이들 세 가지가 불교 신앙의 대상이 된다. 깨달은 사람과 깨달음이 있다는 사실은 의심할 여지가 없다. 또한 깨달은 이가 깨달은 내용인 법을 써놓은 경이 있다는 사실을 믿는다.

 셋째로 '앉아서 도를 행한다.'는 명상을 통해서 도를 깨닫고 실천하는 삶이다. 진리는 명상을 통해서 깨달아 아는 것이다. 듣거나 생각해서 아는 것이 아니라 명상을 통해서 알려지지 않으면 안 된다. 우주의 진리는 생각만으로는 알 수 없다. 명상을 통해 진리를 추구하는 문화를 창조한 민족이 인도인이다. 석가모니가 출생하기 이전에 이미 이런 문화풍토가 이루어졌으니 바로 우파니샤드 Upaniṣad 시대다. 우파니샤드시대는 인간과 세계의 근본은 무엇이며, 또 무엇이 인간의 궁극 목표인가를 명상을 통해서 추구했다. '우파니샤드'는 스승과 제자가 '서로 가까이 앉는다.'는 뜻이면서 동시에 '신비스러운 깊은 진리'라는 뜻이 담겨 있다. 이 당시의 철인들은 숲속에 앉아서 진리를 탐구했으며 실제 생활에서 이를 실천했다.

 '앉아서 도를 행한다.'고 하여 언제나 앉아만 있다는 뜻은 아니다. 불교의 진리도 명상을 통해서 깨닫게 되므로 불교 수행자는 반드시 선禪이라는 명상을 하기 위해서는 '앉는 것'이 기본 자세이며 이로부터 시작된다. 그러나 앉아서 얻어진 진리는 뛰면서 행해질 수 있다. 불교는 중생을 제도하기 위해서 뛴다.

 네번째의 '숨을 얻는 것'도 부처님이 설하신 바요, 도를 구하고 행하는 데에 반드시 믿어야 할 가르침이다. 숨을 얻었다는 것은 숨이 안정되어 자기 자신을 떠나지 않는 상태를 말한다. 자기 자신이란 자신의 마음과 몸이다. 몸과 마음과 숨이 서로 떠나지 않고 하나가 된 경지이다. 숨을 얻으면 진리를 깨달을 수 있으므로 도를 얻고 행하게 된다.

 다섯번째는 공을 깨닫고 실천하며 설하는 분이 부처님이시고, 공을 실천하라고 가르치는 종교가 불교이다. 그러므로 공은 불교도의 믿음으로, 먼 곳에 있는 어떤 실체가 아니라 바로 우리 마음속에 있다. 마음이 삼매三昧에 있으면 공을 얻는다. 흔들리지 않는 지극히 고요한 마음이 삼매이며 정정이라고도 한다. 마음이 정에 있으면 생각하는 바가 있되 그 생각은 생각하지 않는 것이기도 하다. 다시 말하면 생각하면서 생각하지 않는다. 생각은 생生이요, 생각하지 않음은 멸滅, 곧 사死다. 그러므로 우리의 마음속에서 생이면서 멸이 실현된다.

생각을 일으키지 않음이 정의定意가 아니다. 생각을 일으키면서도 고요하고 흔들리지 않으면 일으키지 않음과 같다. 항상 마음이 고요하고 순일한 가운데 인연에 따라서 생하고 멸하면 공이 실현된다. 그러므로 생각하지 않음은 죽음일 뿐, 공이 아니다. 공은 삶과 죽음이 인연에 따라서 나타나는 세계이다. 우리의 마음도 도에 있으려면 생각하는 바가 있으면서 생각함이 없어야 한다. 《금강반야바라밀다경金剛般若波羅蜜多經》에서 말한 바와 같이 '마땅히 머무는 바 없이 마음을 일으키는 것〔應無所住而生其心〕'이다. 머무는 바가 없음은 집착하지 않음이요, 흔들리지 않음이다.

불교 믿음의 대상은 불佛, 경經, 법法, 구도求道, 득식得息, 정의定意임을 설하고 있다. 이 중에서 득식과 정의는 수행자가 반드시 갖추어야 할 기본조건이다. '아나파나사티' 호흡 명상법이 이 조건을 갖추게 한다.

3-12. 생각이 쉬는 것

何以故念息. 報曰. 息中無五色貪婬瞋恚愚癡愛欲. 是亦爲空也. 可守身中意者. 謂意在身觀. 是爲身中意. 人不能制意故令

數息. 以黠能制意. 不復數息也.

어찌하여 생각을 그치는가. 답하되, 숨 속에는 색탐, 음, 진에, 우치, 애욕 등 다섯 가지가 없다. 이 또한 공이 된다. 몸 속의 마음을 지켜야 한다. 곧 마음이 몸에 있어서 관한다. 이를 몸 속의 마음이라 한다. 사람은 능히 마음을 억제할 수 없기 때문에 수식을 하게 한다. 꾀로써 능히 마음을 제어하므로 다시 수식하지 않는다.

해설 '아나파나사티'법은 생각을 수에 집중하는 것으로부터 시작되는데, 이 생각을 쉬라고 하니 어찌된 연유인가. 모순이라고 생각할 수 있다. 경에서 이에 대해 설명하고 있다. 생각은 뜻이라고도 하고 마음이라고도 하는데, 색色, 곧 외계의 모든 것에 대한 탐심과 음욕과 노여움과 어리석음과 애욕 등 다섯 가지로 나타난다. 공의 경지로 향하는 이 다섯 가지는 본래 허망하다. 그러면서도 마음은 몸 안에 있으면서 사물을 관하여 아는 힘을 가지고 있다. 허망하면서도 중요한 일을 하고 있다. 공은 아무것도 없는 것이 아니라 없는 속에 있는 것이다.

마음은 '몸 속의 마음이다.'고 한 바와 같이 몸 속에 확실히 있으나 공이기 때문에 불가득不可得이다. 그러므로 이 마음을 억제하여 마음을 쉬게 한다. 만일 마음이 허망하기만 하다면 쉬게 할 필요조차 없다. 반대로 마음이 공이 아니라 실제로 존재한다면 억제할 수도 없다.

마음은 공이기 때문에 비어 있는 면을 공으로 가게 하기 위해서 억제하며, 그러면서도 있기 때문에 이런 면을 보아서 지혜로써 억제하여 쉬게 한다. 마음은 제 스스로 억제되어 쉬는 것이 아니다. 반드시 꾀로써 억제하지 않으면 안 된다.

그 꾀가 바로 수식이다. 수식이 이루어지면 능히 마음을 억제하게 되니, 이때는 다시 수식을 할 필요가 없다. 그러므로 수식의 다음 단계인 상수相隨가 있고, 여기서 지止와 관觀으로 가서 드디어는 환還과 정淨에 도달된다.

여기서는 마음을 쉬게 하는 이유와 그 방법을 논리적으로 설명하면서 공空의 실천이 곧 수식이라고 했다. 이 세상의 모든 것은 공을 떠나서 있을 수 없으니 수식인들 어찌 공의 도리를 떠날 수 있으랴. 진실로 붓다의 지혜는 이러한 근본원리로부터 나옴을 알아야 한다.

3-13. 스스로 얻는 지혜

問何等爲自知. 何等爲自證. 報謂. 能分別五陰是爲自知. 不疑道是爲自證也.

묻되, 어떤 것을 스스로 안다고 하고, 어떤 것을 스스로 증득한다고 합니까. 답하되, 능히 오음을 분별함을 스스로 안다고 하고, 도를 의심하지 않음을 스스로 증득한 것이라고 한다.

해설 아는 것과 깨닫는 것과는 다르다. 아는 것은 사물을 분별하여 알아차리는 것이므로 사물에 대한 지식이다. 인식도 이에 속한다. 그러나 깨달아서 아는 증득은 알아서 얻는 것이니 알게 된 지식을 일상생활에서 살리는 것이다.

'도를 의심하지 않는다.'는 이런 뜻이다. 도란 실천이니 의심하지 않고 실행하여 생활 속에서 살려지고 있는 지식이다. 이런 지식은 보고 들어서 아는 것에 그치지 않고 깊은 반성과 관찰을 통해서 확인되며, 다시 체험이나 이성에 의해서 확증되었을 때에서야 있을 수 있다. 실천을 통해서 확증된 지식은 삶의 길을 밝게 비춰주는 영구한 등불과 같다. 그러므로 스스로 증득된 것은 지혜라고 말해진다.

이처럼 지식과 지혜는 다르다. 동양, 특히 인도에서는 지식보다 지혜를 소중히 여긴다. 지혜는 명상을 통해서 얻어지며, 명상은 깊은 반성과 투철한 통찰을 따르게 한다. 반성을 통해서 과거를 바르게 보고 통찰을 통해서 미래를 내다본다. 과거와 미래를 볼 수 있으면 현재를 올바르게 살릴 수 있다. 지혜는 현재를 올바르게 살리는 힘이 있다.

호흡이 안정되어 지에 이르고, 지에서 다시 관으로 나아가고, 그 관이 자신의 것으로 얻어지면 환이 된다. 환은 스스로 깨달아 아는 것이니 실천이 따른다. 그 실천이 곧 정이다. 정의 실천은 의념이 없어 신념을 가지고 전심전력으로 나아가니, 붓다의 49년 간의 교화와 그의 한결같은 거룩한 삶이 대표적인 본보기다.

스스로 증득하는 데에도 깊이와 넓이가 있다. 위대한 성자들만이 마음속 가장 깊은 곳에서 얻은 깨달음과 우주로 확대된 자신에 대한 깨달음을 얻을 수 있다. 붓다는 실로 이런 분이다. 이 외의 수많은 성자나 선인, 도인, 현자나 선지식이라고 말해지는 사람들은 모두 그 깊이와 넓이에 차이가 있다. 그래서 붓다는 무상정등정각자無上正等正覺者라고 말해진다. 비록 우리 범부들이 붓다의 경계에는 미치지 못해도 명상을 통해서 얻는 지식은 깨달음에 속한다. 명상은 고요한 생각을 통해서 주관과 객관이 하나가 되어 한결같이 확대되어 흐르는 것을 실감하게 한다. 이런 체험이 깊어지면 예지를 얻는다. 곧 자증自證이다.

3-14. 無爲의 실천

問曰. 何等爲無爲. 報無爲有二輩. 有外無爲有內無爲. 眼不觀

色. 耳不聽聲. 鼻不受香. 口不味味. 身不貪細滑. 意不妄念.
是爲外無爲. 數息相隨止觀還淨. 是爲內無爲也.

문되, 어떤 것을 무위無爲로 삼습니까. 답하되, 무위에는 두 가지가 있다. 밖의 무위와 안의 무위이다. 눈은 색을 보지 않고, 귀는 소리를 듣지 않고, 코는 향기를 받아들이지 않고, 입은 맛을 보지 않고, 몸은 가늘고 미끄러움을 탐내지 않으며, 마음은 생각을 잊지 않는다. 이것이 밖의 무위이다. 수식, 상수, 지, 관, 환, 정은 안의 무위이다.

해설 무위無爲에 대한 설명이다. 무위란 '함이 없다.'는 뜻이다. 그러나 아무것도 하지 않는다는 뜻이 아니라 적정 그대로의 세계에서 행하는 것이다. 이때는 고요함을 떠나지 않으므로 행하되 행하지 않는 것이다. 이와 같이 눈으로 사물을 보되 고요한 마음속에서 보면 무위이다.

소리를 듣는 것도 마찬가지다. 냄새맡는 것이나 맛을 보는 것, 감촉하는 것, 생각하는 것도 이와 같다. 그러므로 눈으로 보지 않는다고 하거나 귀로 듣지 않고, 코로 냄새 맡지 않고, 혀로 맛보지 않고, 몸으로 감촉하여 가늘거나 미끄러움을 탐내지 않고, 생각이 망념되지 않음은 무위가 아니라 행하되 행함에 끌리지 않으므로 행하지 않는 적정 그대로를 가지고 있다는 뜻이다. 즉 무위無爲의 위爲다. 무위의 위는 무위 그 자체이다.

경에서 '마음은 생각이 망념되지 않는다.'고 했다. 마음에는 항상 생각이 일어나고 있다. 그러나 고요하여 일어나지 않는 상태는 생각이 없는 것과 같다. 이런 상태에서는 그 생각이 망념되지 않는다. 그릇된 생각을 하지 않음이 바로 생각을 망념되게 하지 않음이요, 이는 무위에 속하니 곧 도道이다. 눈으로 보되 보는 데에 탐내지 않고, 귀로 듣되 소리에 끌리지 않고, 코로 냄새 맡되 냄새에 끌리지 않으며, 혀로 맛보되 맛에 집착하지 않으며, 몸으로 거칠고 미끄러움 등을 감촉하되 그 감촉에 끌리지 않으며, 생각을 일으키되 생각이 망념되지 않으면 그것이 무위이다. 밖으로부터 있게 된 무위이므로 밖의 무위라고 한다. 밖으로부터 오는 자극에 끌리지 않고 적정 그대로 이에 응한다면 묘妙한 적응適應이라 할 수 있다. 바로 이 점에 요가의 극치가 있다.

그러면 마음의 적정을 얻으려면 어떻게 해야 하는가. 이것이 문제다. 시각기능은 보는 대상에 끌려서 밖으로 달려나가고, 귀의 기능이나 코의 기능, 혀의 기능, 몸의 감각기능이나 마음의 사유나 인식기능 등은 항상 외부로부터 주어지는 자극에 대응하여 움직이고 있다. 그러므로 밖으로 끌려가지 못하도록 억제하여 꽉 잡고 있어야 하니, 이것이 호흡을 통한 수식, 상수, 지, 관, 환, 정의 수행이다.

따라서 이들 호흡수련은 주관세계가 외부로 끌려가는 것을 막고, 또한 주관세계가 있어야 할 본래의 모습을 잃지 않게 한다. 주관이 객관에 끌리지 않고 잘 유지되어 외부로부터의 자극에 묘한 적응을 한다면 그것이 무위이다. 안, 이, 비, 설, 신, 의의 여섯이 밖에 속한다면, 이들 여섯이 무위의 도를 행하게 하지 않으면 안 된다.

또한 이들 여섯이 무위에 있게 하려면 마음과 숨이 무위에 있어야 한다. 마음과 숨의 무위는 바로 여섯 가지 단계의 호흡수련에 있다.

이 세상에 홀로 존재하는 것은 없다. 반드시 서로 관련을 맺고 이것과 저것의 관계 속에서 존재한다. 무위도 밖과 안의 무위 속에 있다. 밖의 무위는 안의 무위에서, 안의 무위는 밖의 무위에서 비롯된다. 모든 것은 연기의 도리를 떠날 수 없다. 연기의 도리 그대로가 무위의 도이다.

무위는 본래 중국의 철인 노자老子에 의해서 생긴 말이다. 그는 우주의 깊은 곳에 있는 절대적인 본체를 무無라 하고, 그 무의 작용〔無爲〕인 현상계는 우주의 본래 모습이니, 무의 작용 그대로의 무위자연無爲自然을 강조하였다. 그는《도덕경道德經》에서 '도는 항상 무위이니 하지 않음이 없다〔道常無爲 無不爲〕.'고 했다. 그가 말한 도道란 우주의 본체요, 무위이다. 이 무위는 함이 있는 것이다.

그러나 불교에서는 열반涅槃을 무위라고 하고, 법에도 무위법無爲法, 유위법有爲法이 있다고 했다. 절대적인 근본법이 무위법이요, 상대적인 현상의 법이 유위법이며, 유식唯識학파에서는 진여眞如를 무위라 하여 허공에 비유했다. 그러므로 이 경에서는 열반의 세계를 가르킨다.

밖의 무위는 밖으로부터 들어오는 모든 자극에도 움직이지 않고 고요함을 떠나지 않고 적응하는 열반이요, 안의 무위는 밖과는 관계없이 호흡조절만으로 열반의 세계에 머물러 있음을 말한 것으로 생각된다. 그러나 안과 밖은 항상 서로 관련되어 있음을 잊어서는 안 된다. 안이 없는 밖이 없고, 밖이 없는 안이 있을 수 없기 때문이다. 이것이 불교의 연기의 도리이며 공空의 도리다. 열반의 세계도 여기에 머문다.

3-15. 근본으로 돌아가는 일

問現有所念何以爲無爲. 報身口爲戒. 意向道行. 雖有所念本趣無爲也.

묻되, 지금 생각하는 바가 있는데 어찌하여 무위라고 합니까. 답하되, 몸과 입으로 계를 행하고 마음이 도를 행하도록 향해 간다.

비록 생각하는 바가 있어도 근본 무위로 가는 것이다.

해설 모든 것은 근본으로부터 나와서 근본으로 돌아간다. 무위는 마땅히 돌아가야 할 곳이면서 근원이 된다. 근원은 보이지 않으나 근원이 없는 것은 없듯이, 그로부터 현상세계가 비롯되었음은 틀림없는 진리다. 노자의 무위자연설을 그대로 따르지 않고 상식적으로 생각하더라도 그렇다. 온 것은 온 곳으로 돌아가는데, 돌아가고 보면 아무것도 없는 곳에 존재했던 것이다. 그러나 무위란 아무것도 없다는 허무사상이 아니다. 근원을 보고 근원으로 돌아갈 줄 알라는 사상이다.

'생각하는 바가 있다.'는 없다가 생긴 것이다. 없다가 생겼다면 그것은 없는 곳으로 가는 게 당연하다. '있다' '없다'는 '있지도 않고 없지도 않다.'는 말과 같다. 그러므로 '있다'나 '없다'는 '있지도 않고 없지도 않으면서 있고 또한 없다.'로 바꿔 말할 수 있으니, 유위가 곧 무위이다. 구체적인 예를 들면 우리의 몸이나 입으로 계를 지키거나 지키지 않음은 몸과 입으로 하는 행위다. 곧 유위이다. 만일 이러한 계행이 없다면 죽은 사람이다.

이러한 계행을 지키는 이유는 그 계가 인간 행동의 근원이기 때문이다. 계를 지키지 않으면 사회는 파괴되고 인간도 살 수 없다. 인간은 지켜야 할 계행을 떠나서는 살 수 없다. 몸이나 입으로 계행을 지켜서 살생하지 않고 도둑질하지 않음은, 남을 위해서라기보다 인간의 근원적인 요구라 할 수 있다. 따라서 인간이 생활의 근원인 계행을 지키는 행위는 함이 있지만[有爲] 함이 없는[無爲] 행위이다.

이와 같은 생각은 유위이지만 근본 무위로부터 나온 것이면서 또한 근본 무위로 돌아간다. 호흡도 마찬가지다. 숨의 들어오고 나감은 유위이지만 생명의 근원인 무위에서 비롯되었으니 당연히 근원으로 돌아간다. 그 근원이 바로 열반적정이다. 무위가 열반적정이기 때문이다.

우리가 호흡수련을 하거나 명상을 하여 열반에 이르려는 것은 특수한 어떤 세계를 얻고자 하는 욕망에서가 아니라 당연히 돌아가야 할 근원으로 가는 행위이다. 인간 정신의 근원은 고요한 열반의 세계다. 인간 행동의 근원은 자리이타自利利他의 올바른 행위다. 계행이란 바로 인간의 근원으로 가는 행위이다.

눈, 귀, 코, 혀, 몸, 마음이 대상에 끌리지 않고 대상과 어울리면 근원을 떠나지 않고 스스로의 구실을 다한다. 호흡조절의 여섯 가지 관계를 통해서 청정에 이르는 것은 청정이 근원이기 때문이다. 청정의 세계에서는 호흡이 들어오고 나가는 유위有爲이면서 호흡과 마음이 하나가 되어 의식이 없는 무위로서 적정 그대로 순일하게 행해진다.

근본 무위로 가는 생각은 생각하는 바가 없는 생각이다. 이런 생각은 대상에 끌리지 않고 생각하고자 하는 바를 생각한다.

칠불계七佛誡에서 말해지듯이 불교는 마음의 청정함과 몸과 입의 청정함을 얻는 가르침이다. 몸이 청정하고 입이 청정하면 악을 짓지 않고 선을 행하여 남을 즐겁게 한다. 마음이 청정하면 바로 열반의 적정락寂靜樂을 맛보며 그 행위는 자리이타인 보현행으로 나타난다. 이렇듯 일체법이 청정하므로, 반야바라밀다가 청정하다고 했다.

일체법은 열반적정으로부터 나왔고 열반적정으로 돌아간다. 반야바라밀다는 열반적정 속에 스스로 존재하며, 계는 일체법의 근원이다. 몸과 입으로 계를 지키게 하려면 근원이 깨끗해야 한다. 몸과 입의 근원은 마음이므로 마음을 깨끗하게 하면 일체법이 깨끗해진다. 호흡에 있어서도 마음이 청정하여 적정을 떠나지 않으면 들어오고 나가는 숨이 모두 바르다.

뿌리와 가지는 다르지 않다. 근원이 튼튼하면 가지도 튼튼하고, 가지가 튼튼하면 뿌리도 튼튼하다. 호흡이 바르면 마음이 고요하고, 마음이 고요하면 호흡도 바르다. 바르고 고요함이 바로 열반의 세계이다.

3-16. 無爲의 참뜻

問何等爲無. 何等名爲. 報無者謂不念萬物. 爲者隨經行指事稱名. 故言無爲也.

묻되, 어떤 것을 무無라고 하고, 어떤 것을 위爲라고 합니까. 답하되, 무無는 만물을 생각하지 않음이요, 위爲는 경에 따라서 행하는 일을 가리켜서 이름한 것이니 무위라고 말한다.

해설 무위無爲를 다시 분석해서 더 자세히 가르치고 있다. 무위는 '무의 행위' '함이 없다'는 '행위의 무'란 뜻도 된다. '무의 행위'는 아무 생각 없이 경에 따라서 행하며, '함이 없다'는 앞에서 말한 바와 같이 열반적정을 떠나지 않고 행하니 '함이 없는 행위'이다. 다시 말하면 앞의 것은 적극적이고 뒤의 것은 소극적이다. 그러나 사실은 어느 것이나 다 같다. '무의 행위'나 '행위의 무'는 둘 다 무위라는 뜻이다. 무無는 만물을 생각하지 않기 때문이다. 만물을 생각하지 않음은 마음이 청정의 세계에 머물러 있어서 만물이 마음의 거울에 비춰진 그대로 올바르게 나타난 것이다. 이때 만물을 생각하면 망념된 생각이 되기 때문이다. 잔잔한 물이나 맑은 거울에 물결이 치거나 티가 묻은 것과 같다.

마음의 거울에 올바르게 비친 그대로 행하면 경에서 설한 대로 따르게 된다. 경이란 성자의 맑은 지혜의 거울에 비춘 말씀이다. 그러므로 그대로 따르면 된다. 멋대로 생각하면 망념된 생각이다. 맑은 거울에 더러운 티끌을 일으키거나 잔잔한 물에 파도를 일으킨 것이니 어찌 사물의 올바른 모습이 나타날 수 있으랴. 이 경에서는 무위라는 말을 많이 쓰고 있으나 무위는 노자가 말하는 철학적 용어가 아니다. 오히려 불교 수행에 있어서 붓다의 가르침에 따르라는 뜻이다. 그러므로 무위 그대로의 수행과 무위 그대로의 실천을 요구하고 있다. 즉 호흡에 있어서 붓다가 가르치신 안반수의법을 실천하라는 뜻이며, 이것이 바로 무위의 도가 된다.

4. 안반수의와 삼십칠도행

4-1. 수행의 장애를 없애는 길

問設使宿命對來到. 當何以却. 報行數息相隨止觀還淨. 念三十七品經能却難. 宿命對不可却. 數息行三十七品經. 何以故能却. 報用念道故消惡. 設使數息相隨止觀還淨不能滅惡. 世間人皆不得道. 用消惡故得道.

묻되, 만약 숙명이 상대하여 닥쳐온다면 무엇으로 물리칠 것입니까. 답하되, 수식, 상수, 지, 관, 환, 정을 행하고《삼십칠품경》을 염하여 능히 어려움을 물리친다.
　숙명의 상대함은 물리칠 수 없습니다. 수식을 행하고《삼십칠품경》을 염하여 어찌 능히 물리칩니까? 답하되, 도를 생각하여 악을 없애기 때문이다. 만일 수식, 상수, 지, 관, 환, 정이 악을 멸할 수 없다면 세간 사람들 모두 도를 얻지 못한다. 악을 없앰으로써 도를 얻는다.

해설 앞에서 붓다의 안반수의법을 행하여 청정한 세계에 이르면 열반을 얻게 된다고 말했다. 열반은 곧 무위의 도이다. 그러나 노자의 무위와 불교의 무위는 다르다. 노자의 무위는 무위자연이므로 자연에 맡기는 것이지만, 불교에서 말하는 무위는 인연에 따르되 나쁜 인연은 제거하고 좋은 인연을 맞는 것이다. 다시 말하면 고요한 세계에서 지혜를 얻으면 나쁜 인연이 왔을 때 그 원인을 알아서 제거하여 올바른 길로 나갈 수 있다는 것이다. 이것이 곧 무위의 도이다. 이러한 지혜는 청정한 열반의 경지에서 얻어지므로 말은 같으나 뜻은 다르다.

무위라는 말이 자주 사용되었으나 노자가 말하는 무위의 도와 혼동하면 안 된다. 그래서 숙명에 대해 언급하는 것은 당연하다.

가령 나쁜 일이 숙명적으로 닥쳐왔을 때에 어떻게 대처할 것인가의 문제다. 노자는 마치 어린아이와 같이 아무 생각 없이 자신을 잊으라고 했다. '나에게 큰 재앙이 오는 이유는 몸이 있기 때문이다. 나에게 몸이 없으면 어찌 재앙이 있으랴.'라고 하여, 지혜를 쓰면 큰 재앙이 있고, 그것은 큰 위선이라고까지 했다. 그의 사상을 더욱 발전시킨 열자列子는 인간사의 모든 것은 숙명이니 그에 맡겨 기뻐하거나 슬퍼할 필요가 없다고 했다. '세상 만사는 명命이다. 그러니 어찌 억제할 것인가. 곧으면 곧은 대로 쓰고, 굽으면 굽은 대로 맡긴다. 스스로 오래 살고, 스스로 요절하며, 스스로 궁하고, 스스로 창달하며, 스스로 귀해지고, 스스로 천해지며, 스스로 부하고, 스스로 가난하니, 내가 어찌 알 것인가.' 하였다. 수요壽夭, 궁달窮達, 귀천, 빈부는 인간의 힘으로는 어쩔 수 없고 오직 자연의 결정에 맡긴다는 사상이다.

그러나 불교는 그렇지 않다. 천재지변도 인간의 힘으로 극복할 수 있고 부귀나 궁달, 장수나 요절도 인간의 지혜로 좌우할 수 있다고 본다. 오래 살고 창달하고 귀해지고 부를 누리는 것도 그럴 수 있는 인연을 만나서 되며, 요절하고 궁하고 천하고 가난한 것도 인연에 의해서 되는 것이다. 원인 없는 결과는 있을 수 없다. 좋은 원인은 좋은 결과를 낳으므로 좋은 인연을 만들면 좋은 결과가 따른다. 여기에 불교의 멋이 있으며 적극적인 창조가 있다. 불교의 업業 사상은 시간과 공간을 초월하여 자유자재한 적극적인 자유사상이다.

숙명적인 나쁜 일이 닥쳤을 때 어떻게 대처하느냐는 인생을 어떻게 사느냐의 태도를 말한다. 불교는 어떤 역경에도 마음의 동요 없이 대처한다. 그 원인을 알아서 제거하는 능력이 지혜이다. 그러면 그러한 지혜는 어디서 나타나는가. 바로 수식, 상수, 지, 관, 환, 정의 안반수의를 닦아서 마음이 고요하여 닥쳐온 숙명의 실상을 있는 그대로 파악하여 대처하게 된다. 그러면 그 숙명을 물리칠 수 있다.《삼십칠품경》에서는 이러한 길을 '마음에 도를 생각하기 때문에 악함을 없앤다.'고 했다. 마음이 열반적정 그대로 밝고 고요히 사물을 보고 있기 때문에 악을 없앨 수 있다고 한 것이다. 묻는 자는 열자의 숙명론과 같이 인간만사를 숙명으로 생각하여 인간의 힘으로는 어찌할 수 없다고 생각하여 이런 질문을 하고 있다.

그러나 이에 대하여 안반수의와《삼십칠품경》을 염하여 지혜로써 물리칠 수 있다고 대답하고 있다. 그러면 어찌하여 가능한가. 수식, 상수, 지, 관, 환, 정의 안반수의와《삼십칠품경》의 세계가 얻어지면 이미 도가 이루어졌으며, 도가 이루어지면 자연히 악은 없어진다.《삼십칠품경》은 사성제, 사의지, 사의단, 오근, 오력, 칠각의, 팔정도의 수행을 설한 경전이다. 그러므로 어떤 숙명적인 재앙이 닥쳐오더라도 능히 지혜로써 물리칠 수 있다. 물리칠 수 있는 힘이 얻어지고 물리칠 수 있는 길을 볼 수 있고, 실천할 수 있는 모든 길이 그 안에 있기 때문이다. 숙명적인 재앙도 마음에 의해서 있고 없다. 수식, 상수, 지,

관, 환, 정은 삶이 없는 세계로 가는 수행이요, 《삼십칠품경》도 이와 같다. 마음에 삶과 죽음이 없는데 어찌 숙명의 상대함이 있으랴.

수식은 마음을 수에 집중하여 나가고 들어오는 숨을 헤아려 그 숨을 통해서 숨을 떠나는 선교한 방편이다. 숨의 출입은 생사이다. 수식은 생과 사를 통해서 생사가 없는 세계로 간다. 그러므로 수식은 수를 통해서 수를 떠나며 생사를 떠나는 첫 단계이다. 생사를 떠나는데 어찌 숙명의 핍박이 있을 수 있겠는가.

상수는 들어오고 나가는 숨에 마음이 같이 따른다. 숨이 길면 길다고 생각하고, 짧으면 짧다고 생각하고, 나가면 나간다고 생각하고, 들어오면 들어온다고 생각한다. 여기에는 이미 나가고 들어오는 숨과 마음이 하나가 되었으니 생과 사가 마음속에 있다. 그러나 나가는 숨과 들어오는 숨에 있어서 행하는 바가 없이 들어오고 나가니 생과 사가 어디 있으며 숙명의 대적함이 또 어디 있으랴.

지는 몸이나 어떤 대상에 뜻대로 마음을 머물게 한다. 이미 들어오고 나가는 생사를 떠났으니 숙명의 대적함이 제거된 것이다. 그러므로 뜻대로 좋은 인연을 맞이할 수 있다.

관은 숨 속에서 숨과 같이 하는 일체의 사물을 원하는 대로 관찰하여 안다. 좋고 나쁜 인연을 가려서 좋은 인연을 지어 올바른 길을 택한다. 여기에서 살아 있는 내 몸 그대로 도의 문으로 들어간다. 이를 '세간 사람들이 도를 얻는다.'고 했다.

환은 사물을 관해 반성하여 제법이 오직 인연법으로 생멸하고 있다고 보게 되므로 인연법에 따르는 도가 이미 얻어진 것이다.

정은 이미 번뇌가 없으니 숙명의 핍박도 없다. 청정한 도의 실천만 있다. 일체의 법에 집착이 없고 인연을 따라 행함에 선 아님이 없다.

이를 '악이 소멸되었으므로 도를 얻는다.'고 했다. 여기에 이르면 모든 장애가 정화되고 번뇌가 깨달음으로 바뀌니 일체법이 청정하여 부처 아님이 없다. 현법낙주現法樂住의 무학無學의 도가 행해진다. 법이 있는 그대로 나타나서 스스로 즐겁게 머무니 이 어찌 도인이 아니랴.

4-2. 죄의 정화

數息相隨止觀還淨. 行三十七品經尙得作佛. 何況罪對. 在十方積如山. 精進行道不與罪會. 問曰. 經言作是何以故不會. 報用作是故也.

수식, 상수, 지, 관, 환, 정으로 《삼십칠품경》을 행하면 오히려 깨달은 자가 될 수 있다. 하물며 어찌 죄에 상대할 것인가. 시방十方에서 산과 같이 쌓았더라도 정진하여 도를 행하면 죄를 만나지 않는다. 물어 가로되, 경에서 말하기를 짓는다고 하였는데 어찌하여 만나지 않습니까. 답하되, 지어서 쓰기 때문이다.

해설 《삼십칠품경》을 닦아 행하기 위해서는 먼저 수식과 상수와 지와 관과 환과 정의 단계에 이르러야 한다. 그래야 사념처로부터 팔정도가 얻어지기 때문이다.
부처의 경지에 이르면 이미 번뇌가 없어졌으니 죄가 있을 수 없다. 죄란 악이요 장애물이다. 모든 악이 정화되었으니 생각하고 행하는 바가 선이요 올바름뿐이다.
수식이라는 선교한 방편으로 마음이 흩어지지 않으면 몸도 마음도 고요히 안정된다. 몸의 자율신경이 강화되어 외부의 자극에 잘 적응하니 건강도 되찾는다. 이것이 상수의 세계다. 마음의 고요함이 한결같아서 어떤 곳에 머물러 집중력을 얻으면 그 사물을 꿰뚫어보는 눈이 생긴다. 이것이 지다. 이때까지 알지 못했던 것을 알게 되고, 알고 있던 것은 진실이 아니었음을 알게 된다. 또한 그 사물이 홀로 존재하는 것이 아니라 다른 것과의 관계 속에서 존재하고 있다는 인연의 도리도 볼 수 있게 된다. 이것이 관이다. 지는 마음의 집중이 심화된 것이며, 관은 그것이 확대된 것이다. 이렇게 되면 일체의 견해가 전환되어 새로운 가치관을 얻고 자신을 되찾게 된다. 이것이 환이다. 나와 남, 나와 자연이 올바른 관계를 갖고 조화 속에서 서로 결점이 없다. 이것이 정의 세계다.

이러한 세계에 이르면 비로소 《삼십칠품경》의 내용이 행해진다. 죄나 악은 마음의 번뇌에서 생긴다. 청정한 마음에 어찌 죄가 따르겠는가. 시방 세계에서 산과 같이 많은 죄를 지었다 하더라도 모두 정화되면 더이상은 죄가 아니다. 일체의 법이 그대로 청정한 부처인 것이다.

4-3. 수식의 열두 가지 결과

數息爲墮十二品. 何謂十二品. 數息時墮四意止. 息不亂時爲墮四意念斷. 得十息有時爲墮四神足. 是爲墮十二品也.

수식은 열두 가지로 들어간다. 열두 가지는 무엇인가. 수를 셀 때에는 사의지四意止에 들어가고, 숨이 흩어지지 않을 때에는 사의념단四意念斷에 들어가고, 십식十息을 얻었을 때에는 사신족四神足에 들어간다. 이를 열두 가지에 들어간다고 한다.

해설 호흡수행을 할 때 첫째로 수를 세는 수식관을 행한다. 수식에는 열두 가지 뛰어난 효능이 있는데 사의지라 하여 마음이 네 가지에 머물러서 실상을 알게 된다. 네 가지란 몸(身)과 감수작용(受)과 생각(心)과 모든 사물(法)을 말한다. 이러한 네 가지 속에 머물러서 실상을 통찰한다. 이러한 통찰력은 수식을 통해서 마음이 집중되어야 하고 수를 세는 행위는 마음을 수에 집중시키는 방편이 된다. 수식은 호흡과 명상의 다음 단계로 나아갈 수 있는 1차 관문이다.

또한 수를 세어 집중력이 생기면 마음이 흩어지지 않는다. 이렇게 되면 네 가지 근행이 이루어진다. 사의념단은 사의단四意斷, 사정근四正勤이라고도 하니, 첫째로 아직 나타나지 않은 악을 끊어서 생하지 않게 노력하게 된다(律儀斷). 둘째는 이미 생긴 악을 끊어 없애려고 노력한다(斷斷). 셋째는 아직 생하지 않은 선을 생하게 하기 위해서 노력한다(隨護斷). 넷째는 이미 생한 선을 더욱 증장시키기 위해 노력한다(修斷). 이러한 노력을 '끊는다'고 한 것은 노력이 태만과 모든 장애를 끊어 없애기 때문이다. 끊음은 생각에 의해서 일어난 것을 끊는다. 그러므로 사의념단이라고 한다. '사의념단에 들어간다.'는 '네 가지 장애가 되는 마음을 끊는 단계로 들어간다.'는 뜻이다. 이미 악이 제거되어 다시 일어나지 않으면 선법이 일어난다.

그리하여 다시 숨이 들어오고 나가는 수를 세는 것은 네 가지 신족을 얻게 된다고 말하고 있다. 네 가지 신족이란 바라는 바에 의해서 마음이 따르는 욕신족欲神足, 마음을 전일하게 하는 심신족心神足, 오로지 용감하게 정진하는 정진신족精進神足, 도에서 벗어나지 않도록 살펴 아는 혜신족慧神足 등이다.

이들 신족은 정신집중의 정력定力에 의해서 나타나는 특수능력이다. 그래서 이들 네 가지 신족을 자재정의自在定意, 정진정의精進定意, 의정意定, 찰계정의察誡定意라고도 한다.

수식에서 숨을 열까지 세는 데에는 집중력이 필요하다. 수식의 수행으로 숨을 열까지 세는 것이 바로 정定의 힘을 얻게 하므로 이 힘이 네 가지 신족을 얻게 한다.

4-4. 37종 수행의 근본인 호흡 조절

問何等爲念三十七品經. 報謂. 數息相隨止觀還淨行. 是六事是爲念三十七品經也.

묻되, 어떤 것이 《삼십칠품경》을 염하는 것입니까. 답하되, 곧 수식, 상수, 지, 관, 환, 정의 행, 이 여섯 가지가 《삼십칠품경》을 염하는 것이다.

해설 《삼십칠품경》을 염하는 것과 '아나파나사티'와의 관계, 다시 말해 《삼십칠품경》의 내용이 바로 '아나파나사티'임을 거듭 강조하고 있다. 앞에서 말한 바와 같이 사의지와 사의념단과 사신족의 열두 가지가 수식으로부터 이루어지고 이뿐만 아니라 37종이 '아나파나사티'로부터 이루어진다고 했다. 이는 어떤 이유에서인가. 이미 사신족이 얻어지면 신근信根이 이루어졌다고 하고, 심신이 견고하게 되면 정진근精進根이 이루어졌다고 하고, 생각해야 할 법을 생각하게 되면 의근意根이 이루어졌다고 하고, 마음이 전일하게 되면 정근定根이 이루어졌다고 하고, 능히 법을 분별하여 그 법이 가는 곳을 알면 지혜근智慧根이 이루어졌다고 한다. 이것이 오근이니 '아나파나사티'에 의한 사신족에서 오근이 구족된 것이다.

오근 중 신근의 힘에 의해서 믿음이 확립되어 마음에 온화함을 얻으면 신력信力을 얻고, 이로 인해서 정진력精進力, 의력意力, 적의력寂意力, 지혜력智慧力도 얻는다. 그러므로 '아나파나사티'는 오력의 바탕이 된다. 뿐만 아니라 오력이 성취되어 능히 제법에 두루 미치면 곧 심각의心覺意(염각의念覺意)이다. 이런 힘에 의해서 제법을 분별하게 된다. 이것이 곧 택법각의擇法覺意, 정구제법각의精求諸法覺意이다. 또한 다시 심신이 견고하게 되니 정진각의精進覺意다. 이때에는 마음에 기쁨을 가지고 소망대로 얻어진다. 이것이 희각의喜覺意요, 몸과 마음이 서로 의지하여 믿음이 유연하게 흩어지지 않으니 신각의身覺意다. 또한 마음이 한결같이 고요하니 정각의定覺意다. 마음에 음행과 노여움과 어리석음의 번뇌의 때가 없어지는 것을 보고 뜻하는 바가 이루어져 호각의護覺意를 얻는다. 이로써 일곱 가지 깨달음〔七覺支〕의 세계가 얻어진다.

이처럼 깨달음이 얻어지면 모든 존재의 진실을 볼 수 있으며 모든 사물이 공이므로 인연에 의해서 생멸하고 있다는 사실을 알게 된다. 즉 정견正見이다. 모든 생각이 그릇되지 않으면 정념正念이다. 또한 몸과 마음이 견고하니 정명正命이다. 올바른 방편에 의해서 움직이고 마음이 진리를 향해서 움직이니 정사유正思惟다. 그때의 마음이 전일하니 정정正定이다. 몸과 마음이 짓는 바 없이 모두 청정하면 정어正語, 정업正業, 정명正命, 정정진正精進이니, 이로써 여덟 가지 바른 길을 성취할 수 있다. 이들 팔정도 중에서 정견과 정념, 정명은 관에 속하고, 정정과 정의는 지에 속한다. 이 지와 관은 수레의 두 바퀴와 같이 수레를 목적지로 달려가게 한다.

만일 마음이 한결같이 무루심無漏心을 유지하면《삼십칠품경》에서 설하고 있는 37종의 법을 구족하게 된다. 이와 같이 '아나파나사티'는 지와 관의 두 수레를 갖추었으니 이들 여섯 가지 단계가 행해지면 바로 37종의 법을 염하게 된다. '《삼십칠품경》을 염한다.'는 《삼십칠품경》 37종의 법을 구족한다는 뜻이다.

4-5. 37종 수행으로서의 안반수의

行數息亦爲行三十七品經. 問何以故爲行三十七品經. 報數息爲墮四意止. 何以故. 爲四意止. 亦墮四意斷. 用不待念故爲四意斷. 亦墮四神足. 用從信故爲神足也.

수식을 행함은 또한 《삼십칠품경》을 행함이 된다. 묻되, 어찌하여 《삼십칠품경》을 행하는 것이 됩니까. 답하되, 수식은 사의지로 들어간다. 어찌하여 사의지가 되는가. 또한 사의단에 들어가기 때문이다. 생각을 기다리지 않으므로 사의단이 된다. 또한 사신족에 들어간다. 믿음에 따라 씀으로써 신족이 된다.

해설 수식 등을 행하면 《삼십칠품경》에서 설하는 수행이 되는 이유를 다시 설명하고 있다. 수식 등이 사의지가 되고 또한 사의지 다음에 사의단으로 들어간다고도 했다. 사의지가 사의단으로 들어가는 이유를 설명하기를 '생각을 기다리지 않으므로 사의단이 된다.'고 했다. '생각을 기다리지 않는다.'는 생각을 일으키지 않는다는 뜻이다. 마음이 몸이나 감각작용, 생각이나 사물에 집중되어 흔들리지 않는 정지상태에서는 마음이 일어나지 않는다. 마음이 일어나면 게을러지고 악한 생각을 하고 선을 보되 행하려 하지 않는다. 선은 마음이 고요한 청정본심에서 스스로 행해진다. 악은 마음이 고요함을 떠나서 흔들린 것이다. 외부의 유혹에 끌리는 것도 마음이 흔들린 것이요, 선을 멀리하고 악을 생각하는 것도 마음이 일으킨 것이다. 마음에 때가 묻어서 탐진치가 생긴다. 그래서 이러한 번뇌를 염오심染汚心이라고 한다. 염오심은 고요하지 않은 마음이다.

경에서 말한 바와 같이 생각을 일으키지 않으면 집중된 마음이 한결같으므로 사의단이 스스로 행해진다. 또한 사의단이 되면 어찌하여 사신족이 이루어지는가. 믿음의 힘에 따라서 나타나기 때문이다. '믿음에 따른다.'는 곧 신력信力을 말하는 것으로, 믿음이란 마음에 의심이 없어진 상태이다. 의심은 불안한 마음을 갖게 한다. 그러므로 믿음에 이르면 불안이나 자신 없는 마음이 사라지고 온화한 마음으로 돌아와 자신이 생긴다. 마음에 의혹이 없고 스스로 믿는 마음이 생기면 그때는 자신이 가지고 있는 능력을 발휘하여 특수한 능력을 보이게 된다. 자신이 하고자 하는 일에 신념을 가지고 임하고 성취하기 위해 마음이 항상 같이해 주면 반드시 소망이 이루어진다. 이것이 욕신족이며 믿음의 힘에 마음이 따른 것이다.

또한 어떤 일을 추진할 때 끊임없이 용감하게 행하면 뜻밖에 좋은 결과를 얻게 되는데 이는 마음이 잘 따라주었기 때문이다. 이것이 정진신족이다. 또한 마음이 항상 전일하게 유지되어 있는 심신족은 우리 마음의 본래 모습으로서 가장 이상적이다. 이러한 능력은 마음이 전일하게 따르는 데서 얻어진다.

또한 사물을 분별하여 진리에서 벗어나지 않게 되는 혜신족도 마음이 고요함에서 벗어나지 않았을 때에 나타나는 특수한 능력이다. 이런 것들은 누구나 가지고 있는 능력이요, 마음의 고요로부터 있게 된다. 신심信心은 곧 온화심溫和心이라고도 말해진다.

《수행도지경修行道地經》5권에서 "이미 신족을 얻었으니, 이를 신근信根이라고 한다. …… 오근이 구족하여 믿음이 온화하니 이를 신력이라고 하고, …… 몸과 마음에 믿음이 있고 유화柔和하여 흩어지지 않으니 이를 신각의信覺意라고 한다."고 하였다.

사신족에 의해서 신근 등 오근이 생기고, 오근에 의해서 신력 등 오력이 생기며, 오력에 의해서 신각의 등 칠각지가 있게 된다.

이렇게 생각할 때 수식 등의 여섯 가지는 《삼십칠품경》에서 설하고 있는 모든 것을 구족하게 하는 바탕이 됨을 알 수 있다.

4-6. 五根으로 들어가는 길

數息爲墮信根. 用信佛意喜故生信根. 亦墮能根. 用坐行根爲墮能根. 亦墮識根. 用知諦故爲識根. 亦墮定根. 用意安故爲定根. 亦墮黠根. 用離癡意解結故爲黠根也.

수식은 신근信根에 들어간다. 부처님을 믿는 기쁜 마음 때문에 신근이 생한다. 또한 능근能根에 들어간다. 앉아서 근을 행함으로써 능근에 들어간다. 또한 식근識根에 들어간다. 진리를 앎으로써 식근이 된다. 또한 정근定根에 들어간다. 마음이 안정되어 정근이 된다. 또한 힐근黠根에 들어간다. 어리석음을 떠나서 마음이 맺음을 풀기 때문에 힐근이 된다.

해설 수식 등은 오근이 된다고 설명한다. 오근은 신근, 능근, 식근, 정근, 힐근의 다섯이다. 근은 감각기능이나 지각기능을 일으키는 근본 능력이다. 이 능력은 번뇌를 떨어버리고 거룩한 진리의 도를 가져오는 작용을 하므로 인간의 뿌리라고도 말해진다. 수도의 힘으로 근을 단련하면 둔하고 낮은 기능이 바뀌어진다.

또한 오근은 신근, 정진근精進根(혹은 근근勤根), 염근念根, 정근, 혜근慧根이라고도 한다.

경에서는 정진근에 해당하는 기능을 능근이라고 했다. '앉아서 근根을 행하므로 능근에 들어간다.'고 했다. 앉아서 근을 행하는 것은 앉아서 수행하여 능히 부지런히 닦아가는 힘을 기르는 능력이 생기기 때문이다.

고대 인도에서는 호흡의 수식관만이 아니라 어떤 관법을 닦든지 결가부좌나 반가부좌하고 앉아서 수행한다. 이때 마음이 산란하거나 몸이 편안하지 않으면 수행을 지속할 수 없으므로 몸과 마음의 안정을 위해서 여러 가지로 연구하였다. 안반수의법도 이의 일종이다. 호흡조절을 통해서 마음이 고요하고 몸이 편안하면 앉아서 오래도록 관법을 행하는 힘이 얻어진다. 그러므로 여기에서는 능히 정진하는 능력이라는 뜻에서 능근이라고 했다.

또한 경에서는 염근을 식근이라고 했다. '진리를 앎으로써 식근이 된다.'처럼 진리를 안다는 것은 인식능력이기 때문이다. 그러나 이 인식능력은 마음의 염력에 의해서 있게 된다.

가령 꽃 한 송이가 있다고 하자. 무심히 아무 생각 없이 바라보면 꽃임을 인식하지 못할 경우가 있다. 어떤 사물의 인식은 마음이 쏠려서 그것이 어떤 것인지가 생각되어야 인식된다. 늙은 사람이 누군가를 보고도 잘 알지 못하는 경우와 같다. 나이가 많아지면 정신기능이 떨어져서 생각하고 느끼는 힘이 약해지므로 인식작용도 제대로 나타나지 않는다. 그러나 수행을 쌓아서 집중력을 얻은 사람은 마음의 집중인 염력이 바로 인식능력으로 나타나게 된다.

또한 힐근이란 지혜의 기능이다. 인간은 본래 어리석음과 번뇌를 떠날 수 있는 능력이 있다. 어리석음이나 번뇌는 때와 같다. 지혜가 맑고 깨끗하다면 어리석음이나 번뇌는 더럽고 어두운 덮개와 같다. 경에서는 신근을 '부처님을 믿고 마음이 기쁜 것'이라고 했다. 앞에서 믿음은 마음의 온화함과 유순함이라고 했다. 의심하거나 두려워하면 마음에 기쁨이 없다. 확실히 믿으면 그때는 마음이 편안해지고 기쁨이 온다. 우리는 기쁨 속에서 행복을 느끼고, 행복을 느끼면 매사에 적극적이 되고 자신도 모르는 힘이 솟아나는 것을 경험할 수 있다.

 부처님을 믿으려면 마음이 청정해야 한다. 진실로 부처님을 믿는 사람은 마음이 항상 기쁘다. 마음의 청정이 곧 열반이요, 열반의 세계가 부처님이기 때문이다. 내 마음속에서 부처님을 보고 내가 바로 부처임을 알았으니 어찌 기쁘지 않으랴. 또한 신근을 얻으면 그 힘이 우리를 유순하고 온화하게 하여 걸림 없는 마음과 무한한 힘이 솟아난다.

4-7. 五力으로 들어가는 길

 數息亦墮信力. 用不疑故爲信力. 亦墮進力. 用精進故爲進力. 亦墮念力. 用餘意不能壞故爲念力. 亦墮定力. 用一心故爲定力. 亦墮黠力. 用前分別四意止斷神足故爲黠力也.

 수식은 또한 신력信力으로 들어간다. 의심하지 않기 때문에 신력이 된다. 또한 진력進力에 들어간다. 정진하기 때문에 진력이 된다. 또한 염력念力으로 들어간다. 나머지 마음을 능히 없애지 못하기 때문에 염력이 된다. 또한 정력定力에 들어간다. 일심이 되기 때문에 정력이 된다. 또한 힐력黠力에 들어간다. 앞에서 사의지四意止를 분별하여 신족을 끊기 때문에 힐력이 된다.

해설 오력으로 들어가는 인연을 설명하고 있다. 수식에 의해서 청정한 세계에 이르면 처음엔 사의지가, 그 다음에는 사의단이 이루어지고, 다시 사신족이 이루어지니 여기에서 오근이 얻어진다고 했다. 그런데 여기에서는 다시 오력이 얻어진다고 했다. 오력이란 신력, 정진력, 염력, 정력, 힐력이다. 힐력은 곧 혜력이다.

앞에서도 간단히 설명했지만 오근이 얻어져서 구족하면 신심이 생겨 힘이 솟는다. 이것이 신력이다. 신력은 마음에 의심이 없어지고 편안하여 자신의 능력을 충분히 발휘할 수 있게 한다. 의심하면 그 의구심이 장애가 되어 마음이 불안해지고 온화해지지 않는다. 사신족과 오근의 구족으로 의구심이 풀리면 다섯 가지 힘이 생긴다. 이들 다섯 가지 힘은 신근, 정진근, 염근, 정근, 혜근이 더욱 증작해서 번뇌 때문에 그 힘이 감퇴하지 않게 된다. 그러므로 오력은 오근의 힘이다. 오력은 항상 마음과 더불어 생하고 머물며 마음과 더불어 없어진다. 따라서 마음이 정정正定에 머물러 있으면 항상 이 힘이 행해지게 된다.

신근이 더욱 증장하여 의심이 없으니 마음은 고요한 정定에서 벗어나지 않는다. 정에 들어 있으면 어떤 일을 추진하는 힘이 생긴다. 이것이 정진력이다. 정진력은 마음과 몸이 굳건히 안정하여 흔들리지 않으므로 하고자 하는 일에 매진할 수 있다. 붓다가 49년 간을 중생 교화를 위해서 정진하신 것은 오로지 그의 정력定力에 의해서였다. 정진이란 선善에 대한 노력이다. 마음이 정에 있으니 어찌 게으름이나 자기 경멸이 있겠는가.

서원을 세운 사람은 그 서원에서 마음을 떠나지 않게 하여 흔들리지 않고 정진해야 한다. 그런 힘은 몸과 마음이 안정될 때에 일어난다. 몸과 마음이 굳게 안정된 것이 정진근이다. 마음이 아무리 노력하고자 해도 몸이 말을 듣지 않으면 정진할 수 없고, 몸은 노력하고자 하나 마음이 따르지 않아도 정진할 수 없다. 몸과 마음은 수레의 두 바퀴와 같다. 굳은 마음과 건강한 몸에서 한결같은 노력이 있다. 이것이 바로 정진근이요 정진력이다. 게으름이 엄습하거나 해이한 마음이 일어나면 정신을 차려 이에 저항해야 한다. 경각심은 정에 드는 관문이다. 그러므로 참선을 하는 이는 화두를 잡고 경각심을 일으켜야 한다. 경각심을 일으켜서 마치 뱀이 무릎 위에 기어오르는 것을 느꼈을 때와 같이 이에 대항해서 물리쳐야 한다.

정진할 때는 몸과 마음이 굳어 있으면 안 된다. 경직된 마음과 긴장된 몸으로는 정진력이 생기지 않는다. 그러므로 오근이나 오력은 온화한 신심이 바탕이 되어야 한다. 온화한 신심은 긴장된 마음이 아니고 경직된 초조한 마음도 아니다. 평안한 마음속에 경각심이 움직인다. 마치 부드럽고 가벼운 솜이 바람에 따라 움직이듯이 다섯 가지 힘도 이처럼 본래 가지고 있는 감각기능이나 지각기능, 행동기능에 따르고 있을 뿐이다. 정진력만이 아니라 정력이나 염력이나 혜력도 마찬가지다.

4-8. 七覺意로 들어가는 길

數息亦墮覺意. 用識苦故爲覺意. 亦墮法識覺意 用知道因緣故 爲法覺意. 亦墮力覺意. 用棄惡故爲力覺意. 亦墮愛覺意. 用貪 樂道故爲愛覺意. 亦墮息意覺. 用意止故爲息意覺. 亦墮定覺 意. 用不念故爲定覺意. 亦墮守覺意. 用行不離故爲守覺意也.

수식은 또한 각의覺意로 들어간다. 고苦를 알기 때문에 각의가 된다. 또한 법식각의法識覺意로 들어간다. 도의 인연을 알기 때문에 법각의가 된다. 또한 역각의力覺意로 들어간다. 악을 버리기 때문에 역각의가 된다. 또한 애각의愛覺意에 들어간다. 도를 탐락하기 때문에 애각의가 된다. 또한 식각의息覺意에 들어간다. 마음이 그치기 때문에 식각의가 된다. 또한 정각의定覺意에 들어간다. 생각하지 않으므로 정각의가 된다. 또한 수각의守覺意로 들어간다. 행이 떠나지 않기 때문에 수각의가 된다.

해설 칠각의에 대한 설명이다. 수식은 이러한 일곱 가지 깨달음의 세계로 들어간다. 칠각의는 칠각지七覺支라고도 하고 칠각분七覺分이라고도 한다. 각의는 심각의心覺意이니 《수행도지경》에서는 다섯 가지 힘이 성취되어 능히 제법에 미친 것이라고 설명하고 있다. 그러나 《안반수의경》에서는 '고를 알기 때문에 각의다.'라고 했다. 오력이 제법에 미쳐서 이미 나의 뜻대로 됨이 곧 고를 멸함이다.

고를 멸하려면 고를 알아야 한다. 그리하여 그 고의 원인을 없애야 오력이 제법에 미친다. 고는 뜻대로 되지 않는다. 그러나 오력이 구족하면 뜻대로 되지 않음이 없다. 그러므로 이 경에서는 고를 알기 때문이라고 했다. 고를 안다는 것은 고를 없앨 수 있다는 말이요, 제법에 능히 다섯 가지 힘이 미쳐서 뜻대로 되는 것이다.

법식각의는 정구제법각의精求諸法覺意라고도 하며 제법을 분별하여 안다. 경에서는 '도의 인연을 알기 때문이다.'라고 했다. 도는 제법이 인연에 따른 것이므로 도의 인연을 앎이 곧 제법을 분별함이다.

역각의는 정진각의라고도 하고 마음과 몸이 견고하여 능히 악을 버리고 선을 행함에 게으르지 않다.

애각의는 흔열각의忻悅覺意라고도 하며 마음에 기쁨을 얻어 바라는 대로 되는 것이다. 경에서는 '도를 탐락하기 때문이다.'고 했다. 도를 얻어서 기쁨이 생긴 것이다. 이미 고를 벗어났으니 기쁨이 있을 뿐이요, 도를 얻었으니 뜻대로 되지 않음이 없다.

식각의는 신각의信覺意라고도 하며 몸과 마음이 평온하여 의심이 없고 유순한 마음이 흩어지지 않는다. 이때는 마음이 그치고 평온하기 때문에 경에서 '마음이 그치기 때문이다.'고 했다. 의심이 그치고 믿음으로 온화해지면 마음이 그친 것이다.

정각의는 이러한 마음이 한결같이 고요하여 다시는 다른 생각이 일어나지 않는다. 그러므로 경에서는 '생각하지 않기 때문이다.'고 했다.

수각의는 호각의護覺意라고도 하며 정각의를 얻은 마음에는 음심이나 노여움이나 어리석음의 때가 없어져서 뜻하는 대로 도를 행하게 된다. 그러므로 도를 지킨다고 하여 수각의, 또는 호각의라고 했다.

이렇게 하여 일곱 가지가 성취된다.

4-9. 八正道로 들어가는 길

數息亦墮八行. 用意正故入八行. 定意慈心念正法. 是爲直身. 至誠語軟語直語不還語. 是爲直語. 黠在意信在意忍辱在意. 是爲直心. 所謂以聲息. 是爲十善墮道行也. 數息亦墮直見. 用諦觀故爲直見. 亦墮直行. 用向道故爲直行. 亦墮直治. 用行三十七品經故爲直治. 亦墮直意. 用念諦故爲直意. 亦墮直定. 用意白淨壞魔兵故爲直定. 是爲八行. 何等爲魔兵. 謂色聲香味細滑. 是爲魔兵. 不受是爲壞魔兵.

수식은 또한 팔행으로 들어간다. 마음이 바르기 때문에 팔행으로 들어간다. 정의定意의 자심이 정법을 생각하는 것이 직신直身이다. 지성스러운 말, 부드러운 말, 바른 말, 돌아오지 않는 말은 직어直

語이다. 지혜와 믿음과 인욕이 마음에 있으면 직심直心이다. 곧 성식聲息(식심息心, 신심身心)으로써 십선十善이 되어 도행으로 들어간다. 수식은 직견直見으로 들어간다. 제관諦觀이므로 직견이 된다. 또한 직행直行에 들어간다. 도로 향함으로써 직행이 된다. 또한 직치直治로 들어간다. 《삼십칠품경》을 행하기 때문에 직치다. 또한 직의直意로 들어간다. 진리를 생각하기 때문에 직의다. 또한 직정直定에 들어간다. 마음이 희고 깨끗하여 마병을 괴멸하기 때문에 직정이 된다. 이를 팔행이라 한다. 어떤 것이 마병인가. 곧 색, 성, 향, 미, 세활이 마병이고, 받아들이지 않음이 마병을 괴멸하는 것이다.

해설 팔행에 대한 설명이다. 드디어 수식 등은 여덟 가지 실천으로 들어간다.

팔행은 팔정도八正道, 팔성도지八聖道支, 팔현성도八賢聖道, 팔정로八正路, 팔직도八直道, 팔품도八品道라고도 하며 여덟 가지 실천이다. 팔정도는 중도中道이고 정도正道이며 직도直道이다. 여덟 가지 가야할 길은 직신, 직어, 직심, 직견, 직행, 직치, 직의, 직정 등이다.

직신은 올바르고 곧은 몸가짐으로써 고요한 마음으로 자비심을 갖고 올바른 법을 생각하는 것이라고 했다. 마음이 적정에 있으면 사물을 올바르게 보게 되고 자비심을 갖게 된다. 올바른 법은 대상에 대한 바른 분별이다. 고요한 마음과 올바른 법의 바른 관계에서 바른 몸가짐이 나온다. 우리의 몸은 정신과 마음의 물질적인 요소들의 조화로운 집합체이다. 고요한 마음은 올바른 정신이요, 조화로운 몸은 올바른 법이다. 고요한 마음으로 올바른 법인 몸을 생각한다면 마음과 몸이 떠나지 않아서 곧은 몸, 곧 올바른 몸가짐이 있게 된다. 이것이 직신이다. 흔히 팔정도의 첫째 항목으로 정견正見을 꼽는다. 모든 사물을 올바르게 보는 것이다. 모든 사물을 올바르게 보려면 마음이 고요하여 자비심을 갖고 법을 보아야 한다. 그러므로 정견이 곧 직신이 된다.

직어는 올바른 말이니 정어正語라고도 한다. 올바른 말은 지성스러운 말, 부드러운 말, 바른 말, 돌아오지 않는 말이라고 했다. 말은 마음으로부터 나온다. 마음이 성실하고 평온하며 바르면, 말도 성실해지고 부드러워지며 바르게 된다. 이런 말은 서로 마음이 통하여 듣는 사람도 성실하고 평온하며 바르게 만든다. 남을 허황되게 하거나 흥분시키고 그릇된 말은 올바른 말이 아니다. 또한 이러한 말은 불환어不還語가 아니다. '돌아오지 않는 말'은 다시는 욕계로 돌아오지 않는 진리의 말, 즉 열반에 이르도록 하는 말이다. 이런 말이 이른바 직어이다.

직심은 '마음속에 지혜와 믿음과 인욕이 있는 것'이라고 했다. 지혜와 믿음과 인욕이 있는 마음이 올바른 마음이다. 직심이 되려면 부처님의 가르침에 따라 수행하여 마침내 열반에 들어야 하니, 이러한 수행을 하는 사람을 성문聲聞이라고 한다. 지혜를 얻고자 하고 믿음을 갖고 인욕을 잘 행하는 사람은 십선十善을 행하는 도인이 된다. 도인이 되려면 먼저 성문의 단계에서 수행을 쌓아야 한다.

수행의 단계에서 호흡을 조절하여 마음을 고요히 함으로써 지혜도 생기고 믿음도 생기며 인욕도 있게 된다. 경에서는 '성식으로써 이것이 십선이 되어서 도행으로 들어간다.'고 했다.

성식은 성문의 숨, 성문의 호흡 수행을 말한다. 수식 등 안반수의법은 바로 성문도에 속하는 것이라 하겠다. 그러나 이 성문도를 통해서 불도가 이루어지게 된다.

《대지도론大智道論》 제19권에 다음과 같은 구절이 있다.

"묻되, 삼십칠품三十七品은 곧 성문벽지불聲聞辟支佛의 길이고, 육바라밀은 보살마하살의 길입니다. 어찌하여 보살도 중에서 성문법을 설하십니까.

답하되, 보살마하살은 마땅히 일체의 선법善法과 일체의 도를 배워야 한다. 부처님이 수보리에게 '보살마하살은 반야바라밀을 행함에 일체의 선법과 일체의 도를 배운다. 곧 건혜지乾慧地 내지 불지佛地니라.'고 하신 바와 같다. 구지九地는 마땅히 배워서 깨달아 취하지 말고, 불지는 또한 배워서 증득할지니라."

성문법에 속하는 수식 등을 통해서 십선에 이르면 수식 또한 취하지 않는다. 직심은 십선이 이루어져서 도를 행하는 단계로 들어가게 된 올바른 마음이니 불지는 직심을 떠나지 않는다. 또한 직견은 정견이라고도 하며 제법의 실상을 보는 것이다. 제법의 실상을 보려면 모든 법에서 사제四諦의 도리를 보아야 한다. 사제의 도리를 보면 사물의 이치를 알아서 의혹이 생기지 않고 지혜를 얻는다. 곧 법인法忍으로 순조롭게 나아가게 된다. 이러한 제관諦觀 속에서 정사유正思惟가 이루어진다. 정견이 곧 정사유의 모습으로 나타난다.

이때에는 일체의 분별사유가 그릇되었음을 알고 끊어야 한다. 모든 분별사유가 실답지 않고 전도된 것임을 알면 일체 사유가 공하다는 사실을 알게 되니, 이것이 정사유다. 정사유 속에 머물러서 올바름과 그릇됨을 분별하여 보지 않게 된다. 곧 모든 사유분별을 지나간 것이다. 이 또한 정사유다. 일체의 사유분별은 모두 평등하다. 평등하기 때문에 마음에 집착이 없다. 이것이 보살의 정사유의 모습이다. 또한 직행이란 도를 향해 가는 것이다.

직치는 마음을 올바르게 다스리는 것으로 이를 위해서 37종의 수행을 한다. 《삼십칠품경》은 바로 우리의 마음을 다스리는 방법이다.

　직정이란 정정正定이니 마음이 희고 깨끗한 세계에 이르러서 외부의 일체 자극에 끌리지 않는 상태에 이른 것이다. 희고 깨끗한 마음은 청정함을 말한다. 마치 달빛과 같이 더러움이 없고 빛난다. 더러움이란 번뇌요, 빛은 법을 아는 것이다. 희고 깨끗한 마음은 삼매의 세계로 열반이라고도 한다.

　걸림이 없고 어디에도 의지함이 없으며 인연에 의해서 생하고 멸하는 바를 알고 스스로 고요함 속에서 노닌다. 그러므로 밖에서 들어오는 물질이나 소리, 향기, 맛이나 감촉에 끌리지 않는다. 우리가 괴로움을 느끼는 이유는 감각기관을 통해서 받아들여지는 것에 끌리기 때문이다. 눈, 귀, 코, 혀, 몸, 마음 등의 육근六根이 색, 성, 향, 미, 촉(세활), 법 등 육경六境을 받아들여서 이에 끌리기 때문에 고가 있다.

　육근이 청정하면 외부로부터 들어오는 것이 나를 괴롭히지 못한다. 그러므로 경에서는 이를 '마병을 괴멸한다.'고 했다.

4-10. 四意止

三十七品應斂. 設自觀身觀他人身止婬. 不亂意止餘意. 自觀痛痒觀他人痛痒止瞋恚. 自觀意觀他人意止癡. 自觀法觀他人法得道. 是名爲四意止也.

삼십칠품은 응당 거둔다. 만일 스스로 몸을 관하고 남의 몸을 관해 음탕함을 그치면 마음이 흩어지지 않고 나머지 마음을 그친다.
　스스로 아프고 가려움을 관하고 타인의 아픔과 가려움을 관하여 노여움을 그치고, 스스로 마음을 관하고 타인의 마음을 관하여 어리석음을 그치고, 스스로 법을 관하고 타인의 법을 관하여 도를 얻으면 사의지를 이룬다.

해설 《삼십칠품경》에서 설해진 37종의 수행이 이루어지는 것이 안반수의라고 했다. 그러면 37종은 무엇인가.

먼저 사의지가 이루어진다고 했다. 사의지란 사념처四念處, 사념주四念住라고도 하니, 신념처身念處는 우리의 몸에 부정함이 많다고 관찰하여 마음이 몸에 끌리지 않게 한다. 경에서는 "내 몸의 부정을 보고 남의 몸의 부정을 관하면 남의 모든 부정을 보고 그에 끌리지 않아 탐욕이 그친다."고 했다.

수행자는 먼저 37종의 수행으로 들어감에 있어서 사념처를 닦아야 한다. 몸〔身〕을 통해 부정을 보고, 모든 감수작용〔受〕으로 인해서 고가 따른다는 사실을 관하고, 마음은 무상하다고 관하고, 법은 실체가 없다는 무아를 관한다.

몸의 부정을 관하는 것이 신념처다. 나와 남의 몸에 부정함이 많다는 사실을 관찰하면 집착이 없어진다. 감수작용을 통해서 받아들여지는 자극은 고의 원인이 된다. 가령 아픔이나 가려움 등의 희로애락은 나의 감수작용에 의한 것일 뿐 진실한 것이 아니다. 이것이 나에게 고통을 준다는 사실을 깨달으면 노여움이 그친다. 곧 수념처受念處다.

숨의 들어오고 나감에 마음이 같이 머물면 이러한 감수에 끌리지 않게 된다. 즉 수념처에 머물게 된다. 아픔과 내 마음이 하나가 되면 괴롭지 않다. 괴로움은 아픔과 아픔을 주는 자극이 대립하고 있을 때에 생긴다. 또한 마음은 항상 움직이고 있으므로 무상하다. 마치 숨이 들어오면 나가고 나가면 들어오는 것과 같으므로, 숨과 마음이 하나가 되어 무상함을 알면 마음이 영원하리라고 여기는 어리석음을 그치게 된다. 그러면 심념처心念處에 머물게 된다.

　모든 존재는 실체가 없이 인연법에 따라서 생하고 멸한다. 이러한 법을 관찰하여 무아임을 알면 인연에 따르는 도를 얻는다. 이것이 법념처法念處다. 이들 사념처는 부정과 무상과 고와 무아를 알아서 도로 들어간다.

　몸의 움직임을 호흡의 출입과 같이 행하면 몸이 깨끗하다는 그릇된 생각에서 벗어나고, 마음의 움직임이나 느낌도 무상한 고임을 알아서 그릇된 생각에서 벗어날 수 있고, 모든 존재의 인연법을 알게 된다.

　수행자는 항상 사념처에 머물러서 상常, 낙樂, 아我, 정淨의 네 가지 전도를 파하도록 해야 한다. 또한 사념처를 수행의 첫 단계로 삼아야 한다. 이들 네 가지가 얻어지면 네 가지 노력인 사정근이 있게 된다. 《수행도지경》 5권에서는 다음과 같이 설명했다.

"수행자는 마땅히 알지니, 몸과 수受와 심心과 법法이 생하고 멸하는 곳에 아픔과 가려움, 마음과 법이 있다. 일어나고 멸하는 근본을 관하여 그 인연과 과거와 당래當來를 관찰한다. 무원정無願定을 행하여 해탈문으로 들어가 생사의 고를 관찰한다. 이 오음을 생각함에 곧 우환과 호의弧疑가 있지 않으니 이때 고법인苦法忍을 알게 된다. 이미 고의 근본을 보면 곧 혜안을 얻어 십결十結을 없앤다. 십결을 버리면 이 마음을 얻어서 무루無漏로 향하여 정견으로 들어가 범부지를 떠나 성도聖道에 머문다."

4-11. 四意斷

避身爲避色. 避痛痒爲避五樂. 避意爲避念. 避法不墮願業治

生. 是名爲四意念斷也.

몸을 피한다는 것은 색을 피함이고, 아픔과 가려움을 피한다는 것은 다섯 가지 즐거움을 피함이며, 뜻을 피한다는 것은 생각을 피함이다. 법을 피한다는 것은 업을 원하여 생을 이루는 것으로 들어가지 않음이다. 이를 사의념단이라 한다.

해설 몸과 감수기능, 마음과 법에 마음이 고요히 머무는 상태를 사의지라고 했다. 이로부터 무엇이 얻어지는가를 설명한다. 바로 네 가지를 끊게 되는데, 우선 몸의 부정함을 알고 정에 떨어지는 잘못을 없앤다. 이를 '색을 피한다.'고 했다. 몸이 곧 색이다.

또한 감수작용에 의해 받아들여진 아픔과 가려움으로 즐거움을 느낀다. 이런 사실을 관찰하여 수념처에 머물면 낙의 전도를 알아서 즐거움에 대한 집착에서 떠날 수 있다. 이를 '오락을 피한다.'고 했다.

또한 법념처에 고요히 머물면 제법이 무아임을 알아서 실체가 있고 자신의 것이라는 아의 전도에서 벗어난다. 이를 '업을 원하여 생을 이루는 것〔願業治生〕으로 들어가지 않는다.'고 했다. '나의 것'이라는 그릇된 생각 때문에 몸이나 마음, 입으로 업을 짓고, 그 업으로 인해 자신을 세워 삶을 영위하는 사람이 범부다. 그러므로 제법이 무아임을 알면 아의 전도에서 벗어나게 된다.

이렇게 하여 몸을 통해서 정의 전도를 끊어 부정으로 들어가고, 감수작용을 통해서 낙의 전도를 끊어 고를 알며, 마음의 무상함을 보고 상의 전도를 끊어 일체가 무상함을 알게 된다. 또한 법념처에 머물면 제법이 모두 인연법에 의해서 존재함을 알게 되므로 실체가 없음을 모르고 아예 떨어지는 전도에서 벗어나게 된다.

이와 같이 정전도淨顚倒, 낙전도樂顚倒, 상전도常顚倒, 아전도我顚倒를 끊고 사의념단四意念斷으로 들어간다.

이러한 네 가지를 끊으면 진리를 보고 행하기 위해서 정진하게 된다. 이미 악법을 끊기 위해서 노력하고, 장차 나타날 악법을 나타나지 않게 하기 위해서 노력하며, 이미 나타난 선법을 더욱 증진시키려고 노력하고, 아직 나타나지 않은 선법을 나타나게 하려고 노력하는 네 가지 정진이 생기니, 사의념처는 곧 사정근이기도 하다. 그러므로 사의념단을 사정근이라고도 한다.

4-12. 四神足念

識苦者本爲苦. 爲苦者爲有身. 從苦爲因緣. 起者所見萬物. 苦習者本爲苦. 從苦爲因緣生. 盡者萬物皆當敗壞. 爲增苦習. 復當爲墮八道中. 道人當念是八道. 是名爲四爲四收苦. 得四神足念也.

고를 아는 것은 고를 근본으로 삼음이요, 고로 삼는다 함은 몸이 있고 고에 따르는 인연이 되는 것이다. 일어남은 만물을 보는 것이요, 고의 습은 고를 근본으로 삼고, 고로부터 인연이 생한다. 다한다 함은 마땅히 만물이 모두 패하고 괴멸함이니 고의 습을 더하게 된다. 또한 마땅히 여덟 가지 도 속에 들어간다. 도인은 마땅히 이 여덟 가지 도를 생각할지니, 이를 넷이라고 하고 네 가지 고라 하여 사신족념을 얻은 것이다.

해설 모든 것은 인연법을 떠날 수 없다. 인연법으로 생하고 멸하는 이치를 알면 고를 안다. 고란 인연법이기에 내 뜻대로 되지 않는다. 인연법을 모르기 때문에 상, 낙, 아, 정의 전도에 떨어진다. 그러므로 인연법을 알면 사념처나 사의념단을 얻는다. 일체의 사물은 인연에 의해서 생하고 멸하니 인연을 알면 고가 근본임을 안다.

우리에게 몸이 있다는 사실도 인연에 의한 것이므로 곧 고이다. 그러므로 고에 따르면 인연을 따르게 된다. 고를 고로 알고, 그 고의 원인인 인연에 따라서 고를 낙으로 바꾸는 인연을 맞아야 한다. 고의 인연의 근본이 집集이요, 그 원인을 없애는 인연이 팔정도다.

내 몸은 인연에 의해서 생긴 것이다. 연기緣起라고도 하니 인연에 의해서 우리의 몸이 생겼다. 이를 '몸이 있음이 고다.'라고 했다. 모든 사물이 존재한다는 것은 인연법이 일어나고 있다는 증거이다. 인연에 따라서 일어난 힘이 쌓여서 훈습이 되어 일으키고 멸하게 한다. 고 속에서 생하고 멸한다. 고를 알면 고가 생멸하는 도리를 안다. 고가 생멸하는 도리를 보면 원인이 있음을 알고, 그 원인의 생멸도 알게 된다. 더불어 고를 멸하는 길이 여덟 가지 도임도 알게 된다. 그러므로 고를 아는 자는 팔정도로 들어가게 된다. 여덟 가지 도는 고를 아는 속에 있고, 고를 아는 것은 사념처와 사의념단 속에 있다. 네 가지 생각에 머무는 것, 네 가지 그릇된 마음을 끊으면 바로 네 가지 고로 들어간 것이다. 이 네 가지 고가 사신족을 얻는 생각이다. 유루법有漏法과 무루법無漏法은 모두 인연생이기 때문이다. 고는 인연을 따르므로 사신족의를 얻는다고 했다.

앞에서 말한 사념처, 사정근(사의념단) 중에는 이미 정定이 있다. 정이 있고, 정진이 있고, 정근을 얻는다. 정의 인연으로 도를 얻는다. 정에 들지 않으면 사념처도 얻지 못하고 사정근도 얻지 못한다. 그러므로 정은 사여의족四如意足이다. 여의족은 한결같은 마음으로 뜻하는 바를 이룬다. 이 또한 지혜의 힘이다.

　사신족념은 사정근을 행할 때 정을 얻어서 마음이 한결같이 한곳으로 움직여 특수한 힘이 나타나게 한다. 가령 음식을 할 때 양념을 넣지 않으면 맛이 없고, 넣으면 원하는 맛이 되는 것이나 먼 길을 갈 때 속히 가려면 걷는 것보다는 차를 타는 것이 더 나음과 같다. 이와 같이 수행자는 사념처에 머물러서 지혜를 얻고, 사정근을 닦아 그 속에서 올바른 정진을 하면, 그 정진력 때문에 지혜가 더해져서 지혜와 정의 힘이 평등하게 작용하여 여의족을 얻는다.

　수식 등의 호흡조절은 실로 한결같은 일념으로 정을 얻고, 그 정의 힘으로 지혜를 얻으니 사여의족념으로 들어가게 된다.

4 - 13. 五根의 내용

信佛意喜. 是名爲信根. 爲自守行法. 從諦身意受. 是名能根爲精進. 從諦念遂諦. 是名識根爲守意. 從諦一意. 從諦一意止. 是名定根爲正意. 從諦觀諦. 是名黠根爲道意. 是名爲五根也.

부처를 믿어서 마음이 기쁜 것을 신근이라 하고, 스스로 행법을 지켜서 제로부터 몸과 마음을 받음을 능근이라 하고, 정진하여 제로부터 도제를 생각하는 것을 식근이라 하고, 수의가 되어 제로부터 마음을 하나로 하여 한결같이 제로부터 그치는 것을 정근이라 하고, 마음을 바르게 하여 제로부터 제를 관하는 것을 힐근이라고 하여 도의 마음으로 삼는다. 이를 오근이라고 한다.

　해설　수식 등 안반수의는 다시 오근으로 들어간다고 설명하고 있다. 오근이란 눈, 귀, 코, 혀, 몸의 다섯 가지 감각기능이다. 이에 마음의 기능인 의근을 더하여 육근을 말하기도 한다.

우리가 가지고 있는 이들 감각기능은 외계의 대상을 대하며 그에 대한 감지기능으로 우리의 생활을 이루는 근본능력이다. 그러므로 뿌리라고 했다.

그러면 뿌리가 되는 감각기능은 어떤 것인가.《삼십칠도품경》에서는 신근, 정진근, 염근, 정근, 혜근의 다섯을 들고 있다. 이들은 우리의 번뇌를 누르고 올바른 깨달음의 길로 나가게 하는 뛰어난 작용을 한다고 하여 오근이라고 한다. 따라서 안반수의는 이들 오근의 능력을 최대한으로 발전시키는 인연이다. 호흡이 청정한 세계에 이르면 부처님의 법을 보게 되고, 부처님의 법을 떠나서는 만물이 있을 수 없으며, 나의 삶이 모두 부처님의 법 속에 있음을 알게 되어 부처님을 믿게 되기 때문이다. 이때는 스스로 기쁨이 솟아난다. 이 기쁨은 근본으로부터 얻어지며 법, 곧 진리와 하나가 된 절대생명을 증득한 기쁨이다. 이때는 무한한 기쁨 속에서 힘이 솟아나므로 선과 악을 가려서 선을 행하여 노력하게 된다. 즉 능근이 생한 것이다. 신근으로부터 능근, 곧 선을 위해서 정진하는 근본능력이 솟아나게 된다. 그래서 정진근精進根 또는 정근근正勤根이라고도 한다.

또한 이때는 고집멸도 사제의 도리와 고와 고의 원인과 고를 멸하는 길을 알게 되므로 고를 없애기 위한 행법을 잘 지켜서 우리의 몸과 마음이 고로부터 벗어나게 된다. 이는 우리가 본래부터 갖추고 있던 능력이 정진력으로 나타난 것이다. 그래서 사성제를 아는 기능이라고 하여 식근이라고도 하고, 마음에 사성제를 알아서 올바른 행법을 생각한다고 하여 염근이라고도 한다. 이러한 것은 마음이 한결같이 사성제를 떠나지 않으니 고를 보고, 고로부터 떠나는 것을 보며, 고가 떠난 올바른 세계에 머문다. 이것이 정근이다. 이때는 마음이 바르게 되고 몸이나 말이나 일체의 움직임도 바른 것만을 행하게 된다. 고는 이미 사라지고 밝고 기쁜 삶만 남았으니 선과 악을 분별하여 악을 선으로 바꾸고, 일체의 사물에 집착하지 않고 상응하여 지혜가 나타난다. 이러한 지혜를 힐근이라고 했다. 이들 다섯 가지 기능이 원만히 이루어져서 비로소 도가 행해지고 진리와 하나가 된 마음으로 살게 된다.《대지도론》에서는 이를 다음과 같이 설명하고 있다.

"믿음의 길과 도를 행하는 데에 도움이 되는 선법善法을 신근이라 하고, 이 도를 행하여 도의 법을 도울 때에 부지런히 노력하여 구하는 것을 정진근이라 하고, 도와 도를 돕는 법을 생각하여 다른 생각을 하지 않음을 염근이라 하고, 일심으로 생각하여 흩어지지 않음을 접근이라 하고, 도와 도를 돕는 법을 위해서 무상등 16행(염식단念息短, 염식장念息長, 염식변신念息邊身, 제신행除身行, 각희覺喜, 각락覺樂, 각심행覺心行, 제심행除心行, 각심覺心, 영심희令心喜, 영심섭令心攝, 영심해탈令心解脫, 무상행無常行, 단행斷行, 이행離行, 멸행滅行)을 관함을 혜근이라 한다. 이 다섯 가지가 오근이다."

이들 16행은 16의 수승한 행법으로 십륙특승十六特勝이라고도 한다.
(1) 염식단 : 수식을 행함에 숨이 짧으면 마음에 조바심이 난 것이니 그 짧은 숨에 마음을 집중하여 의식적으로 호흡한다.
(2) 염식장 : 마음이 미세해지면 호흡도 길어지니 긴 호흡에 의식적으로 집중한다.
(3) 염식변신 : 우리의 몸은 공이므로 온몸에 숨이 두루 찼다가 다시 나쁜 기운을 내보낸다고 생각하여 관한다.

(4)제신행 : 수식을 행하면 마음이 안정되어 몸의 움직임이 적어지니 이를 관한다.

(5)각희 : 수식을 할 때 생기는 기쁨을 관한다.

(6)각락 : 몸의 안락함을 감지한다.

(7)각심행 : 어떤 일로 기쁨이 생기면 그 기쁨으로 인해서 탐심이 일어나고 있음을 보고, 그 탐심으로 인해서 화를 입게 됨을 깨달아 안다.

(8)제심행 : 마음에 탐심이 일어났으면 그 탐심을 없애고 밖에서 들어온 기쁨을 버린다.

(9)각심 : 마음이 가라앉지 않았거나 들뜨지 않았으면 이를 안다.

(10)영심희 : 마음이 가라앉으면 기쁨을 일으켜서 기뻐한다.

(11)영심섭 : 마음이 들떠서 일어나면 진정시킨다.

(12)영심해탈 : 마음이 들뜨거나 가라앉기만 하지 않게 되어 해탈하여 안다.

(13)무상행 : 마음이 고요하여 일체의 사물이 무상함을 안다.

(14)단행 : 무상을 알아서 번뇌를 끊는다.

(15)이행 : 번뇌를 끊어 잡다한 일로부터 떠나려는 마음을 일으킨다.

(16)멸행 : 일체로부터 떠나서 일체가 없어진다.

이들 16의 특승함을 관하는 것이 지혜이다. 수식수의 數息守意를 닦아서 능히 고요함에 이르면 이들 16의 특승함을 얻는다.

《수행도지경》 제5에 이 16특승에 대한 간결한 설명이 있다.

"수행자가 적정을 바라면 마땅히 안반출입식을 알지니라. 두 가지 허물이 없어지고 네 가지 일을 알며 마땅히 기특한 16의 변화가 있으리라.

무엇이 네 가지인가. 하나는 수식, 둘째는 상수, 셋째는 지관, 넷째는 환정이니, 이에 송하되 '마땅히 수식과 상수로써 곧 세간의 만물을 관하고, 환정의 행으로써 그 마음을 억제하나니, 이들 네 가지의 올바름으로써 정의定意가 되느니라.'

수식의 길고 혹은 짧음이 두 가지 허물이 된다. 이를 버려야 한다. 이에 송하되 '만일 수식이 길고 짧으면 전도되어 차제가 없다. 안반수의는 이를 버리고 두 가지 허물이 없나니.'

무엇을 16특승이라고 하는가. ①수식이 길면 곧 알고, ②숨이 짧으면 알고, ③마음과 몸이 움직이면 곧 알고, ④숨이 화석和釋하면 곧 알고, ⑤희열이 있으면 곧 알고, ⑥안온해지면 곧 알고, ⑦마음의 간 곳을 알고, ⑧마음이 유순해지면 곧 알고, ⑨마음의 깨달은 바를 곧 알고, ⑩마음에 환희가 있으면 곧 알고, ⑪마음이 항복했으면 곧 알고, ⑫마음이 해탈하면 곧 알고, ⑬무상함을 보면 곧 알고, ⑭만일 욕심이 없으면 곧 알고, ⑮적연寂然을 보면 곧 알고, ⑯도로 들어간 것을 보면 곧 안다. 이를 수식십륙특승數息十六特勝이라 한다.

이에 송하되 '각각 수식의 장단을 알고, 능히 숨과 몸이 움직일 때를 알고, 그 행을 알아서 고요한 몸이 된다. 기쁨은 이와 같이 다시 즐길 바이니 안온함을 아는 일이 곧 여섯째요, 뜻의 행함이 일곱, 마음을 온화하게 푸는 마음의 행이 여덟, 그 마음을 알고 이로 인해서 환희를 얻어 마음을 억제하여 항복시켜서 움직이지 않게 한다. 자재로이 유순하게 행하게 하여 무상으로써 제욕을 멸한다. 마땅히 이 세 가지 일을 관할지니 행의 가는 바를 안다. 이것이 16특승이니라.'고 했다."

4-14. 五力의 내용

從諦信不復疑. 是名信力. 棄貪行道從諦自精進. 惡意不能敗

精進. 是名進力. 惡意欲起當卽時滅. 從諦是意無有能壞意. 是名念力. 內外觀從諦以定. 惡意不能壞善意. 是名定力. 念四禪從諦得黠. 惡意不能壞黠意. 是名黠力. 念出入盡復生. 是名爲五力也.

진리의 믿음으로부터 다시 의심치 않음을 신력이라 하고, 탐욕을 버리고 도를 행하여 진리로부터 스스로 정진하여 악한 마음이 정진을 패하지 못함을 진력이라 한다. 악한 마음이 일어나려고 하더라도 마땅히 즉시 멸할지니, 진리에 따르는 이런 마음은 능히 마음을 무너뜨릴 수 없다. 이를 염력이라고 한다. 안과 밖의 관은 진리에 따라 정해짐으로써 악한 마음이 선한 마음을 무너뜨리지 못한다. 이를 정력이라고 한다. 사선을 생각하여 진리로부터 지혜를 얻으면 악한 마음은 지혜를 무너뜨리지 못하니, 이를 힐력이라 한다. 또한 나가고 들어오는 것을 생각하면 다시 생함이 없으니, 이를 오력이라 한다.

해설 믿음이란 무엇인가. 믿음의 힘은 무엇인가에서부터 지혜에 이르는 다섯 가지 힘을 잘 설명하고 있다. 믿음은 진리를 의심하지 않는다. 불교의 믿음은 무조건 믿는 것도, 성자의 말이라 믿는 것도 아니다. 틀림없는 사실임을 확인하고서야 믿으므로 진리를 믿게 된다. 진리란 꼭 그렇게 되는 것이다. 보이지 않는 원리나 원칙도 꼭 그렇게 되는 것이 진리다. 이는 보이는 것으로 나타난다. 가령 샘물을 파는 사람은 물기운을 보고 나서야 물이 솟아나오리라고 믿는다. 누구나 물기운을 보기 전에는 의심이 생기나 물기운이 보이면 곧 그곳에서 물이 흘러나오리라고 믿게 된다. 믿음도 이처럼 누구라도, 또는 언제라도 꼭 그렇게 되고 마는 도리이다.

　사람이 태어나면 일정한 기간 동안 살다가 죽는다는 것은 언제든 누구에게나 해당되는 진리요, 이 진리를 믿는 것이 믿음이다.

　모든 것은 고이며 고에는 잘못된 원인이 있다. 그 원인을 없애면 고 또한 없앨 수 있는데, 이 일이 올바른 삶의 길이며 진리다. 꼭 그렇게 되기 때문이다. 그 길을 보여주신 분이 붓다요, 붓다의 수많은 제자들이요, 수많은 수행자들이다.

　이러한 진리를 알면 믿음이 생기고, 그 힘에 의해서 당연히 악을 멀리하고 선을 행하게 된다. 그러므로 고의 원인인 탐욕을 버리고 선법의 도를 행하면 부지런히 진리의 길을 가게 된다. 진리의 길을 향한 정진에는 악한 마음이 일어나지 못하게 하는 힘이 있다. 그 힘이 진리에의 정진력이다.

　이렇게 진리를 향해 정진하는 사람의 마음은 한결같이 선하다. 만일 악한 마음이 일어나더라도 업력이 있어서 멸하게 된다. 마음에 이미 이런 힘이 생겼기 때문이다. 이 힘을 염력이라고 한다. 염력은 무엇인가를 골똘히 생각하는 힘인데, 그 힘이 생각하는 어떤 대상에 미친다고 여기는 사람도 있다. 그래서 주문을 외워 남을 저주하면 그 염력으로 상대방에게 해를 끼치게 된다고 믿기도 한다. 그러나 염력은 반드시 선을 향해서 나아가는 한결같은 마음이다. 꼭 그렇게 되는 일을, 꼭 그렇게 되도록 마음을 쓰는데 어찌 뜻대로 이루어지지 않겠는가.

　또한 주관과 객관에 의해서 사물을 분별하나 그 주관과 객관도 실체가 없는 공이요, 인연이므로 진리에 따라서 정해진다. 진리인 인연에 의해서 있는 주관이나 객관이므로 진리가 아닌 악한 마음이 주관을 지배할 수 없고, 따라서 악이 객관 세계를 지배할 수 없다. 진리를 떠나지 않고 흩어지지 않는 힘이 주관과 객관으로 하여금 악을 물리치고 한결같이 선을 간직하는 힘이다. 이러한 힘이 곧 정력이다. 그러므로 정력은 그저 고요히 움직이지 않는 적정의 힘이 아니라 선한 마음이 움직이면서도 한결같이 흩어지지 않는 힘이다.

또한 마음의 적정으로부터 얻어지는 네 가지 선禪의 마지막 단계에 이르면 지혜를 얻게 된다. 사선四禪에 이르러서 진리가 보이므로 여기에서 진리를 보는 지혜가 얻어지기 때문이다. 그리하여 사선을 떠나지 않으므로 악한 마음이 일어나지 않는다. 지혜의 힘은 진리만을 보고 행하니 숨의 들어오고 나감도 적정의 극치에 이른다. 적정의 극치에서 나가고 들어오는 숨은 나가지도, 들어오지도 않는다. 나가고 들어오면서도 나가는 숨도, 들어오는 숨도 아닌 청정의 세계에 이른 것이다. 이를 '나가고 들어옴이 다한 것'이라고 했다. 여기에는 생도 없고 멸도 없다. 나가는 숨이 멸이고 들어오는 숨이 생인데 나가고 들어오는 숨이 다했으니 어찌 생사가 있으랴. 생사가 없는 속에 생과 사가 되풀이되면서 생사에 걸림 없이 소요하는 멋진 삶이 이루어진다. 안반수의로부터 이런 힘이 얻어진다고 가르치고 있다.

4-15. 七覺意의 성취

從諦念諦是名爲覺意得道意. 從諦觀諦是名法名法識覺意. 得生死意. 從諦身意持是名力覺意. 持道不失爲力. 從諦足喜諦是名愛覺意. 貪道法行道行道法. 從諦意得休息. 是名息覺意已息安隱. 從諦一念意. 是名定覺意. 自知意以安定從諦自在意在所行從觀. 是名守覺意. 從四諦觀意. 是名爲七覺意也.

진리로부터 진리를 생각하면 각의가 도의 마음을 얻고, 진리로부터 진리를 관하면 법, 곧 법식각의라 한다. 생사의 마음을 얻어서 진리로부터 몸과 마음을 가지면 역각의라 한다. 도를 잃지 않음이 힘이니, 진리로부터 족하여 진리를 기뻐하면 애각의라 한다. 도법을 탐내서 도를 행하여 도법을 행하고, 진리로부터 마음의 휴식을 얻으면 식각의라고 하고, 이미 쉬어서 안온하게 되어 진리로부터 마음을 한결같이 하면 정각의라고 한다. 또 스스로 마음을 알아서 안정함으로써 진리로부터 마음이 자재롭게 행하는 관에 따르면 수각의라고 하며, 사제로부터 마음을 관하는 것을 칠각의라고 한다.

해설 일곱 가지 각의에 대한 설명이다. 각의는 진리를 깨달아서 생각하는 것이다. 심각의心覺意라고도 한다.

수식이 제대로 이루어지면 진리를 깨달아서 마음이 떠나지 않고 진리를 행하게 된다. 경에서 '진리로부터 진리를 생각한다.'고 한 것은 사성제, 곧 고집멸도의 네 가지 진리를 알아서 진리를 깨달아 실천하게 된다는 뜻이다. 사성제의 고를 알아서 그로부터 고의 원인을 알고 그 원인을 없애는 길을 깨달아서 팔정도를 실천한다는 뜻이다.

'도의 마음을 얻는다.'는 도, 곧 진리를 실천하는 마음가짐을 얻는다는 뜻이다. '진리로부터 진리를 관하는 것이 법이다.'고 했다. 일체의 법은 고집멸도의 사성제를 떠나지 않으므로 선법은 사성제의 실천을 통해서만 이루어진다. 다시 말하면 고를 관함으로써 팔정도의 실천이 이루어진다. 팔정도의 실천은 고를 멸하여 열반적정으로 가게 하므로, 법을 알아서 법을 분별하는 법식각의法識覺意이다. 앞에서 말한 다섯 가지 힘을 얻으면 능히 제법을 있는 그대로 관찰하여 분별하고, 법답게 올바르게 사는 노력을 하게 된다. 이것이 역각의力覺意다.

경에서 이를 설명하여 '생과 사의 마음을 얻는다.'고 했다. 생과 사의 마음이란 생이나 사의 분별에 끌리지 않고 삶이 곧 죽음이요, 죽음이 곧 삶이라는 생사일여生死一如의 마음이다. 이러한 마음을 얻으면 생과 사의 분별 속에 생과 사가 없으니 바로 우리의 몸이나 마음이 이러하다. 몸과 마음이 분별을 떠나서 몸과 마음으로써 존재하고, 삶과 죽음이라는 분별을 떠나서 삶이 있고 죽음이 있다. 그러므로 몸이나 마음의 움직임은 절대가치의 창조를 위한 정진이 있을 뿐이다.

생사를 떠난 사람의 삶은 몸과 마음이 견고하고 정법을 위한 노력이 있을 뿐이다. 이것이 역각의力覺意, 곧 정진각의精進覺意이다. 생사일여의 깨달음으로 살아간다면 인연법에 따라 사는 것이요, 생사일여의 깨달음으로 죽는다면 인연법에 따라서 죽는 것이니 죽는 것도, 사는 것도 아니다.

이런 사람은 도를 실천함으로써 진리가 자신의 것으로 되었으니, 마음에서 기쁨이 솟아나고 원하는 대로 얻어진다. 이를 애각의愛覺意, 또는 흔열각의忻悅覺意라고 한다.

또한 다섯 가지 힘이 성취되면 마음과 몸이 서로 떠나지 않고 믿음으로 서로 따르니 도법만을 탐내서 진리를 행하고, 진리의 실천에 따라서 마음의 갈등이 없어지고 평온하게 휴식한다. 이를 식각의息覺意나 신각의信覺意라고 한다.

마음이 이미 휴식을 얻었으니 진리 속에서 한결같이 고요하게 머문다. 이것이 정각의定覺意다. 이 단계에 이르면 우리의 마음은 적정 그대로의 세계가 본래의 마음임을 알게 되니 마음이 안정 속에서 스스로 자재한다. 우리의 마음은 외부로부터 받아들여지는 것에 끌려 노예가 되었으므로 본래의 자재를 잃고 있다. 마음이 안정되어 객관에 끌리지 않으면 본래의 모습을 되찾아서 자재로워진다. 내 뜻대로 행하되 걸림이 없다. 이렇게 되면 스스로 자기 자신을 찾은 것이요, 자기 자신을 지켜서 탐진치의 더러움을 물리칠 수 있다. 이런 사람이 자유인이다. 이런 깨달음 속에 자재로운 삶이 있고, 그 속에 참된 행복이 있다. 참된 나는 여기에 있고, 참된 삶도 여기에 있으며, 이런 내가 곧 부처다. 그래서 "마음이 행하는 바에 있어서 관함에 따른다."고 했다. 이렇게 되면 자기 자신을 찾은 것이요, 자기 자신을 지키는 것이니 호각의護覺意라 하고 수각의守覺意라고도 한다.

이들 일곱 가지 깨달음은 모두 고집멸도 사성제의 진리를 보고 이로부터 마음을 올바르게 가지게 된다.

4 – 16. 진리에 머문다

從諦守諦. 是名直信道. 從諦直從行諦. 是爲直從行念道. 從諦身意持. 是名直治法. 不欲墮四惡者. 謂四顚倒. 從諦念諦. 是名直意不亂意. 從諦一心意. 是名直定. 爲一心上頭. 爲三法意行. 俱行以聲身心. 如是佛弟子八行. 是名四禪. 爲四意斷也.

진리로부터 진리를 지키면 도를 바르게 믿는 것이라 하고, 진리로부터 곧바로 행하는 진리에 따르면 행으로부터 바르게 도를 생각한다고 한다. 진리로부터 몸과 마음을 가지면 법을 바르게 다스린다 하고, 이 네 가지 악에 떨어짐을 바라지 않으면 (네 가지 악, 곧) 네 가지 전도에 떨어지지 않는 것이다.

진리로부터 진리를 생각하면 흩어지지 않는 바른 마음이고, 진리로부터 마음을 한결같이 가지면 올바른 정이라 한다. 한 마음을 위의 머리고 삼고 세 가지 법을 마음의 행으로 삼아 같이 행함으로써 몸과 마음을 기린다. 이처럼 불제자에게는 여덟 가지 행이 있다. 이를 사선이라고 하며 곧 사의단이다.

해설 일곱 가지 깨달음의 세계를 설명했다. 수식 등 안반수의를 닦으면 깨달음에 이른다는 사실은 이미 설명한 바 있다. 그렇다면 깨달음의 세계란 어떤 것인가. 진리를 지키고 따라서 행하며 몸과 마음이 진리를 가지는 일이라고 요약할 수 있다. 진리를 지키는 일은 믿음이니 교법敎法이요, 진리에 따라서 행하는 일은 행법이나 사제와 십이인연과 육도六度(지옥, 아귀, 축생, 수라, 인간, 천의 세계) 등이다. '몸과 마음이 진리를 가지게 된다.'는 행에 의하여 그 과보를 얻는 깨달음과 열반이다. 직치법直治法이 이 증법證法을 말한다. 이러한 세 가지 법은 네 가지 전도, 곧 무상을 상으로, 고를 낙으로, 무아를 아로, 부정을 청정으로 잘못 보는 것이다. 이 네 가지 전도는 범부의 망념된 집착 때문에 일어난다.

불교는 믿고 행하고 증득하는 종교다. 부처님이 가르치신 십이분교의 모든 것을 믿는다. 대소승에 속하는 모든 가르침을 믿고 그대로 행하는 실천이 따라야 한다. 실천에 의해서 자타가 제도된다. 이러한 진리의 실천을 통해서 자신의 몸과 마음에 확실히 생명화되어 삶이 진리 그대로 이루어지게 된다. 실천이 따르지 않는 가르침은 허구일 뿐이다. 또한 실천을 통해서 깨달음의 과보와 열반의 세계가 얻어져서 고를 벗어나지 않으면 안 된다. 이러한 세 가지는 진리를 생각하는 정념正念과 흩어지지 않는 마음으로 바르게 간직하는 정정正定이 있어야 한다. 정념과 정정은 깨달음의 실천인 팔정도로 통한다.

한결같이 진리를 생각하고 진리에 따라서 행하여 그것이 자신의 생명으로 심화되면 몸과 마음이 진리 그대로 된다. 진리와 내가 하나가 되어 생각하고 움직임이면 진리 아님이 없다. 이것이 구체적으로 나타나면 팔정도가 된다. 사선四禪이 이루어지면 그것이 정정正定이요, 정정이 이루어지면 그것이 정념이다. 팔정도를 행하는 것은 진리를 증득한 불제자의 행이다.

4 – 17. 八正道의 수행

第一行爲直念屬心常念道. 第二行爲直語屬口斷四意. 第三行爲直觀屬身觀身內外. 第四行爲直見信道. 第五行爲直行不墮四惡. 謂四顚倒. 第六行爲直治斷餘意. 第七行爲直意不墮貪欲. 第八行爲直定正心. 是爲八行佛. 辟支佛阿羅漢所不行也. 第一行爲直念. 何等爲直念. 謂不念萬物意不墮是中. 是爲直念. 念萬物意墮中爲不直念也.

첫째의 행은 직념이며 마음에 속하여 항상 도를 생각한다. 둘째의 행은 직어이며 입에 속하여 네 가지 마음을 끊는다. 셋째의 행은 직관으로 몸에 속하여 몸의 안팎을 관한다. 넷째의 행은 직견이며 도를 믿는다. 다섯째의 행은 직행으로 네 가지 악, 곧 사전도에 떨어지지 않는다. 여섯째의 행은 직치로서 나머지 마음을 끊는다. 일곱째의 행은 직의이며 탐욕에 떨어지지 않는다. 여덟째의 행은 직정이며 마음을 바르게 한다. 이 여덟 가지 행으로 부처가 된다. 이는 벽지불이나 아라한은 하지 못한다. 첫째의 행을 직념이라고 하였는데, 어떤 것이 직념인가. 곧 만물을 생각하지 않으면 마음이 이 속에 떨어지지 않으니 직념이 된다. 만물을 생각하여 마음이 이 속에 떨어지면 직념이 아니다.

해설 팔정도에 대한 설명이다. 팔정도를 팔직도八直道라고도 한다. 팔정도는 흔히 정견正見, 정사유正思惟, 정어正語, 정업正業, 정명正命, 정정진正精進, 정념正念, 정정正定이다. 이들 중 정견과 정사유를 혜로, 정어, 정업, 정명을 계로, 정정진은 계, 정, 혜 삼학에 통하고, 정념과 정정은 정으로 본다. 그러나 이 경에서는 팔행八行이라 하여 계, 정, 혜 삼학을 나누지 않고 하나로 보아, 교법의 믿음과 교법의 실천과 그의 증득으로 나타나는 구체적인 깨달은 자의 행으로 보고 있다.

직념은 항상 도를 생각하고, 직어는 사의단이 이루어졌으니 악한 말을 하지 않고 선한 말을 하며, 직관은 몸에서 일어나는 모든 것을 부정하다고 바르게 보아 이에 끌리지 않는다. 직견은 도를 믿는 것이다. 도는 인연의 도리요, 삼법인三法印, 또는 사법인四法印 등을 믿고, 십이인연이나 사성제를 믿는다.

직행은 상낙아정의 네 가지 잘못됨에 떨어지지 않는 것이다. 직치는 '나머지 마음을 끊는다.'고 했다. 나머지 마음이란 선이나 악을 제외한 나머지 마음이다. 소승의 구사종이나 대승의 유식, 천태종에서는 16심을 말하니, 고의 진리를 올바르게 아는 고법지苦法智 등의 16종이다. 직의는 탐욕 등 번뇌에 떨어지지 않는다. 직정은 올바른 정정에 머문 마음이다. 한 마음으로 흩어지지 않는 것이 올바른 마음이다. 한결같이 진리를 생각하여 흩어지지 않는 마음이 직정이다.

이들 여덟 가지 행은 진리를 생각하며 마음과 몸이 올바르게 되어 신, 구, 의 삼업이 청정하게 되면 스스로 성취되는 행이다. 그러므로 부처만이 행할 수 있고 벽지불이나 아라한은 행할 수 없다.

이들 여덟 가지 행 중에서 직념을 첫째로 들었다. 직념이 여덟 가지 행에 두루 미치고 있기 때문이다. 직념이 아니면 다른 모든 행이 바르게 되지 않는다. 마음이 근본이다. 마음은 모든 행동의 근원이요, 만법의 근본이다. 마음이 항상 도를 생각하는 것을 바른 마음가짐이라고 했는데, 다시 말하면 만물을 대할 때 그 속에 끌려서 집착하지 않는다고 했다. 정념은 정사유와 같다. 《대지도론》 제19에서는 다음과 같이 설명하고 있다.

"정사유란, 보살은 제법이 공하여 얻은 바 없이 머물고, 이와 같은 정견 속에서 정사유의 모습을 관하고, 일체의 사유는 모두 이것이 그릇된 사유임을 안다. 내지 열반을 생각하고 부처를 생각하더라도 또한 모두 이와 같다. …… 일체의 사유분별은 모두 평등하다. 모두 평등하기 때문에 마음에 집착이 없다. 이를 보살의 정사유라고 한다. …… 만일 보살마하살은 능히 이 삼십칠품을 관하여 성문聲聞, 벽지불지辟支佛地를 지날 수 있어서 보살위 속으로 들어가서 점차로 일체종지一切種智를 성취할 수 있다."

5. 삼십칠도행의 세계

5-1. 네 가지 마음의 그침

四意止者. 一意止爲身念息. 二意止爲念痛痒. 三意止爲念意息出入. 四意止爲念法因緣. 是爲四意止也.

사의지란, 첫째는 마음의 그침이 몸으로 숨을 생각하고, 둘째는 마음의 그침이 통양을 생각하고, 셋째는 마음의 그침이 마음으로 숨의 출입을 생각하며, 넷째는 마음의 그침이 법의 인연을 생각한다. 이를 네 가지 마음의 그침이라 한다.

해설 앞에서 팔행 중 제5의 직행에서 네 가지 전도를 없앤다고 했다. 이는 수행자가 첫번째로 수행하는 사의지四意止의 방법이다.

사의지는 사념주四念住 또는 사념처四念處라고 한다. 마음이 신身·수受·심心·법法의 네 가지에 골똘히 머물러 몸은 부정하고, 감수된 느낌은 고이며, 마음은 무상하고, 모든 존재는 실체가 없음을 관하여 상常, 낙樂, 아我, 정淨의 네 가지 전도를 없애는 수행이다. 경에서 신의지身意止는 '몸으로 숨을 생각하는 것'이라고 했다. 마음을 몸에 집중하여 골똘히 생각하면 몸이 깨끗하지 않음을 알 수 있다. 숨을 생각함을 신의지라 한 것은 숨이 나갈 때는 몸 안에 있는 더러움이 같이 나가기 때문이다. 몸이 부정하기 때문에 몸 안에 탄산가스 등 부정한 기운이 생긴다. 그러므로 숨을 생각하여 몸이 부정하다는 사실을 알면 정淨의 전도를 없앨 수 있다.

수의지受意止는 '통양을 생각하는 것'이라고 했다. 통양이란 즐겁거나 아프고 가려움을 느끼는 감정이다. 이러한 감수작용으로 인해 즐거움을 느껴 끌리나, 사실은 그것이 고통임을 관한다. 즐거움은 주관과 객관에 의해서 생기므로 반드시 없어지기 마련이다. 기쁨이 없어지면 고통이 온다. 아프고 가려움을 골똘히 생각하면 고통임을 알 수 있다.

심의지心意止는 마음이 항상 변화하며 무상하다고 관한다. 숨이 나가면 들어오고, 들어오면 나가는 것을 보고 무상함을 생각한다.

법의지法意止는 모든 존재들은 실체가 없고, 이것과 저것의 인연관계로 성립되었으니, 나의 소유물은 없고 자성도 없음을 관하는 것이다. 이런 과정은 모든 존재가 인연을 골똘히 생각하여 관하면 알 수 있다. 이처럼 몸이나 느낌, 마음, 사물을 골똘히 생각하는 것이 수행의 첫 단계에서 행해진다. 이러한 관법을 닦아서 관이 성립되면 지혜를 얻는다.

5-2. 네 가지 상념을 끊음

道人當念是四意止. 一者爲我前世愛身故不得脫. 二者念有劇怨家. 何以故. 所欲者愛生. 當斷已斷. 爲外身觀止也. 四意止者. 意止者意不在身爲止意. 不在痛痒爲止意. 不在意爲止意. 不在法爲止意. 隨色識便生. 是爲不止也.

도인은 마땅히 사의지를 생각할지니라. 첫째, 나는 전생에 몸을 사랑하였기 때문에 (몸을) 벗어나지 못한다. 둘째는 생각에 심한 원한이 있기 때문에 욕구로 애욕이 생기면 마땅히 끊어야 하니, 이미 끊어서 밖의 몸을 위하여 지止를 관한다. 네 가지 마음의 그침이란, 마음이 몸에 있지 않음이 (몸에서의) 마음의 그침이 되고, 통양이 없음이 (감수작용에서의) 마음의 그침이 되며, 마음이 없음이 (마음에서의) 마음의 그침이 되고, 법에 있지 않음이 (법에서의) 마음의 그침이 된다. 색에 따라서 인식이 곧 생하는 것이 그치지 않음이 된다.

해설 사의지四意止, 곧 사념처四念處에 대한 설명이다. 앞에서도 이미 언급한 바 있으나 다른 각도에서 다시 설명하고 있다. 수행자가 사의지를 매우 중요시하고 있기 때문이다. 신념처身念處, 수념처受念處, 심념처心念處, 법념처法念處의 사의지는 곧 마음이 몸과 감수작용과 마음과 법에 머물러서 실상을 파악하는 수행이다.

신념처, 곧 신의지는 몸에 대한 애착을 끊는 수행이니 전생부터 몸에 집착하고 있다는 사실을 알고, 부모로부터 받은 이 육신은 깨끗하지 못하므로 집착할 것이 못됨을 알아야 한다. 몸의 부정함을 알기 위해서는 몸을 잘 관찰해야 한다.

수념처, 곧 수의지는 감수작용으로 인한 객관세계, 곧 밖의 사물에 대한 집착을 끊음으로써 이에 대한 마음의 그침에서 얻어진다고 한다. 밖에서 주어진 자극, 예를 들어서 마음에 원한이 깃들어 있으면 그것이 집착이 된다. 원한 역시 내 욕구를 채워주지 못해 나타나니 애욕에 끌리게 된다. 애욕으로 인한 원한을 없애려면 먼저 그 원인을 없애야 한다. 곧 마음을 그쳐야 한다. 《법구경》에도 "원한은 원한으로 그치지 않는다. 원망하는 마음을 그쳐야 없어진다. 이는 영원한 진리니라."고 되어 있다.

그러면 어떻게 해야 그런 마음을 없앨 수 있는가. 마음에서 일어나고 없어지는 원한을 관하면 마음을 끊었을 때 원한이 없음을 증득할 수 있다. 마음이 고요한 상태에서는 사랑의 애착이나 원한이 없음을 실증하게 된다. 몸을 통해서 마음의 부정을 보면 마음이 더이상 몸에 남아 있지 않게 된다. 곧 집착이 사라진다.

감수작용인 아픔이나 가려움 등도 마음 때문에 생기나, 이러한 감수작용도 고요한 마음이나 굳은 마음을 흔들지는 못한다. 우리의 마음도 늘 변하고 생멸을 거듭한다는 사실을 살펴서 알면 그 마음도 집착할 바가 아님을 알게 된다. 곧 마음이 그치면 마음 그 자체도 없는 것이다. 이러한 진리를 깨닫지 않으면 안 된다.

법, 곧 일체의 존재는 실체가 없다. 실체가 없음은 자성으로서의 공이니, 인연에 따라서 생기고 없어진다. 그러므로 일체의 존재는 그 사물에 의해서 존재하는 것이 아니라 주관인 우리의 마음과 대상의 인연에 의해서 존재한다. 그러니 주관이 없으면 객관도 없고, 주관과 객관이 없으면 법도 없다. 이와 같이 몸이나 감수작용, 마음과 법은 이것과 저것의 인연으로 생하고 멸한다. 다시 말해 색과 인식, 곧 객관과 주관에서 비롯되므로 주관과 객관이 없음을 증득하는 법념처의 수행을 닦으면 일체의 법이 무아無我임을 알게 된다.

수식 등을 통해서 청정에 이르면 사의단四意斷이 이루어지고, 사의단이 이루어지면 사의지四意止가 이루어진다. 수식관은 숨의 출입을 관하여 마음을 진정시키는 관법이다. 마음의 진정은 끊음에서 다시 멸로 나간다.

《성실론》 제14권〈출입식품出入息品〉제185에 "아나파나阿那波那는 열여섯 가지 행이니, 들어오는 숨이 길거나 짧음을 생각하고, 몸에 두루 차는 것을 생각하고, 몸의 모든 움직임을 없애고, 기쁨을 알고, 즐거움을 알고, 마음의 움직임을 제거하고, 출입식을 생각하여 마음을 알고, 마음을 기쁘게 하고, 거두어들이고, 해탈케 한다. 출입식을 생각하는 것은, 무상함에 따라서 관하여 끊고, 떠나고 멸함에 따라서 관하여 들어오고 나가는 숨의 길고 짧음을 생각하는 것이다."라고 했다.

사의지를 닦는 것은, 우리의 몸은 무상하여 반드시 없어질 것이며, 이 몸의 모습은 몸 속에서는 얻어질 수 없으니 몸의 안에도 없고 밖에도 없다. 몸은 공空이라 허망한 인연으로 생겼으니 이 몸은 거짓으로 되어 있으며 본래의 업에 속한다. 또한 모든 감수작용도 이와 같아서 우리의 마음에 괴로움이나 즐거움, 괴롭지도 않고 즐겁지도 않은 것이 들어와 걸려 있으나, 본래의 우리 마음은 이에 의지하거나 집착하지 않고 오직 인연에 의해서 모든 것을 받아들인다는 사실을 관한다.

또한 우리의 마음에 온 것도 없고 가는 것도 없으며, 오직 내외의 인연화합으로 생하고 멸한다. 이런 마음은 실다운 모습이 없고 실다운 생生·주住·이異·멸滅도 없다. 과거, 현재, 미래도 없다. 마음은 안에도, 밖에도, 중간에도 없다. 생멸이 서로 이어지고 있을 뿐이나 이를 억지로 이름붙여서 마음이라 한다. 이와 같이 마음은 얻을 수 없으며 본성은 불생불멸이고 항상 청정하다고 관해야 한다.

법념처의 관도 이와 같으니 일체법이 인연화합이요, 법의 모습은 불가득이다. 일체 제법은 인연생이므로 자성도 없고 오직 공일 뿐이다.

5-3. 四意止를 얻지 못하는 이유

問人何以故. 不墮四意止. 報用不念苦空非身不淨故. 不墮四

意止. 若人意常念苦空非身不淨行道者. 常念是四事不離. 便疾得四意止也. 問何等爲身意止. 謂念老病死是爲身意止. 何等爲痛痒疑止. 謂所不可意是爲痛痒意止. 何等爲意意止. 謂已念復念是爲意意止. 何等爲法意止. 謂往時爲行還報爲法. 亦謂作是得是. 是爲法意止也.

묻되, 사람은 어찌하여 사의지에 들어가지 못합니까. 답하되, 고와 공과 몸이 아님과 부정함을 생각하지 않기 때문에 사의지에 들어가지 못한다. 만약 항상 고와 공과 몸이 아님과 부정함을 생각하여 도를 행하는 자는 항상 이 네 가지를 생각하여 떠나지 않나니, 곧 속히 사의지를 얻게 된다.
  묻되, 어떤 것을 신의지라고 합니까. 곧 늙고 병들고 죽음을 생각함을 신의지라고 한다. 어떤 것을 통양의지라고 합니까. 곧 뜻이라고 할 바가 아님을 통양의지라고 한다. 어떤 것을 의의지라고 합니까. 곧 이미 생각하고, 다시 생각함을 의의지라고 한다. 어떤 것을 법의지라고 합니까. 곧 갔을 때를 간다고 하고, 돌아왔을 때를 법이라고 한다. 또한 곧 이것을 지어 이것을 얻음을 법의지라고 한다.

해설 사람이 사의지로 들어가 진리를 깨닫지 못하는 이유는 일체는 고苦이며 인연으로 이루어진 공空이므로, 나는 실체가 없다는 사실과 내 몸이 부정하다는 사실을 철저히 생각하지 않기 때문이다. 일체개고一切皆苦와 무자성공無自性空, 제법무아諸法無我와 부정함을 생각하지 못하고, 상常, 낙樂, 유무有無와 아我와 정淨의 전도에 떨어져 있기 때문이라고 한다.

상낙아정은 범부가 생사계에 걸려서 잘못 생각하여 떨어지지만, 도를 알아서 성문이나 연각의 세계로 들어가면 다시 바뀌어 무상, 불락, 무아, 부정이 잘못된 집착이었음을 알게 된다. 범부의 네 가지 전도는 유위有爲의 전도라 하여 생사계의 가치에 대한 긍정적인 가치의 세계요, 이를 넘어서서 성문과 연각에서 얻어지는 무상, 불락, 무아, 부정은 부정적인 가치의 세계로서 무위無爲의 전도라 하겠다. 이들 유위나 무위를 모두 떠나야 보살이나 부처의 세계인 절대가치의 세계가 실현되므로 이들이 다시 상낙아정으로 바뀐다. 이때의 상낙아정은 무상無想을 상대로 한 상常이 아니고, 고苦를 상대로 한 낙樂이 아니며, 무아無我를 상대로 한 아我가 아니고, 부정不淨을 상대로 한 정淨도 아니다. 다시 말하면 절대 가치의 세계로서의 상낙아정이다. 그래서《열반경》에서는 이를 부처님의 네 가지 덕이라 한다.

경에서는 '늙음과 병듦과 죽음을 생각하는 것'을 신의지身意止라고 했다. 생로병사는 인연인 공을 나타내는 것이요, 어찌 여기에 깨끗하다거나 부정함이 있을 수 있겠는가. 또한 '뜻이라고 할 바가 아닌 것'이 통양의지痛痒意止, 곧 염의지念意止라고 했다. 아프거나 가렵다는 뜻이 인연에 의해서 생하고 멸하니 어찌 이런 감각이 있다 하겠는가. 그러므로 마음이 이에 머물면 드디어 이들 감각이 공임을 알게 된다. 또한 '이미 생각하고 다시 생각하는 것'이 의의지意意止, 곧 심의지心意止라고 했다. 이미 생각하고 다시 생각한다는 말은 잊지 않고 계속 생각한다는 의미이니 바로 억념憶念이다. 이미 생각한 마음이 사라지지 않고 다시 이어져 더욱 증장되어 생각이 꼬리를 물고 일어난다. 그러나 생각이 이어지는 것은 생각이 무상함을 모르고 집착하기 때문이니 잘못된 것이다. 생각이 그침으로 인해서 마음이 무상함을 알고, 그 무상함 속에 마음이 이어지고 있다는 사실을 알게 된다. 곧 의의지에 이른다.

또한 '곧 갔을 때를 간다고 하고, 돌아왔을 때를 법이라고 한다.'를 법의지라고 했다. 법이란 일체의 존재다. 일체의 존재는 가고 온다. 법 역시 갔다가 돌아오므로, 내 앞에 나타난 일체의 법은 내 앞에 돌아온 것이다. 돌아온 법은 갔던 것이면서 또한 가고 말 것이다. 가면 오고, 오면 가는 법이 곧 인연법이기 때문이다. 모든 존재는 인연으로 인해서 가고, 인연으로 인해서 온다. 그러므로 법에 대하여 이렇게 생각하면 그 법은 실체가 없는 공임을 알게 될 것이니 곧 법의지이다.

법은 이것이 있어서 저것이 존재한다는 인연의 도리 그대로 나타난다. 즉 법은 지은 바에 따라서 보를 받으므로 이것을 지으면 이것을 얻게 된다. 지음은 원인이고 얻음은 결과다. 악을 지으면 악의 보를, 선을 지으면 선의 보를 얻는다. 이것이 바로 인연의 도리이며 동시에 법의 도리다. 이런 도리를 알고 따르면 이미 법의지로 들어간 것이다.

5-4. 四意止의 구체적인 내용

四意止有四輩. 一者念非常心意止. 二者念苦身意止. 三者念空有意止. 四者念不淨樂意止. 是爲四意止. 一切天下事皆墮身痛痒. 墮法都盧不過是四事也. 四意止者. 一者但念息不邪念. 二者但念善不念惡. 三者自念身非我所萬物皆非我所. 便不復向. 四者眼不視色意在法中. 是名爲四意止也.

사의지에는 네 가지 종류가 있다. 하나는 상이 아님을 생각하는 심의지요, 둘째는 고를 생각하는 신의지요, 셋째는 공을 생각하는 유의지요, 넷째는 부정을 생각하는 낙의지다. 이를 사의지라고 한다.

천하의 일체 모든 일은 몸의 통양으로 들어간다. 법으로 들어가는 도로都盧는 네 가지 일에 지나지 않는다.

사의지란 첫째는 단지 숨을 생각할 뿐, 그릇된 생각을 하지 않음이요, 둘째는 단지 선만을 생각할 뿐 악을 생각하지 않음이요, 셋째는 스스로 몸은 내 소유가 아님을 생각하고, 만물도 모두 내 소유가 아님을 생각하여 곧 다시 향하지 않는다. 넷째는 눈은 색을 보지 않고 마음이 법 가운데에 있다. 이를 사의지라고 한다.

해설 사의지, 곧 사념처는 무엇을 관하고, 무엇을 깨달으며, 그 깨달음이 구체적으로 어떻게 나타나는지를 설명하고 있다.

사의지는 몸을 통해서 부정함을 보고, 감수작용을 통해서 고를 알며, 마음의 움직임을 통해서 무상함을 알고, 법을 통해서 실체가 없음을 아는 관법이다. 따라서 몸이나 감수작용, 마음, 법이라는 일체의 사물을 통해서 그 실상을 알게 된다. 즉 네 가지 대상을 관해 연기의 공임을 안다. 그러므로 네 가지는 긍정되면서도 부정되었으니, 긍정과 부정이 함께 있으면서 부정도 아니고 긍정도 아니다. 따라서 앞에서 말한 바와 같이 다시 상낙아정으로 긍정된다.

사의지는 상이 아니라 고요 공이요 부정임을 생각하여 안다.

심의지로 상이 아님을 생각하고, 신의지로 고를 생각하며, 유의지로 공을 생각하고, 낙의지로 부정을 생각한다고 했다. 이 넷은 마음과 몸과 존재, 곧 유의지와 즐거움, 곧 쾌락을 관하고, 결국 우리의 마음은 절대적이 아니라 변하며 우리 몸도 내 뜻대로 되지 않음을 알게 한다. 또한 모든 존재는 인연으로 생하고 멸하는 공임을, 쾌락은 깨끗하지 않음을 알게 한다.

낙의지樂意止는 감각적인 쾌감 등에 대하여 관함으로써 그 쾌감이 즐길 바가 못되는 부정한 것임을 알게 한다. 또한 유의지有意止는 존재, 곧 법의지와 같다. 신의지나 심의지, 법의지는 모두 몸과 감수작용을 떠나서는 있을 수 없다. 몸은 밖이고 감수작용은 안이다. 모든 의지는 안과 밖이 서로 어울려서 있게 된다. 곧 안과 밖의 인연에 의해서 생긴다. 그러므로 사의지는 인연법에 따라서 깨달음을 얻는 관법이다. 이것을 통해서 저것을 안다. 이것은 몸과 마음과 감수작용과 법을, 저것은 상이 아님과 고와 공과 부정을 말한다. 깨끗함을 통해서 부정을 알고, 즐거움을 통해서 고를 알며, 상常을 통해서 무상을 알고, 아我를 통해서 무아를 안다. 그러므로 깨끗함이 부정으로 바뀌고, 부정이 다시 깨끗함으로 바뀐다. 즉 서로 떠나지 않는 관계에 있으므로 공이다. 법을 떠나서는 몸도, 마음도, 감수작용도 없다. 즉 인연에 의해서 있고 없어지므로 네 가지 의지는 모두 법의지에 포섭된다고 할 수 있다. 신법身法, 염법念法, 심법心法은 모두 일체법에 속한다. 도로都盧 drona는 '모두'의 뜻이다.

그러면 이들 사의지가 이루어지면 어떤 행으로 나타나는가. 네 가지 행으로 나타나는데, 첫째로 신의지에서는 숨을 생각하게 될 뿐 생각이 숨에서 떠나지 않는다. 몸에 대한 정신집중이므로 마음이 몸의 작용인 숨에서 떠나지 않는다. 둘째로 염의지에서는 일념으로 선만을 생각할 뿐이다. 감수작용으로 얻어지는 쾌감 등에 끌리면 악을 짓게 되는데, 이것이 끊어진 염의지에서는 선만을 생각하게 된다. 셋째 심의지에서는 마음의 무상함을 통해서 일체 사물의 무상함을 깨닫게 된다. 그리하여 나의 몸을 비롯한 만물이 모두 내 소유가 아님을 알게 된다. 무상은 곧 무아이기 때문이다. 넷째 법의지에서는 일체의 법이 연기의 도리에서 벗어나지 않으므로 색이 곧 공이다. 그러므로 색인 동시에 색이 아니다. 색은 연기의 법 그대로이기 때문이다.

그래서 경에서 '색을 보지 않고 마음이 법 가운데 있다.'고 했다. '색을 보지 않는다.'는 '색은 색이 아니고 연기의 공'이라는 뜻이요, '마음이 법 가운데 있다.'는 인연법 속에 마음이 머물러 그에 따른다는 뜻이다. 이렇게 하여 사의지가 이루어지면 생각이 숨과 더불어 항상 같이 있고, 선만을 생각하여 행하며, 나의 몸이나 만물에 집착하지 않고, 법에 따라서 자유자재한 삶을 살게 된다는 사실을 알 수 있다.

5-5. 도인의 길인 四意止

道人當行四意止. 一者眼色. 當校計身中惡露. 二者意歡喜念樂. 當念痛痒苦. 三者我意瞋他人意亦瞋. 我意轉他人意亦轉. 便不復轉意. 四意者我意嫉他人意亦嫉. 我念他人惡他人亦念我惡. 便不復念是爲法也. 身意止者自觀身觀他人身. 何等爲身. 欲言痛痒是身. 痛無有數. 欲言意是身. 復非身有過去意未來意. 欲言法是身. 復非身有過去未來法. 欲言行是身. 行無有形知爲非身. 得是計爲四意止也.

도인은 마땅히 사의지를 행해야 한다. 첫째로 눈과 색은 마땅히 몸 가운데의 악로를 생각할지니라. 둘째는 마음이 기뻐 즐거움을 생각하면 마땅히 통양의 고를 생각할지니라. 셋째는 나의 마음이 노하면 남의 마음도 노하고, 나의 마음이 바뀌면 남의 마음도 바뀌니, 곧 다시 마음을 바꾸지 말라. 넷째는 내 마음이 질투하면 남의 마음도 질투하고, 내가 남의 악을 생각하면 남도 나의 악을 생각하니 곧 다시 이를 생각하지 않음을 법이라 한다. 신의지는 스스로 몸을 관하고, 남의 몸을 관한다. 어떤 것이 몸인가. 통양(의

지)은 이것을 몸이라고 말하나 아픔에는 수가 없다. 의(의지, 의
의지意止)는 이것을 몸이라고 말하나 오히려 몸에는 과거의, 미
래의가 없다. 법(의지)은 이것을 몸이라고 말하나 오히려 몸에는
과거와 미래의 법이 없다. 행(의지)은 이것을 몸이라고 말하나 행
에는 형상이 없으니 몸이 아님을 안다. 이런 생각을 얻으면 사의
지가 이루어진다.

해설 수행하는 도인은 사의지를 행해야 한다. 몸이나 감수작용, 마음이나 법 등을 관해서 진실을 알고 선을 행하며 악을 제거하여 진리 그대로 인연에 따라서 살기 위해서다. 또한 깨달음에 이르는 길에 들어서기 위해서다.

그러면 몸이나 감수작용, 마음이나 법을 어떻게 관할 것인가. 이들 네 가지는 각각 나누어진 것만이 아니라 서로 관련되어 있다. 그러므로 신, 수, 심, 법의 순서로 각각 관할 수도 있고 총합하여 관할 수도 있다. 그러므로 사의지를 각각 관하기도 하나 총체적으로 관하는 것이 좋다. 가령 신의지의 수행에서 내 눈을 관하여 눈 속에서 나오는 더러운 이물질들을 생각하여 내 몸만이 아니라 객관 세계의 모든 것, 곧 색色 등도 그 속에 더러움이 있다고 생각해야 한다. 눈뿐만이 아니라 눈의 대상인 색도 함께 관해야 한다. 나는 나의 대상을 인연으로 해서 있기 때문이다. 또한 통양의지의 수행에서 마음이 즐거울 때에는 마땅히 아픔이나 가려움 등의 괴로움을 생각해야 한다고 설했다. 즐거움에는 반드시 괴로움이 따르기 때문이다. 즐거움과 괴로움은 서로 표리관계에 있다. 즐거움이 있으면 반드시 괴로움이 있고, 괴로움이 있으면 반드시 즐거움이 있으니, 이것이 바로 인연의 법이다.

또한 심의지의 수행에 있어서 내 마음의 노여움은 남과의 관계에서

생기는 것이므로 남의 마음도 헤아려 보아야 한다. 내가 노여워하면 남도 노여워한다. 그러므로 내가 마음을 바꾸면 남도 마음을 바꾼다는 인연법을 알아서 마음을 바꾸는 일이 없도록 해야 한다. 한결같이 진리를 알아서 그에 따르는 마음가짐을 가져야 한다.

마음은 항상 변하고 있다는 진리를 깨닫고 마음에 끌려 노여움을 풀지 못할 짓은 하지 말아야 한다. 마음은 실체가 없이 항상 변하니 내가 노여움을 풀면 남의 노여움도 풀어지는 법이다. 이와 같이 의의지, 곧 심의지의 수행에 있어서 나의 마음과 남의 마음을 관하는 행을 닦아야 한다.

또한 법의지의 수행에 있어서도 내가 질투하면 남도 질투하고, 내가 악한 생각을 하면 남도 악한 생각을 하므로, 그런 생각을 하지 않도록 노력해야 한다. 이것이 법의지의 실천 수행이다. 이와 같이 신, 수, 심, 법 사의지의 수행은 나와 남을 동시에 관해 인연법을 따르는 일임을 알아야 한다. 신도 인연이요, 수도 인연이요, 심도 인연이요, 법도 인연이기에 이들을 볼 때 어떤 인연에 의해 있는지를 알아야 한다. 그래서 이들 넷을 인연법에 따라서 관한다. 그러면 어떻게 인연법에 따라서 관할 수 있는가에 대해 다시 보다 깊게 설법하고 있다.

신의지의 수행에서는 자기 스스로의 몸을 관하고 남의 몸도 관하되, 그 몸이 무엇인지까지도 관해야 한다. 나의 몸이나 남의 몸은 오온五蘊의 인연에 의해 존재하니 공이다. 공인 몸을 본다. 몸의 실체가 있다는 생각을 해서는 안 된다. 실체가 없는 내 몸이나 남의 몸을 관한다. 몸을 통해서 오온이 모두 공임을 관하여 몸이 부정하다는 것을 보고, 부정함이나 정에도 끌리지 않는 중도의 관이 이루어지게 한다.

통양의지에 있어서도 아픔이나 가려움 등의 감수작용은 몸에서 받아들이는 느낌이므로 실체적으로 존재한다고 말하기 쉽다. 그러나 이런 느낌은 밖으로부터의 자극과 받아들이는 감수작용, 즉 이것과 저것의 인연으로 생길 뿐, 실체적으로는 없다는 사실을 알아야 한다. 곧 얼마나 아프고 가렵다는 말은 있을 수 없다. 그래서 '수가 있을 수 없다.'고 한 것이다. 그러므로 통양의지도 인연임을 알아서 공으로 돌아감을 관한다. 또한 법의지도 마찬가지이다. 법이란 일체의 존재이니 실재한다고 생각하기 쉬우나 무엇인가가 존재한다는 말은 거짓이다. 과거에도 미래에도 있을 수 없기 때문이다. 과거에는 존재하지 않다가 지금 있으면 거짓이요, 지금 존재하는 것이 미래에는 없어지니, 이는 인연에 의해서 존재하는 실체가 없는 공이다. 또한 우리의 행위도 마찬가지이다. 내 몸이 어떤 행위를 한다고 말하고 싶으나 실제로는 그 행도 어떤 형체를 가지고 있지 않다. 즉 형체가 없는 행위이다.

이와 같이 사의지 자체에 대해서도 인연의 법을 떠나지 않음을 알아야 한다. 그러므로 사의지의 수행도 인연의 실천이며 수행 아닌 수행이다. 일체는 인연법에 의해서 존재하므로 승의勝義로서는 존재하지 않는다. 속제俗諦에서는 사의지와 사의지의 수행이 있으나 승의로서는 사의지도 수행도 없다. 따라서 사의지의 수행은 범부에게는 깨달음에 이르는 길이지만 보살이나 부처에게는 이미 필요치 않은 수행이다.

5-6. 인연법의 진리가 담긴 四意止

意不墮色念識亦不生. 耳鼻口身亦爾. 意不在身爲止心意不在痛痒. 意不在念意不在法爲止心也.

마음이 색의 생각에 들어가지 않으면 식 또한 생하지 않는다. 귀, 코, 입, 몸 또한 마찬가지이다. 마음이 몸에 있지 않으면 마음의 그침이 되고, 마음이 통양에 있지 않으면 마음이 생각에 있지 않은 것이다. 마음이 법에 있지 않으면 마음이 그친 것이다.

해설 마음이란 몸을 떠나서는 있을 수 없다. 인연에 의해서 생기고 인연에 의해서 없어지기 때문이다. 마음과 몸은 둘이 아니므로 둘로 나눌 수 없는 관계에 있다.

그래서 '마음이 색의 생각에 들어가지 않으면 식 또한 생하지 않는다.'고 했다. 색 곧 몸이 마음과 하나가 되지 않으면 인식이 일어나지 않는다는 말이다. 십이인연설十二因緣說에서는 인식에 의해서 명색名色이 있고, 명색에 의해서 인식이 있다고 했다.

귀에 의해서 소리가, 코에 의해서 냄새가, 혀에 의해서 맛이, 몸에 의해서 감촉이 있게 된다. 또한 이와는 역으로 소리에 의해서 귀가, 냄새에 의해서 코가, 맛에 의해서 혀가, 감촉에 의해서 몸의 촉각이 있다. 이것이 있으므로 저것이 있고, 이것이 없으면 저것도 없다는 인연생멸의 도리이다. 따라서 사의지의 수행에서 마음이 그치면 몸에 의해서 그쳐지는 것이기도 하다. 그러므로 수식 등의 호흡 조절은 마음의 조절이기도 하고, 마음의 조절은 곧 호흡 조절이기도 하다. 몸과 마음은 둘이 아니니 호흡의 출입과 마음이 항상 같이하여 나가고 들어오게 하는 수행을 한다.

마음이 그치면 몸도 그친다. 마음과 몸이 하나가 되어 그친다. 마음이 그치면 동시에 몸에 아픔과 가려움도 그친다. 마음이 이것과 저것과의 관계인 법에 있지 않음이 곧 그침이다. 다시 말하면 안반수의의 수행 중 지止의 단계에서는 마음과 몸이 대립하지 않고, 완전히 하나가 되기 때문에 호흡을 하면서도 의식하지 못하고, 한곳에 집중되어 호흡을 하고 있다는 생각조차 없다. '마음이 생각에 있지 않고 법에 있지 않음이 그친 것이다.'는 이를 두고 한 말이다.

5-7. 마음의 주인은 마음

問誰主知身意痛痒者. 報有身身意知. 痛痒痛痒意知. 意意意意知. 有飢飢意知. 有渴渴意知. 有寒寒意知. 有熱熱意知. 以是分別知也. 身意起身意. 痛痒意起痛痒意. 意意起意意. 法意起法意.

묻되, 누가 주인으로서 몸의 마음과 통양을 압니까. 답하되, 몸이 있으면 몸의 마음이 알고, 통양은 통양의 마음이 알고, 마음의 마음은 마음의 마음이 안다. 주림이 있으면 주린 마음이 알고, 목마름이 있으면 목마른 마음이 알고, 추위가 있으면 추운 마음이 알고, 열이 있으면 열의 마음이 안다. 이로써 분별하여 안다. 몸의 마음은 몸의 마음을 일으키고, 통양의 마음은 통양의 마음을 일으키고, 마음의 마음은 마음의 마음을 일으키고, 법의 마음은 법의 마음을 일으킨다.

해설 사의지의 수행에 있어서 몸과 통양, 곧 수를 관하고, 마음과 법을 관할 때 무엇이 관하는 주인인지를 설명하고 있다. 관하는 대상과 관하는 사람이 있어야 관하는 작용이 있다. 그러면 몸을 관하여 그 부정함을 아는 자는 누구인가. 몸을 아는 자이니 바로 몸에 있는 마음이다. 마음이 주가 되고 몸이 대상이 된다. 통양을 아는 자는 통양을 아는 마음이며, 마음이 통양을 관하는 주인이다. 마음을 관하는 자는 마음속에 있는 인식의 주체, 곧 마음이다. 알려지는 것도 마음이요 아는 것도 마음이다. 알려지는 마음을 심소心所라 하고 아는 마음을 심왕心王이라고 한다.

경에서 말한 의의意意는 심소와 심왕을 가르킨다. 심소와 심왕은 모두 마음이다. '마음의 마음'이란 심소를 아는 심왕이다. 주림은 주림을 아는 마음이 관하는 대상이요, 목마름이나 추위나 더위 등도 모두 그것을 아는 마음의 대상이다. 주관이 객관을 분별하여 아는 주인이다. 또한 무엇이 주인이 되는 마음을 일으키는가. 몸을 관하는 마음은 몸에 있는 마음이 일으킨다. 마음을 일으킨 것도, 일으켜진 것도 마음이다. 연기법에 의해 일으킨 자와 일으켜진 자가 존재한다. 어느 것이 먼저고 나중이 아니다. 이들은 서로 뗄 수 없는 관계에 있다. 심소와 심왕도 상응 관계에 있기 때문에 심상응법心相應法이라고 한다. 유부有部에서는 심왕을 떠나서 심소의 본체가 있느냐 없느냐의 문제에서 따로 있다고 하나 여러 가지 설이 있다.

경에서 심왕은 스스로 일으킨다고 했다. 다시 말하면 사의지에 있어서 네 가지 마음을 일으키는 주체는 네 가지에 따라서 일어나는 마음 그 자체이다. 그러므로 이러한 마음을 그치게 하는 것도 마음이다. 네 가지 전도를 일으킨 마음도 마음이요, 네 가지 전도를 떠난 마음도 마음이다. 일으킨 마음도 마음이요, 그친 마음도 마음이다. 따라서 사의지의 수행이 스스로 마음을 그치게 한다.

5-8. 마음의 대전환

四意止謂意念惡制使不起. 是爲止也. 四意止亦隨四禪. 亦隨四意止. 隨四意止爲近道. 不著惡便善意生. 四禪爲四意定爲止意也. 行道有四因緣. 一止身. 二止痛痒. 三止意. 四止法.

止身者. 謂見色念不淨. 止痛痒者. 謂不自貢高. 止意者. 謂止不瞋恚. 止法者. 謂不疑. 道人行四意止. 意起念生即時識對行樂. 得一意止. 便得四意止也.

　사의지는 곧 마음이 악한 생각을 억제하여 일어나지 않게 하니 그침이 된다. 사의지는 또한 사선에 따르고 사의지에 따른다. 사의지에 따르면 가까운 길이 되고, 악에 집착하지 않으면 곧 선한 생각이 생하고, 사선이 사의정으로 되어서 마음이 그친다.
　도를 행하는 데에는 네 가지 인연이 있다. 첫째는 몸을 그치고, 둘째는 통양을 그치고, 셋째는 마음을 그치고, 넷째는 법을 그친다. 몸을 그치는 것은 곧 색을 보고 깨끗하지 않음을 생각하고, 통양을 그치는 것은 곧 스스로 더하지 않으며, 마음을 그치는 것은 곧 노여워하지 않고, 법을 그치는 것은 곧 의심하지 않음이다.
　도인이 사의지를 행하면 마음이 일어나서 생각이 생하고, 즉시 식이 즐거워하는 행동에 맞서게 되니, 하나의 마음이 그치면 사의지를 얻는다.

해설　사의지는 어디에서 오며 어디로 가는지를 다시 설명하고 있다. 사의지는 마음에서 악한 생각을 하지 않도록 마음을 억제한다. 이런 마음의 그침은 사선四禪에 따라서 이루어진다. 사선은 사정려四靜慮라고도 하고, 제1선(초선)부터 제4선까지의 총칭이다. 사선의 차별은 선정에 따라서 나타나는 마음의 작용이 있고 없음으로 구별된다.
　초선에서는 어떤 것을 감지하는 작용과 기쁨이나 즐거움이 있으며 마음이 하나의 대상에 집중된다. 제2선에서는 사물의 감지작용이 없어지고 걸림이 없이 기쁨이나 즐거움이 평등하게 확대되어 나타난다. 제

3선에서는 아무것도 가진 바가 없어 생각이 공을 떠나지 않으며, 지혜가 인연을 따르고, 즐거움이 있고, 마음이 한결같이 고요하기만 하다. 제4선에서는 즐거움도 없어지고, 모든 것을 떠나서 생각이 청정하여 고와 낙을 받지 않으며, 오직 고요함 속에 움직이지 않는 부동심不動心이 있다. 이러한 사선에 들어가서 네 가지 마음을 그친다.

이때는 선만을 생각하게 되어 마음이 한결같이 고요함에서 떠나지 않게 된다. 그러므로 사의지는 사선으로부터 있게 되고 사의정四意定으로 간다. 도는 모든 것이 그친 데에서 비롯되므로 곧 사의지에 의해서 도가 행해진다. 몸에서 일어나는 그릇된 생각이 없어지면 몸의 그침이고, 아프다거나 가렵다는 감수작용이 그쳐서 더이상 즐거워하지 않으면 통양의 그침이다. 숨과 마음이 하나가 되어 숨이 들어오고 나감에 따라서 마음이 생하고 멸하게 되면 마음이 그침이다.

모든 사물이 인연으로 생하고 멸하는 법에 끌리지 않으면 법을 그침이니, 사의지는 몸과 감수작용과 마음과 법의 네 가지가 인연이 되어서 그친다. 이렇게 하여 사의지가 이루어져서 몸이 그치면 색을 보고 깨끗하지 않다고 생각하게 되고, 모든 감수작용은 즐겁지 않으므로 아프고 가려움이 더하지 않게 되고, 마음의 그침이 노여움을 없앤다. 마음에 나타난 노여움은 항상 있는 것이 아니므로 소멸시킬 수 있다. 또한 법이 그치면 인연법을 믿게 되므로 인연에 따라서 생각하고 움직여서 의심하지 않는다.

그러면 '이들 사의지는 각각 다른 수행으로 얻어지는가? 네 가지 마음은 각각 다른가?'의 문제가 남는다. 다르다면 각각 다른 방법으로 수행해야 겠지만 그렇지 않다고 설하고 있다. 나누어서 넷일 뿐 넷은 하나로 통한다. 진리는 하나다. 모든 것은 한 마음에서 이루어진다. 제행諸行이 무상하므로 일체는 모두 고요, 제법은 무아無我이며, 열반은 적정寂靜이다.

   제행무상諸行無常, 일체개고一切皆苦, 제법무아諸法無我는 셋으로 나누어서 하나의 진리를 설명한다. 하나의 진리란 공이며 연기의 도리요 한 마음이다. 이와 같이 몸에서 마음이 그치면 통양, 마음, 법의 마음도 모두 그치게 된다. 넷은 하나로 통한다는 진리이다. 그러므로 한 마음을 얻으면 일체의 마음을 얻는다. 이는 고요한 마음을 얻음이요, 선한 마음도 얻음이다. 한 마음은 생각을 일으키고, 그 생각은 인식작용을 일으키고, 인식작용은 행동을 일으킨다.

   무명에서 행이 있고, 행에서 식이 있고, 식에서 명색名色이 있어서 낳고 죽음이 있다. 무명이란 전도된 마음이다. 전도된 마음이 전도된 생각을 일으키고, 다시 전도된 인식을 일으키며, 이런 인식이 행동을 그르친다. 이처럼 모든 것은 마음에 있으므로 한 마음이 옳지 않으면 모든 일을 그르치게 된다. 그러므로 용수는 무명의 원인을 번뇌라고 하고 번뇌의 원인을 비여리작의非如理作意라고 했다.

   사리를 올바르게 보지 못하면 인연의 도리를 따라서 마음을 일으킬 수 없다. 인연의 도리대로 일으키지 않는 마음이 악한 마음이고 번뇌이며 전도된 생각이다. 이런 생각이 그릇된 행동으로 이어진다. 부처님을 생각하는 우리의 한마음이 부처님의 나라로 가게 하고, 참회하는 한 마음이 깨달음이다.

   초발심이 바로 깨달음이다. 범부의 한마음이 그 자리에서 바뀌어 부처의 마음이 된다. 범부의 마음과 부처의 마음은 다르지 않다. 범부의 마음이 청정해지면 청정한 부처의 마음으로 바뀐다. 그러므로 《불설대비공지금강대교왕의궤경佛說大悲空智金剛大教王儀軌經》 제2권의 〈청정품〉에서 '진실한 유가瑜伽는 자기전변自己轉換이다.'라고 했다. 마음의 전환이 요가요, 마음의 전환이 성불이다. 사의지는 마음의 그침이니 마음의 전변이다. 그 자리에서 그릇된 마음이 청정한 마음으로 바뀐 것이다.

5-9. 四意定

四意定. 一者自觀身亦復觀他人身. 二者自觀痛痒亦復觀他人痛痒. 三者自觀心亦復觀他人心. 四者自觀法因緣亦復觀他人法因緣. 如是身一切觀內外因緣成敗之事. 當念我身. 亦當成敗. 如是是爲四意定也.

사의정은 첫째 스스로 몸을 관하고, 또한 다시 남의 몸을 관한다. 둘째는 스스로 통양을 관하고, 또한 다시 남의 통양을 관한다. 셋째는 스스로 마음을 관하고, 또한 다시 남의 마음을 관한다. 넷째는 스스로 법의 인연을 관하고, 또한 다시 남의 법의 인연을 관한다. 이와 같이 몸의 일체는 안과 밖의 인연과 성패의 일을 관한다. 마땅히 나의 몸과 또한 마땅히 성패를 생각할지니라. 이와 같음이 사의정이 된다.

해설 앞에서 사의지는 사선에 따라서 이루어진다고 말했다. 네 가지 마음이 선정에 들어 있기 때문에 사선이 곧 사의정이다. 네 가지 마음이 고요한 선정에 들어 있으려면 첫째로 몸을 관하는 마음이 고요함에 머물러야 한다. 그러기 위해서는 몸의 부정함을 관해야 하는데, 나와 남의 몸을 다같이 부정하게 보아야 한다. 나의 몸은 깨끗하고 남의 몸은 그렇지 않다는 생각이나 또한 남의 몸은 깨끗하고 나의 몸은 부정하다는 생각은 잘못이다. 통양을 관하여 낙이 아님을 깨닫기 위해서는 나의 통양이 낙이 아니고, 남의 통양도 낙이 아님을 관해야 한다. 이와 같이 나와 남을 평등하게 보는 지혜가 필요하다.

또한 마음을 관하여 무상함을 깨달을 때에도 나의 마음을 보아서 무상함을 알고, 미루어 남의 마음도 그와 같이 관해야 한다. 남의 마음만 무상하다고 관하고 나의 마음은 절대적이라고 생각한다면 진실하고 올바른 마음의 관찰이 아니다.

또한 법을 관함에 있어서도 나 자신의 법의 인연을 보는 동시에 남의 법의 인연도 평등하게 보아야 한다.

일체의 몸이나 마음, 감수작용, 법 등은 인연으로 이루어졌다. 안과 밖의 인연, 이것과 저것의 상의관계에 의해서 생겨나고 없어지며, 성사되고 패하기도 한다. 인연에 의하지 않은 것은 없다. 이와 같이 사선, 곧 사의정은 나와 남의 몸, 마음, 법을 관함으로써 인연에 의해서 된대로 인연에 따르게 되고, 마음이 고요히 머물러서 부동심이 되어 진리를 깨닫고 행하게 된다.

5-10. 밖으로 버리고 안으로 잡는 것

人欲止四意棄爲外攝爲內. 已攝意爲外棄爲內也. 觀他人身. 謂自觀身不離他. 便爲觀他人身苦. 觀他人身爲非痛痒意法亦爾也. 自貪身當觀他人身. 念他人身. 便自觀身. 如是爲意止.

사람이 네 가지 마음을 그치고자 하면 밖으로 버리고 안으로 잡아야 한다. 이미 마음을 잡았으면 밖으로 버리고 안이 된 것이다. 남의 몸을 관하는 것은 스스로 (자신의) 몸을 관하여 남을 떠나지 않음이니, 곧 남의 몸의 고를 관한 것이다. 남의 몸을 관하는 것은 통양의 마음이 아니니, 법 또한 이와 같다. 스스로 몸을 탐내면 마땅히 남의 몸을 관하라. 남의 몸을 생각하면 곧 스스로 (자신의) 몸을 관한다. 이와 같음이 마음의 그침이 된다.

해설 마음을 그치려면 밖으로 달려나가는 집착을 떨쳐버리고 안으로 꼭 잡아야 한다고 가르치고 있다.

안과 밖은 서로 다르나 뗄 수 없는 관계에 있다. 밖에 집착하는 마음을 떨쳐 버리면 곧 마음이 안에서 잡기 때문이다. 이런 이치에 의해서 남의 몸을 관찰하면 곧 내 몸을 관찰한 것이고, 내 몸을 관찰하면 곧 남의 몸을 관찰한 것이 된다. 나는 남을 떠나지 않고 남은 나를 떠나지 않기 때문이다. 남의 몸의 고를 관함으로써 내 몸의 고를 알게 된다. 남의 고민을 관하는 것은 몸을 관찰하는 것으로서 마음이 그칠 수 없다. 통양이나 법도 이와 같다.

남의 통양을 관하면 곧 나의 통양을 관하는 것이므로 서로 떠날 수 없다는 사실을 알아야 한다. 자신의 몸에 대한 탐락이 잘못된 것이라면 남의 몸에 대한 탐락도 잘못된 것이다.

이와 같이 나와 남이 서로 떠나지 않는다는 사실을 알아서 나와 남의 몸을 관하여 부정함을 알고, 통양이 낙이 아님을 알고, 마음이 무상함을 알고, 법이 실체가 없음을 알면 네 가지 마음은 고요함에 그쳐서 악을 생각하지 않고 선만을 생각하게 된다. 고요함이 청정한 본심이기 때문이다.

마음을 그치는 일은 밖으로 달리는 마음을 꼭 잡아서 밖의 대상에 집착하지 않게 한다. 그러므로 밖으로는 버리고 안으로는 잡는다고 말했다. 해탈과 섭심攝心은 같다.

흔히 심조복心調伏을 청정심이라고 한다. 심조복은 밖으로 달려나가는 마음을 꼭 잡아서 항복시킨다. 안과 밖이 서로 떠나지 않음을 알 수 있다. 그래서 이 세상에서 가장 강한 사람은 남을 이긴 사람이 아니라 자신을 이긴 사람이라고 한 것이다. 자신을 이긴 사람은 남을 이긴 사람이다. 남을 항복시킨 사람은 밖의 유혹을 떨쳐버린 사람이니, 이런 사람이 버린 사람이다. 그래서 경에서는 사의지를 얻고자 하면 '밖으로 버리고 안으로 잡아라.'라고 했다. 밖으로 버림은 밖의 유혹을 떨쳐버렸음을, 안으로 잡음은 섭심했다는 의미이다. 섭심은 밖으로 나가는 마음을 거두어 고요히 머무르게 한다.

5-11. 나의 몸만을 觀하는 일의 폐해

問意見行何以爲止. 報意以自觀身貪. 便使觀他人身. 爲意從貪轉故應止. 若意貪他人身. 當還自觀身也.

문되, 마음이 행을 보는데 어찌하여 그친다고 할 수 있습니까. 답하되, 마음이 스스로의 몸을 관함으로써 탐하나니, 곧 남의 몸을 관하게 하면 마음이 탐욕으로부터 바뀌기 때문에 응당 그친다. 만약 마음이 남의 몸을 탐내면 마땅히 돌이켜서 스스로의 몸을 관해야 한다.

해설 마음이 그치지 않는 이유는 인연법을 모르기 때문이다. 인연이란 이것과 저것의 관계이다. 이것과 저것의 관계로 생하고 멸하는 공의 세계다. 이것과 저것은 자연과 인간, 동물과 식물, 남자와 여자, 하늘과 땅, 선과 악, 나와 남, 오는 것과 가는 것, 죽음과 삶, 하나와 많음, 더하는 것과 주는 것 등 서로 다른 것이 모여서 되고, 그렇기 때문에 흩어진다. 모이면 생이요 흩어지면 죽음이다. 이러한 인연법을 알려면 이것과 저것을 보아야 한다. 그러므로 몸의 인연을 보려면 나를 관하고 남을 관해야 한다. 나의 악한 생각을 보려면 남의 악한 생각을 보고, 남의 마음을 보려면 내 마음을 보아야 한다. 내 마음을 그치려면 남의 마음의 그침을 보아야 한다. 나만을 보거나 남만을 보면, 하나만을 보게 되어 실체가 있다고 인정하여 잘못된 길로 달리게 된다.

마음은 행동으로 나타난다. 마음을 없애려면 행동을 그쳐야 한다. 행동이 있으면 마음도 있다. 마음이 자신의 몸을 관하면 이미 일어나기 시작한 것이다. 이때 남의 몸을 관하면 이미 나에게서 마음이 그치고 남에게로 간 것이다. 그러나 나와 남은 다르지 않고 서로 떠날 수 없는 관계에 있으므로 남에게 간 마음과 나에게 그친 마음은 같다. 일어남이 곧 그침이다. 마음이나 몸이 인연법으로 이루어졌음을 알면 지금 일어난 마음이나 몸은 나의 것인 동시에 남의 것이며, 나의 것도 아니고 남의 것도 아님을 알게 된다. 나의 몸은 남의 몸으로 바뀌고, 나의 마음은 남의 마음으로 바뀌었으니, 이때는 몸도 그쳤고 마음도 그친 것이다. 온 곳으로 돌아갔기 때문이다. 이것과 저것으로 바뀌어버렸다.

탐심을 그치려면 그 탐심이 나의 것이 아니며, 내 몸도 나의 것이 아님을 알고, 남의 몸과 마음을 관하면 그치게 된다. 마음이 그치면 인연의 도리로 돌아가게 된다. 이것과 저것으로 돌아간다.

경에서 말한 '마음이 스스로의 몸을 관함으로써 탐하나니.'는 나와 남의 인연법을 떠나서 나만을 관하여 실체가 있다고 잘못 알아 탐내게 된다는 뜻이다. 이때 '남의 몸을 관하게 하면 마음이 탐욕으로부터 바뀌기 때문에 응당 그친다.'고 했다. 나와 남의 관계인 인연으로 돌아갔기 때문이다.

5-12. 나와 남의 몸을 모두 관하는 일

有時自身觀. 不觀他人身. 有時當觀他人身. 不當自觀身. 有時
可自觀身. 亦可觀他人身. 有時不可自觀身. 亦不可觀他人身.

어떤 때에는 스스로의 몸을 관하고 남의 몸을 관하지 않으며, 어떤 때에는 마땅히 남의 몸을 관하고 마땅히 스스로의 몸은 관하지 말라. 어떤 때에는 스스로의 몸을 관하고 또한 남의 몸도 관하며, 어떤 때에는 스스로의 몸을 관하지 말고 또한 남의 몸도 관하지 말아야 한다.

해설 앞에서는 나의 몸을 관하고 남의 몸도 관하여 인연법을 알면 마음이 그친다고 설했다. 그러나 나와 남은 다르면서도 같으므로 나만 관하거나 남만 관할 수도 있다. 내 속에서 남을 보고, 남에게서 나를 보면 된다. 곧 나에게서 남을 보면 인연법을 본 것이요, 남에게서 나를 보면 연기법을 본 것이다.

'어떤 때에는 스스로의 몸을 관하고 남의 몸을 관하지 않는다.'는 내 속에서 남을 보았으니 나와 남의 인연법을 본 것이다. '어떤 때에는 마땅히 남의 몸을 관하고 스스로의 몸은 관하지 말라.'는 남의 몸 속에서 나를 보라는 가르침이다. 연기법을 본 사람은 내 속에서 일체를 보고, 일체 속에서 나를 본다.

또한 경에서 '어떤 때에는 스스로의 몸을 관하고 또한 남의 몸도 관하라.'고 했다. 자신의 몸은 관하고 남의 몸을 관하지 않음은 내 몸 속으로 남의 몸이 들어온 것이다. 그러나 들어오면 다시 나가는 법이다. 그러므로 나의 몸을 관하고 남의 몸도 관하라고 했다. 남의 몸을 관하면 마음이 나가기 때문이다. 호흡의 들어오고 나가는 원리와 같다.

또한 '어떤 때에는 스스로의 몸을 관하지 말고 남의 몸도 관하지 말라.'고 했다. 절대 진리는 이것과 저것을 모두 부정하는 속에 있기 때문이다. 나의 몸을 관하여 깨끗하지 않음을 알고, 다시 남의 몸을 관하여 깨끗하지 않음을 아는 일은 이승二乘의 견도見道에서 얻어진다. 그러나 보살이나 부처의 단계에서는 나의 몸이나 남의 몸을 관할 필요가 없다. 나와 남이 모두 본래 청정하기 때문이다.

어찌 정淨이니 부정不淨이니 하는 말이 있을 수 있으며, 어찌 고苦니 낙樂이니 하는 분별이 있으며, 어찌 아我니 무아無我니 하는 말이 있으며, 어찌 상常이니 무상無常이라는 말이 있겠는가. 이들 대립을 떠나고 부정과 긍정을 떠나서 절대긍정의 세계에 머물러서 일체의 분별을 그쳤기 때문이다.

5-13. 觀의 안과 밖

自觀身者爲校計觀他人身. 意不止須自念身爲著便轉著他人身. 觀他人身爲見色肥白黛眉赤脣. 見肥當念死人脹. 見白當念死人骨. 見眉黑當念死人正黑. 見朱脣當念血正赤. 校計身諸所有. 以得是意便轉. 不復愛身也. 觀有內外. 嫉恚疑當內觀. 貪婬當外觀. 貪當念非常敗. 婬當念對所有惡露. 如自觀身婬當念四意斷也.

스스로의 몸을 관한다 함은 교계하여 남의 몸을 관한다는 뜻이나 마음이 그치지 않으면 모름지기 스스로의 몸을 생각하여 머물렀다가 곧 바꾸어서 남의 몸에 머문다. 남의 몸을 관할 땐 살결이 희고 검은 눈썹, 붉은 입술을 본다. 살찐 모습을 보고서는 마땅히 죽은 사람의 부은 모습을 생각하고, 흰 색을 대하면 마땅히 죽은 사람의 뼈를 생각하고, 검은 눈썹을 보면 마땅히 죽은 사람의 눈썹을 생각하고, 붉은 입술을 보면 마땅히 피의 붉음을 생각할지니, 몸의 모든 소유를 교계하여 얻음으로써 마음이 곧 바뀌어 다시 몸을 사랑하지 않게 된다.

관에는 안과 밖이 있다. 질투와 노여움과 어리석음은 마땅히 안을 관하고, 탐음은 마땅히 밖을 관한다. 탐은 떳떳함이 아니니 마땅히 패함을 생각할지며, 음婬은 마땅히 소유에 대한 악로惡露를 생각할지니, 스스로의 음婬을 관하는 것과 같이 하여 마땅히 사의 단을 생각할지니라.

해설 나의 몸을 관하여 몸이 깨끗하지 않음을 알기는 쉽지 않다. '내 똥은 구리지 않다.'는 속담처럼 내 것은 모두 좋게 보이고 남의 결점만 보이는 것이 인지상정이다. 그러므로 나를 보기 전에 남을 보는 것으로 미루어 나를 알 수도 있다. 남의 몸을 관하여 그 몸의 부정함을 보고 마음이 그치지 않으면, 다시 나의 몸을 생각하여 나의 몸에서 부정함을 보고, 그 마음을 남에게 돌려 남의 몸도 부정함을 알 수 있다. 어떤 방법을 취하든지 나의 몸이나 남의 몸은 모두 깨끗하지 않다는 부정관不淨觀을 닦아서 마음의 집착을 끊어야 한다.

남의 몸의 부정을 관하는 데에는 순서가 있다. 깨끗하고 좋게 보이는 것들을 통해서 부정하다는 사실을 깨닫는다. 흰 살결, 검은 눈썹, 붉은 입술은 보기 좋고 사랑스럽다. 그러나 이런 것을 보면서 결국은 없어져서 흉하게 변한다고 생각해야 한다. 그렇게 하기 위해서는 죽은 사람의 살, 눈썹, 입술 등을 생각해야 한다고 가르친다. 남의 몸이 모두 이처럼 애착할 바가 못됨을 알면, 마음이 바뀌어 몸을 사랑하지 않게 되어 집착하지 않고 고를 벗어날 수 있다.

몸을 떠나려면 몸을 통해야 하고 마음을 떠나려면 마음을 통해야 한다. 부처님은 이를 방편이라고 했다. 지혜는 좋은 방편이다.

나의 몸이나 남의 몸을 관함에는 밖을 관하는 부분과 안을 관하는 부분이 있다. 탐욕과 음행 등은 밖을 관한다. 이들의 밖에 드러난 모습을 보는 것이다. 질투와 노여움, 어리석음은 안을 관한다.

탐욕은 결국 그로 인해서 몸을 망치게 되니 눈으로 볼 수 있다. 음행도 음행에서 나오는 더러움을 생각하면 그에 대한 애착이 없어지게 된다. 이와 같이 몸으로 짓는 악을 끊고 마음으로 짓는 악을 끊기 위해서 나와 남을 관찰하는 수행을 한다.

나와 남의 몸을 관하여 깨끗하지 않다는 사실을 알면 깨끗하다고 생각했던 전도를 끊게 된다. 그러나 이러한 부정함에 다시 집착하게 되어도 잘못이다. 우리의 몸은 깨끗하지도, 더럽지도 않다. 오히려 정과 부정을 넘어서 있다. 일체가 청정하니 어찌 부정이나 정이 있을 수 있으랴. 지혜의 극치인 반야바라밀다에 있어서는 일체가 청정하다.

불타의 가르침은 모두가 중생의 근기에 맞추어서 고를 없애게 하기 위한 자비심으로 설해졌다. 모든 법문은 선교방편善巧方便이니 지혜와 방편은 둘이 아니다. 그러므로 사의지나 사의단 등은 범부의 번뇌를 끊어주기 위한 방편을 선교하게 설하신 것이다.

5-14. 內觀과 外觀

觀有兩輩. 一者觀外. 二者觀內. 觀身有三十六物. 一切有對皆屬外觀無所有爲道. 是爲內觀也. 觀有三事. 一者觀身四色. 謂

黑青赤白. 二者觀生死. 三者觀九道. 觀白見黑爲不淨. 當前聞 以學. 後得道. 未得道爲聞得別爲證得爲知也. 觀有四. 一者身 觀. 二者意觀. 三者行觀. 四者道觀. 是爲四觀. 譬如人守物盜 來便捨物. 視盜人已得觀. 便捨身觀物也.

관에는 두 가지가 있다. 하나는 밖을 보고, 둘째는 안을 본다. 몸에 36가지가 있음을 관한다. 상대하는 일체의 존재는 모두 외관에 속하고, 무소유는 도가 되어 내관이 된다.

관에는 세 가지가 있다. 하나는 몸의 네 가지 빛을 관하니, 곧 검고 푸르고 붉고 희다. 둘째는 생과 사를 관한다. 셋째는 구도九道를 관한다. 흰 것을 관하면 검은 것을 보아 부정함이 되니, 마땅히 앞서 듣고 배워 뒤에 도를 얻는다. 아직 도를 얻지 못했으면 들어서 다른 것을 얻어 증득하여 알게 된다.

관에는 네 가지가 있다. 하나는 몸을 관하고, 둘째는 마음을 관하고, 셋째는 행을 관하고, 넷째는 도를 관한다. 이것이 네 가지 관이다. 비유하면 사람이 사물을 지키다가 도둑이 오면 물건을 버리듯이 도둑이 이미 관을 얻었음을 보면 곧 몸을 버리고 물건을 보는 것이다.

해설 나의 몸이나 남의 몸의 부정을 관하는 데에는 여러 가지 방법이 있다. 다시 두 가지, 세 가지, 네 가지 방법으로 나누어진다.

두 가지 방법은 안과 밖을 보는 것이다. 밖으로는 몸에 있는 36가지의 소유물, 즉 36의 부정물을 본다. 밖의 12, 안의 12, 기관의 12, 합하여 36이다. 밖에서 보이는 12는 머리털, 몸털, 손톱, 발톱, 이빨, 눈곱, 눈물, 침, 가래, 오줌, 똥, 때, 땀 등이다. 안의 12는 간장, 담, 장,

위, 비장, 신장, 심장, 폐장, 생장生臟, 숙장熟臟, 적담赤痰, 백담白痰 등이라고 한다. 기관의 12는 겉피부, 속피부, 피, 살, 힘줄, 혈맥, 뼈, 골수, 기름덩이, 기름기, 뇌, 막 등이다. 이들 부정물에 대해서는 여러 설이 있으나, 여기에서는 《대명삼장법수大明三藏法數》 권 48에 의거했다. 하여튼 이러한 일체에 대해서는 모두 밖으로 관하고, 밖으로 관할 수 없는 것은 가지고 있는 많은 도, 곧 진리인 법이다. 그러므로 인연의 도리 등이 바로 안으로 보는 것이다. 밖의 사물을 통해서 그 안의 근본도리를 보아야 한다.

또한 관에 있어서 몸을 봄에 첫째로 검고, 푸르고, 붉고, 흰 네 가지 색을 보기도 하고, 둘째로 몸이 생하고 멸하는 모습을 관하기도 하고, 셋째로는 아홉 가지 길을 관한다. 아홉 가지 길은 검고, 푸르고, 붉고, 흰 것을 각각 구별하여 보고(4), 다시 생하고 멸함을 보고(2), 흰 것을 보면 동시에 검은 것을 보아서 부정임을 안다(1). 또한 붉은 것을 보면 동시에 흰 것도 보아 붉은 것이 흰 것으로 바뀜을 안다(1). 앞에서 들어서 배운 것을 다시 확인하여 도를 얻도록 해야 한다(1). 아직 도를 얻지 못했으면 들어서 다른 것을 증득하여 알아야 한다. 이와 같이 어떤 사물의 실상을 올바르게 알려면 나타난 모습을 그대로 보는 동시에 상대되는 다른 것을 같이 관찰하거나, 앞뒤 관계를 살펴서 관하거나 생하고 멸하는 모습을 관해야 한다고 설법하고 있다.

경에서 말한 '아직 도를 얻지 못했으면 들어서 다른 것을 얻어서 증득하여 알게 된다.'는 하나를 들어서 진리로 증득되지 않았을 때에는 들어서 안 것은 올바른 관찰에 의한 것이 아니므로 듣고 다른 방법으로 관하여 증득해야 한다는 뜻이다. 이와 같이 관하는 방법이 올바를 때에는 도를 얻게 된다. 마치 어떤 도둑이 무엇인가를 훔치러 들어왔을 때 그 물건을 빼앗기지 않으려면 버려야 한다는 말과 같다. 집착하면 도둑에게 물건을 빼앗기게 되고 목숨까지도 잃게 된다. 물건을 버리면 소유하고 있지 않으므로 도둑이 사람을 해칠 일도 없고, 물건을 버렸으니 가져갈 수도 없어서 내 몸과 물건을 잘 보존하게 된다.

내가 가지고 있는 것의 부정함을 알았을 때에는 버려야 한다는 의미이다. '버린다'는 집착을 버린다는 의미이다. 집착을 버림으로써 모든 것을 얻게 된다. 도둑이 물건을 훔치러 왔을 때는 주인에게 훔쳐갈 만한 물건이 있다고 생각한다. 그러므로 물건을 버리면 도둑의 생각이 잘못된 것이 된다. 만일 그 도둑이 몸을 해치려고 한다면 몸도 버려야 한다. 몸을 버리면 도둑은 물건을 가지고 갈 것이다. 몸을 버린다는 것은 몸에 대한 집착을 버린다는 뜻이다. 몸을 버려서 몸도 가지고 가라고 한다면 도둑은 물건만 가져갈 것이기 때문이다. 이런 비유를 들어 어떤 것을 지키고자 할 때는 그것을 버려야 한다고 가르치고 있다. 버린다는 것은 마음을 쉬고 그치며 끊는다는 의미이다. 집착하지 않는 것이다. 인간은 어떤 것에 집착함으로써 스스로 노예가 되고 고를 짓는다. 선에서는 방하착放下着이라는 말을 쓴다. 모든 것을 버리라는 뜻이다. 붓다는 이 세상의 모든 것을 포기하셨기 때문에 모든 것을 얻을 수 있었다. 불교의 선에서는 '백척간두百尺竿頭에 진일보進一步하라.'고 했다. 백척간두에서 한 걸음 크게 내딛으면 그 한 걸음 속에 영원과 일체가 있다.

5-15. 觀과 四意止

觀有二事. 一者觀外諸所有色. 二者觀內謂無所有. 觀空已得四禪. 觀空無所有. 有意無意無所有. 是爲空. 亦謂四棄得四禪也. 欲斷世間事當行四意止.

관에는 두 가지가 있다. 하나는 밖으로 여러 가지를 소유한 색을 관하고, 둘째는 안으로 무소유를 관한다. 공을 관하면 이미 사선을 얻은 것이고, 공무소유를 관하면 마음이 있으면서 없는 무소유에 이른다. 이것이 공이다. 또한 곧 네 가지를 버리면 사선을 얻는다. 세간의 일을 끊고자 하면 마땅히 사의지를 행할지니라.

해설 부정함을 관하는 데에는 두 가지 길이 더 있다. 하나는 밖으로 나와 남이 가지고 있는 몸을 관하는 일이요, 둘째는 안으로 무소유, 곧 아무것도 갖지 않은 실체가 없는 마음을 관하는 일이다.

밖의 소유인 색은 인연소생이니 인연에 의해서 생멸하므로 실체가 없으며 사랑할 바가 아님을 알게 된다. 또한 마음도 인연에 의해서 생멸하므로 고도 아니고 낙도 아님을 알면 공을 보게 된다. 공을 보았다면 이미 사선을 얻은 것이다.

사선이란 초선에서는 탐욕을 버리고 모든 악이 없어져서 느끼고 관하는 바에 따라 기쁨을 느끼고, 이선二禪에서는 깨달은 바도 없고 보는 바도 없는 삼매 속에서 기쁨이 있으며, 삼선三禪에서는 마음에 기쁨도 없고 오로지 깨달음으로 인해 즐거움을 느끼며 성현과 더불어 서로 즐길 뿐이며, 사선四禪에서는 고나 낙이 이미 사라지고 근심이 없이 청정하다. 이러한 사선을 얻으면 이미 공무소유를 관한 것이다.

공무소유란 공의 세계에서는 아무것도 가진 것이 없는 상태로 고도 없고 즐거움도 없으니 무소유다. 마음이 있으면서 없으니 공이나 아무것도 없는 허망한 상태는 아니다. 마음이 있으면서도 없고, 무소유 속에 소유하는 것이다. 다시 말하면 인연법 자체가 된다. 인연법은 자성이 없으므로 공이라고 하나 공은 실체적으로 있는 것도 아니고, 없는 것도 아니며 있기도 하고 없기도 하다. 연기緣起 생멸이기 때문이다.

공무소유는 인연의 모습이다. 인연을 보면 인연법을 따른다. 인연법을 따르므로 버리는 행위가 곧 얻음이다. 인연이란 버리면 얻고, 얻으면 버리기 때문이다. 그러므로 그릇된 전도인 상, 낙, 아, 정을 버리면 무상, 고, 무아, 부정을 얻게 된다. 범부가 가지는 상, 낙, 아, 정을 버리고 무상, 고, 무아, 부정을 얻으면, 이것이 사선의 세계로서 범부의 세간적인 중생심이 끊어진 상태다. 세간의 일을 끊고 범부의 전도심을 끊으면 그 자체가 사의지요, 사의지가 이루어지면 사의단四意斷이 따라서 얻어진다. 모두 인연법 그대로 되는 것이다.

5-16. 四意止와 四意斷

欲除四意止當行四意斷. 人墮貪貪故. 行四神足飛. 但有五根無有五力不能制. 但有五力無有五根不生得四神足. 尙轉五力. 能制上次十二品四意斷. 不作現在罪但畢故罪. 是爲四意斷也. 畢故不受新爲四意止. 故畢新止爲四意斷. 故竟新斷爲四神足. 知足不復求守意. 意爲畢. 生爲新老爲故. 死爲身體壞敗爲盡也. 四意斷. 謂常念道. 善念生便惡念斷故. 爲斷息道. 善念止便惡念生故. 爲不斷也. 四意斷者. 意自不欲向惡是爲斷. 亦謂不念罪斷也.

네 가지 마음을 없애고 그침을 바라면 마땅히 사의단을 행할지니라. 사람은 탐욕에 떨어져서 탐내기 때문에 사신족비四神足飛를 행한다. 단지 오근만 있고 오력이 없으면 억제할 수 없다. 단지 오력만 있고 오근이 없으면 사신족을 얻지 못하나, 오히려 오력이 바뀌어서 능히 위를 억제하고 다음에 십이품의 사의단이 있다. 현재의 죄를 짓지 않고 단지 그치기 때문에 죄이니 이것이 사의단이 된다. 끝났기 때문에 새로운 것을 받지 않으니 사의지가 된다. 옛 것을 그치고 새 것을 그치는 일을 사의단이라 한다. 그렇기 때문에 새로운 끊음을 그침이 사신족이 된다. 족함을 알고 다시 수의를 구하지 않으면 마음을 그친 것이고, 생함은 새로움이 되고 쭈그러짐은 옛 것이 된다. 죽음은 몸이 무너졌으니 다한 것이다. 사의단은 곧 항상 도를 생각하여 선한 생각이 생하면 곧 악한 생각을 끊기 때문에 단식도斷息道가 되고, 선한 생각이 그치면 곧 악한 생각이 생하기 때문에 끊지 않음이 된다. 사의단은 마음이 스스로 악으로 나아가려고 바라지 않으니 바로 끊음이 된다. 또한 곧 죄를 생각하지 않는 끊음이다.

해설 네 가지 전도인 상, 낙, 아, 정을 없애고, 우리의 몸은 부정하고, 감수작용은 고이며, 마음은 무상하고, 모든 존재는 실체가 없는 무아임을 알려면 마땅히 사의단을 행하라고 가르치고 있다. 사의단, 곧 이미 일어난 악이나 장차 일어날 악을 없애고, 이미 생긴 선을 더욱 증장시키고, 장차 생길 선을 더욱 생하게 하면 이미 네 가지 그릇된 마음이 그쳤기 때문이다. 무상하기 때문에 악이 사라지고 무아이기 때문에 선이 생긴다. 부정이기 때문에 장차 일어날 악을 일어나지 않게 하고 고이기 때문에 선을 일으키려고 노력한다. 이러한 네 가지 노력을 통해서 사의지가 이루어지고, 사의지가 이루어지면 사의단이 이루어진다. 이와 같이 사의지나 사의단은 서로 떠날 수 없는 관계에 있다.

이뿐만 아니라 사신족을 얻으려면 사의지, 사의단이 얻어져야 한다. 탐욕이 있으면 사신족이 얻어지지 않는다. 그러므로 사신족을 얻으려면 탐욕을 없애야 하고 탐욕이 사라지면 사의단이 된다. 사의단과 사신족은 서로 인연관계에 있으므로 사신족을 행하면 사의단이 얻어지고 사의지가 얻어지기도 한다. 또한 오근五根과 오력五力과의 관계도 이와 같다. 탐욕을 없애려면 오근과 오력이 있어야 한다. 이들 오근은 신족이 얻어져서 신근, 정진근, 의근, 정근, 지혜근이 구족되고, 이들 오근이 구족되면 신력, 정진력, 의력, 정력, 지혜력이 구족된다.

그러나 이와는 반대로 오근과 오력이 구족되지 못하면 사신족도 얻을 수 없고 사의단도 얻지 못하여 탐욕을 억제할 수 없다. 이와 같이 앞의 것과 뒤의 것은 서로 인연관계에 있으므로 이것이 있으면 저것이 있고, 저것이 없으면 이것도 없다.

경에서 말한 '오근이 바뀌어서 능히 위를 억제하고 다음에 십이품의 사의단이 있다.'는 곧 오근이 있으면 바뀌어서 위로 사신족이 있고 아래로 오력과 칠각지의 12가지가 이루어진다는 뜻이다. 오력, 칠각지 등은 모두 탐욕이 억제되어 번뇌가 끊어진 상태이므로 사의단과 다름없다. 그래서 '십이품의 사의단이 있다.'고 했다. 이렇게 볼 때 사의지, 사의단, 사신족, 오근, 오력, 칠각지, 팔정도 등의 37항목을 나누어보면 각각 다르나 사실은 같다. 앞의 것과 뒤의 것은 서로 인연관계에 있고, 뒤의 것과 앞의 것도 인연관계에 있다. 어느 것이 앞이요, 뒤라고 할 수 없다. 오직 이것과 저것은 떠날 수 없는 관계에 있으면서 나누어질 뿐이다. 곧 둘이 아니다. 그래서 공이다. 이 중에서 사의단은 네 가지 노력이니 죄를 짓지 않고 선을 행하는 노력이다. 불도를 닦는 것은 바로 이런 노력이요, 사의단을 위해서 사의지가 선행되고, 사신족, 오근, 오력, 칠각지, 팔정도는 사의지의 결과로 얻어지는 과보요 복덕이다. 그래서 사의단을 수행의 중심으로 삼고 있다.

사의단의 수행에서 현재 일어나고 있는 죄를 끊었다면 사의단을 얻은 것이다. 또한 다시 새로 죄를 짓지 않으니 사의지가 된다. 끊는 것과 그친 것은 이와 같이 구별된다. '끊었다' 함은 현재의 죄를 짓지 않게 된 것이요, '그쳤다' 함은 장차 새로운 것을 받지 않음이라고 했다. 그러나 현재에 끊어져 있는 일은 앞으로도 나타나지 못한다. 현재로부터 미래가 있기 때문이다. 종자가 없는데 어찌 싹이 나올 수 있으랴. 과거와 미래는 현재 속에 존재하기 때문이다. 그러므로 불교에서는 지금, 이 찰나의 마음을 중요시한다.

과거도 없고 미래도 없다. 오직 현재만 있다. 옛 것이 지금에 와서 있고, 새 것이 지금 생하고 있다. 지금 끊었으니 옛 것이 없고 새로 생함도 없다. 사의단은 시간과 공간을 초월해서 현재 속에서 끊어지고 그치며 지금 모든 것이 구족된다.

인연의 도리는 다하면 생하는 법이다. 악이 끊어지면 선이 생하고, 선이 그치면 악이 생한다. 이렇게 되면 끊음이 아니다. 그러므로 우리의 마음이 항상 악으로 나아가지 않고 선으로 나아가는 것이 사의단이다. 사의단에 있어서 죄는 있을 수 없으니 드디어 팔성도八聖道로 나아가게 된다.

5-17. 四神足의 세계

四神足. 一者身神足. 二者口神足. 三者意神足. 四者道神足. 念飛念不欲滅不隨道也. 四伊提鉢. 四爲數伊提爲止鉢爲神足. 欲飛便飛. 有時精進坐七日便得. 或七月或七歲也.

사신족은 첫째 신신족身神足이요, 둘째는 구신족口神足이요, 셋째는 의신족意神足이요, 넷째는 도신족道神足이다. 생각이 날아가서 생각이 멸을 바라지 않으면 도에 따르지 않는다. 사이제발四伊提鉢

의 넷은 수, 이제伊提는 그침이요, 발鉢은 신족이다. 날으려 하면 곧 난다. 어느 때는 정진하여 앉아서 7일이면 곧 얻고, 혹은 7개월 혹은 7년이다.

해설 사신족, 곧 악이 끊어지고 선이 전일하게 행해지는 것이 신족이다. 법대로 이루어지는 세계이다. 그래서 사신족을 사여시족四如是足이라고도 한다. 이에는 네 가지가 있다. 몸이 법대로 움직여지는 신신족, 말이 법대로 행해지는 구신족, 마음이 법대로 움직여지는 의신족, 도가 법대로 전일하게 행해지는 도신족이다. 이들 네 가지는 마음이 한결같이 법을 떠나지 않고 전일하게 유지되었을 때 나타난다. 만일 마음이 한결같이 법대로 움직이지 않고 비약하여 악이 멸해지지 않는다면 네 가지 신족도 나타나지 않아서 도에 따르지 않는다. 도에 따르지 않으면 죄에 떨어진다.

그래서 사신족은 사의단으로부터 있고, 오근과 오력으로부터 있다고 했다. 사신족을 사여시족이라고도 하는 이유가 여기에 있다. 사여시족은 네 가지 여시족이다. 여시족은 본래 이제발伊提鉢 $iddhi$-$pāda$이라고 하는데, $iddhi$는 여시如是, $pāda$는 족足이니 지위의 뜻이다. 그런데 경에서는 '이제伊提 $iddhi$는 지止가 되고 발鉢 $pāda$은 신족이다.'고 했다. 그렇다면 사지신족四止神足이 된다. '정정과 지止로 얻어지는 네 가지 신족'이라는 뜻이다. 그래서 사신족을 사정의四定意, 곧 자재정의自在定意(마음의 전일함), 정진정의精進定意(몸, 말, 마음이 굳게 전일함), 의정意定(뜻, 심식의 전일함), 찰계정의察誡定意(도에 전일하게 들어감)라고도 한다.

'날으려 하면 곧 난다.'는 마음이 전일하여 걸림이 없는 삼매의 세계를 말한다. 그리하여 이러한 사신족에 이르려면 정진력이 얻어져 7일이면 이를 수 있으나, 혹은 7개월이나 7년이면 구족된다고 설한다.

《대지도론》에서 '사정근四正勤을 행할 때는 마음이 좀 산란하여 정定으로써 마음을 걷어내기 때문에 여의족이라고 한다. 가령 좋은 음식이라도 양념이 들어가지 않으면 맛이 없고, 들어가 맛이 나면 뜻대로 된 것과 같다. 또한 사람이 다리가 둘이 있고, 다시 좋은 말이나 수레를 얻으면 뜻대로 목적지에 도달할 수 있다. 수행자도 이처럼 사념처四念處의 진실한 지혜와 사정근四正勤의 올바른 정진을 얻으면 지혜가 더욱 증진하나 전일한 정력定力이 약하다. 그러나 네 가지 정을 얻어서 마음을 섭심하면 지혜와 정력이 같이 하여 바라는 바를 모두 얻기 때문에 여의족이라고 한다.'고 했다.

이에 의하면 사여의족은 올바르게 정진하는 힘으로 얻어지는 정력에 의해서 구족된다는 사실을 알 수 있다. 그래서 《대지도론》은 다시 '사종의 정定은 욕망이 주가 되어 정을 얻고, 정진이 주가 되어 정을 얻으며, 정의 인연이 도를 생하게 한다. 유루有漏, 혹은 무루無漏의 마음이 주가 되어 정을 얻고, 사유를 주로 하여 정을 얻으며, 정의 인연은 도를 생하게 한다. 유루, 혹은 무루의 선善과 같이 함을 공여의共如意라 하고, 욕망이 생하는 네 가지 정을 성여의性如意라 한다.'고 했다. 그러므로 사신족은 마음이 전일하여 적정 그대로 선행善行에 정진하는 데에서 나타나는 뛰어난 능력이다. 초능력 같은 특수한 능력이 아니라 누구에게나 갖추어져 있는 근본능력이다.

또한 《아비달마순정리론阿毘達磨順正理論》 제71권 제3절 〈삼십칠보리분법三十七菩提分法〉은 '정定에 있어 신족의 이름을 세우는 이유는 여러 가지 영묘한 덕이 의지하는 곳이기 때문이다.'고 설한다. 《구사론》은 이 중에서 다음과 같이 설하고 있다. '신神은 곧 정定이다. 이는 곧 욕欲 등이다.' 여기에서 '여러 가지 영묘한 덕이 의지하는 곳'은 정이 능히 변화심을 일으켜서 구족하는 신변불가사의한 묘용이 곧 신神이요, 변화하는 작용이 의지하는 원인이 되는 욕欲, 근근勤, 심心, 사유思惟 등이다.

5-18. 신통력을 오래 지니는 법

得神足可久在世間. 不死有藥. 一者意不轉. 二者信. 三者念. 四者有諦. 五者有黠. 是爲神足藥也. 得四神足不久在世間有三因緣. 一者自厭其身臭惡故去. 二者無有人能從受經道故去. 三者恐怨惡人誹謗得罪故去也.

신족을 얻으면 오래 세간에 있어야 하는데 죽지 않는 약이 있다. 첫째는 마음을 바꾸지 않고, 둘째는 믿으며, 셋째는 생각, 넷째는 진리가 있고, 다섯째는 지혜가 있다. 이것이 신족의 약이다. 사신족을 얻었어도 오래 세간에 있지 않는 데에는 세 가지 인연이 있다. 하나는 스스로 자기 몸의 나쁜 냄새를 싫어하기 때문에 떠나며, 둘째는 사람이 능히 따라서 경도經道를 받음이 없기 때문에 떠나고, 셋째는 악인의 비방으로 죄를 얻음을 두려워하기 때문에 떠난다.

해설 사신족을 얻으면 오래 세간에 머물러서 선근을 원만하게 구족하여 사신족의 영묘한 기능을 발휘하여 중생을 제도해야 한다.

신통력을 얻고도 세간에 오래 머물지 못하고 죽거나 세간을 떠나면 신족의 묘용이 헛되게 된다. 이 세상에 오래 살아서 죽지 않고 신족을 유지하려면 다섯 가지가 구족되어야 한다. 첫째는 정정의 마음이 바뀌지 않아야 한다. 둘째는 믿음으로 진리에 순응하는 마음이다. 셋째는 생각이 올바라야 한다. 넷째는 진리, 즉 사성제四聖諦를 아는 것이다. 고와 고의 원인과 고를 극복하는 방법과 고가 없어진 세계를 아는 것이다. 다섯째는 지혜다. 깨달음의 지혜이니 인연에 따라서 응변한다. 이들 다섯 가지가 갖추어지면 영구히 신족을 구족해서 가질 수 있다. 그러나 신족을 갖추었더라도 몸을 싫어하거나 경에서 설하는 올바른 길을 따르지 않거나 남의 비방을 두려워하면 세간에 오래 머물 수 없다. 선을 행하면 악인이 비방하기 때문이다. 세간에는 악인이 많기 때문에 남을 비방하는 사람도 많다. 정에 들어서 행하는 행동만이 선이다. 그러므로 세간에서 신족이 오래 살아 있으려면 정의 세계와 정의 힘을 믿고, 악을 물리치고 선을 위해서 노력해야 한다. 이렇게 하면 신족인 정의 힘이 언제까지나 유지될 수 있다.

신족이 오래 유지되는 조건을 갖추고 신족이 사라지는 원인을 없애라고 했다. 있어야 할 것은 있어야 할 원인과 조건이 있다. 또한 있다가 없어지는 것도 이와 같다. 없어질 원인을 제거하면 없어지지 않는다. 우리의 건강이나 목숨도 이와 같다.

5-19. 四神足의 여러 가지 능력들

神足九輩. 謂乘車馬步疾走亦爲神足. 外戒堅亦爲神足. 至誠亦爲神足. 忍辱亦爲神足也. 行神足當飛意. 問何爲飛意. 報有四因緣. 一者信. 二者精進. 三者定. 四者不轉意. 何等爲信. 信飛行. 何等爲精進. 飛行. 何等定. 飛行. 何等爲不轉意. 謂著飛行不轉意也. 身不欲行道. 意欲行便行. 神足如是意欲飛卽能飛也.

신족에는 아홉 가지 종류가 있다. (배를) 타는 것, 수레를 타는 것, 말을 타는 것, (느리게) 걷는 것, 속히 걷는 것, 달리는 것 등이 신족이다. 밖으로 계가 굳은 것 또한 신족이고, 지성 또한 신족이 되며, 인욕도 신족이 된다. 신족을 행함에는 마땅히 마음이 날아야 한다. 묻되, 마음이 난다 함은 어떤 것입니까. 답하되, 네 가지 인연이 있다. 하나는 믿음이요, 둘째는 정진이요, 셋째는 정이요, 넷째는 마음을 바꾸지 않음이다. 어떤 것이 믿음인가. 날아간다는 사실을 믿는 것이요. 어떤 것이 정진인가. 날아가는 것이다. 어떤 것이 정인가. 날아가고 있는 것이다. 어떤 것이 마음을 바꾸지 않는 것인가. 곧 비행에 머물러서 마음을 바꾸지 않는 것이다.

몸은 도를 행하기를 바라지 않으나 마음이 바라면 곧 간다. 신족은 이와 같이 마음이 날으려 하면 곧 능히 나는 능력이다.

해설 신족이 어떤 목적지에 도달하느냐에 대한 분류는 이미 앞에서 말했듯이 네 가지가 있다. 목표에 도달하는 과정에서 행해지는 속도와 마음가짐으로 다시 분류할 수 있으므로, 여기에서는 아홉 가지가 있다고 했다. 배를 타고 가는 속도, 수레를 타고 가는 속도, 말을 타고 가는 속도, 또는 걷거나 빨리 걷거나 뛰는 정도의 속도도 있을 것이다.

신족이란 마음이 전일한 정의 상태에서 신속하게 움직이고 느리게도 움직이면서 마음먹은 일을 해내는 것이다. 그러므로 마음이 빨리 움직이면서 한결같은 정진도 있고, 천천히 움직이면서 목적을 달성할 수도 있다. 그런데 마음이 정에 있으면 걸림이 없이 전일한 움직임을 가지기 때문에 난다고 한다. 하늘을 나는 새처럼 우리의 마음도 정에 있으면 걸림 없이 달려간다. 그래서 경에서는 비행飛行이라고 했다. 몸이 하늘을 나는 것이 아니라 마음이 난다.

경에서는 '계가 굳은 것'을 신족이라고 했다. 정에 들어 있는 마음이 아니면 계를 굳게 지킬 수 없다. 마음이 흔들리면 계를 지킬 수 없기 때문이다. 또한 경에서는 지성이나 인욕도 신족이라고 했다. 지극한 마음은 한결같이 선한 마음으로 하는 정진이다. 지극히 정성스러우면 하늘도 안다고 했으니, 이러한 지성은 우리의 마음이 적정에 들었을 때 뛰어난 작용을 한다. 인욕도 이와 같다. '신족을 행함에는 마땅히 마음이 날아야 한다.'고 했다. 걸림 없이 하늘을 나는 새와 같이 목표를 향해서 움직여야 한다. 이렇게 되면 남다른 뛰어난 속도도 이루고 그 효과도 수승하게 된다. 신족이 구족한 것이다. 몸의 움직임이 걸림이 없어서 수승한 일을 하면 신신족身神足이요, 말에 걸림이 없이 진리를 설하면 구신족口神足이요, 마음이 그와 같으면 의신족意神足이요, 도를 행함이 이와 같으면 도신족道神足이다.

어떻게 하면 이처럼 마음이 날 수 있는가. 네 가지 인연이 있다고 했는데, 믿음, 정진, 정, 부전의不轉意이다. 이들 네 가지는 마음에 불가사의한 전변이 있게 함으로써 마음이 바뀌지 않게 한다. 믿음은 힘이 있고, 정진도 힘이 있고, 정이나 마음의 부동도 힘이 있다. 그 힘이 신족을 이룬다. 신족은 마음이 나는 것이다. 마음을 날게 하려면 정을 얻어야 한다. 정은 신변난사의 묘용妙用을 나타내기 때문이다. 이것이 바로 신神이다. 이러한 신은 믿음, 정진, 정, 부전의가 있게 했다. 그러나 이에 대해서는 여러 설이 있다. 욕慾, 근勤, 심心, 사유思惟를 들기도 한다.

5-20. 五根과 五陰

五根譬如種物堅乃生根不堅無有根. 信爲水雨. 不轉意爲力.

所見萬物爲根. 制意爲力也. 信根中有三陰. 一爲痛痒. 二爲思
想. 三爲識陰. 定根中有一陰. 謂識陰也.

비유하면 오근은 종자와 같으니 굳으면 뿌리가 생하고 굳지 않으면 뿌리가 없다. 믿음은 물과 비가 되고 마음을 바꾸지 않음은 힘이 된다. 보이는 만물이 뿌리가 되고 뜻을 억제하면 힘이 된다. 신근에는 세 가지 요소가 있다. 하나는 아픔이나 가려움(감수작용)이요, 둘째는 사상이요, 셋째는 인식의 요소다. 정근定根에는 하나의 요소가 있으니 곧 인식이다.

해설 앞에서도 본 바와 같이 오근은 눈, 귀, 코, 혀, 몸에 있는 감각기능이다. 오근은 외계의 대상을 취하고, 안으로 다섯 가지 인식작용을 일으키는 뛰어난 힘을 가지고 있기 때문에 뿌리라고 한다. 《삼십칠도품경》에서는 우리의 번뇌를 없애고 깨달음의 길로 나가게 하는 다섯 가지 무루근無漏根(불변하는 근본)이 있다고 하여 믿음, 정진, 생각, 정, 지혜의 뿌리라고 한다. 사신족을 얻음에 믿음과 정진과 정과 부전의의 넷이 뿌리가 된다고 했는데, 이들 중에서 견실한 믿음, 정진, 정, 부전의는 굳은 뿌리와 같아서 사신족을 생한다고 했다. 그러면 어찌하여 그 뿌리가 싹을 낼 수 있는가. 여기에도 인연이 필요하다. 아무리 뿌리가 견실해도 인연이 없으면 싹이 나오지 못한다. 뿌리인 오근은 만물을 대하여 인연으로 움직인다. 이때 마음이 바뀌지 않고 한결같은 정이 힘이 되어 인연의 열매를 맺게 된다.

오근에는 무엇이 있기에 그런 힘이 있는가. 신근에는 세 가지 요소가 있고, 정근에는 한 가지 요소가 있다고 했다. 세 가지 요소란 감수작용, 사상, 인식 등이다. 곧 수受, 상想, 식識이다. 색, 수, 상, 행, 식 등 오온 중에서 이 셋이 신근에 있다고 했다. 색온이나 행온은 서로 다른 요소들이기 때문이다. 또한 정근에는 식온識蘊이 들어있다고 했다. 색, 수, 상, 행 등 네 가지 온은 정에 속하지 않기 때문이다. 정은 진리를 올바르게 인식하는 데에 있고, 정에 의해서 진리의 인식이 있다.

정진근이나 염근念根, 지혜근에는 어떤 요소가 있는가. 정진근에는 행온行蘊이 있고, 염근에는 상온想蘊이 있으며, 지혜근에는 다섯 가지 온이 모두 있다. 지혜의 뿌리 속에는 대상을 파악하는 힘이 있으며 대상인 색온도 가지고 있기 때문이다. 감수작용이나 사상이나 행이나 인식작용은 모두 그것을 가지고 있기 때문에 이루어진다.

수온이 있기 때문에 감수능력이 있다. 수온이 대상을 감수하고 받아들여 아프고 가려움을 안다. 이처럼 사상도 생각하는 요소인 상온이 있어서 생각하게 된다. 행위도 행온이 있어서 움직임을 나타낸다. 인식도 식온이 있어서 인식한다. 지혜란 능히 법을 분별하여 갈 바를 아는 것이므로 이들 오온의 요소를 모두 갖추고 있다고 할 수 있다.

모든 것은 이것과 저것의 인연으로 존재한다. 내 안에 있는 이것과 밖에 있는 저것이 만나서 모든 것이 있게 되니, 이것이 바로 법이다. 그러므로 오근에는 각각 오온이 있고, 오온이 안에 있어서 대상을 보고 받아들이고 생각하고 인식한다.

5-21. 열반과 五陰

五根五力七覺意. 中有一陰者. 中有二陰者. 中有三陰者. 有四陰者. 皆有陰. 問是道行何緣有陰. 報以泥洹無陰. 餘皆有陰也.

오근, 오력, 칠각의 중에 한 가지 음이 있는 것, 두 가지 음이 있는 것, 세 가지 음이 있는 것, 네 가지 음이 있는 것이 있어 모두 음이 있다.

묻되, 이 도의 행은 어찌하여 음이 있습니까? 답하되, 니원(열반)은 음이 없기 때문에 나머지에는 모두 음이 있다.

해설 오근이나 오력은 같다. 오근 속에 있는 힘이 오력이다. 오력은 오근에서 나타난다. 그러므로 오근에 있는 요소들이 오력에도 있다. 그러므로 이들 오력, 오근은 하나의 음, 둘의 음, 셋의 음, 넷의 음을 가졌다고 할 수 있다.

오온은 고의 원인이 되며 실체로 존재함으로써 고가 생긴다. 인연법을 모르기 때문에 오온이 실체적으로 있다고 그릇되게 집착하는 것이다. 이러한 것이 오력이나 오근에도 작용하고 있다. 오근이나 오력은 깨달음의 세계로 가는 과정에서 나타나는 힘이요 뿌리다. 뿌리가 뿌리로서 있는 한, 그 속에 있는 욕망 등이 작용하여 싹이 나오게 하나, 깨달음에 이르면 목적이 달성되었기 때문에 이미 오온은 없어진다.

오온은 욕망의 씨앗이기 때문이다. 이미 꽃이 피고 열매를 맺었으면 다시 무슨 욕망이 있겠는가. 이와 같이 불도수행은 열반으로 가는 수행이다. 열반은 꽃이나 열매와 같다. 여기에는 색, 수, 상, 행, 식의 오온이 없다. 공 그대로의 상태이다. 오온이 있으면서 오온이 아닌 공이다. 오온개공五蘊皆空이니 열반이다. 전기가 '번쩍' 하고 일어났다고 하자. 전류가 일어난 후엔 이미 플러스나 마이너스라는 요소가 남아 있지 않다. 플러스와 마이너스가 만나서 전기가 생기지만, 생긴 후엔 이미 없어진다. 이와 같이 열반에도 음이 없다. 열반으로 가기 전의 과정에서는 음이 있다. 그러므로 오근, 오력에는 있으나 칠각지의 열반에는 음이 있을 수 없다. 음은 오로지 열반 이전에만 존재한다.

 칠각의는 칠각지七覺支라고도 한다. 칠각의는 오근, 오력이 성취되어 능히 깨달음을 얻은 경계이다. 깨달음의 세계를 일곱 가지로 분류했다. 법은 하나이면서도 여러 가지로 분류될 수 있다. 일즉다一卽多요, 다즉일多卽一이다. 깨달음의 뛰어난 모습을 나누었을 뿐이다.

5-22. 안의 七覺意와 밖의 七覺意

七覺意上三覺屬口. 中三覺屬身. 下一覺屬意. 何等爲覺. 念念爲覺. 念念爲得. 覺得是意便隨道也. 外七覺意爲墮生死. 內七覺意爲隨道. 內七覺意者. 謂三十七品經. 外七覺意者. 謂萬物也. 覺者爲識事. 便隨覺意也. 有覺意便隨道. 覺有覺意墮罪覺. 三十七品經便正意是爲隨道. 覺善惡是爲墮罪也.

칠각의에서 위의 세 깨달음은 입에 속하고, 가운데의 세 깨달음은 몸에 속하고, 아래의 하나의 깨달음은 마음에 속한다. 어떤 것이 깨달음인가. 염념이 깨달음이고, 얻음이다. 깨달음을 얻은 마음은 곧 도에 따른다. 밖의 칠각의는 생사에 떨어지고, 안의 칠각의는 도에 따른다. 안의 칠각의는 《삼십칠품경》이요, 밖의 칠각의는 곧 만물이다. 깨달음은 사물을 인식하는 것이니, 곧 각의에 따른다. 각의가 있으면 곧 도에 따른다. 깨달음에 각의가 있으면 그릇된 깨달음에 떨어진다. 《삼십칠품경》은 올바른 마음이 도에 따르는 것이라고 한다. 선과 악을 깨달으면 죄에 떨어진다.

 해설 깨달음의 지혜를 도와주는 일곱 가지가 칠각의다. 오근五根과 오력五力이 성취되어 그로부터 칠각의가 이루어진다. 그래서 마치 나무의 가지와 같기 때문에 칠각지七覺支라고도 한다. 이 가지로부터 꽃이 피고 열매가 맺는다. 열매나 꽃이 팔정도이니 곧 열반이다.

칠각의는 택법각의擇法覺意(정구제법각의精求諸法覺意), 정진각의精進覺意, 희각의喜覺意(흔열각의忻悅覺意), 신각의信覺意(제각의除覺意), 정각의定覺意, 호각의護覺意(사각의捨覺意), 염각의念覺意(심각의心覺意) 등이다.

이들 중에서 앞에서 든 택법각의와 정진각의와 희각의의 셋은 입에 속한다고 했다. 신身, 구口, 의意 삼업이 깨달음에 이르게 되는 과정에서 이들 셋이 구업을 청정하게 한다는 뜻이다. 오력을 얻어서 열반의 길로 들어가는 선각의 법을 분별하여 선법을 택하고, 심신이 견고해져 정진하게 된다. 이때 마음에 기쁨이 솟아서 바라는 바를 얻게 되면 먼저 입으로 선법의 진리를 말하고, 그 진리에 따라 정진하고, 이에 의해서 기쁨이 생하기 때문이다. 법을 올바르게 보면 그것이 말에서 나타난다.

그리고 말에 따라서 몸이 움직이므로 다음의 각의가 있게 된다고 했다. 신각의, 정각의, 호각의의 셋은 몸에 속한다고 했다. 법을 떠나지 않고 모든 행동이 유화하니 신각의다. 마음이 고요하면 몸의 움직임도 전일하여 바르게 행해지니 정각의다. 이미 탐진치가 없어졌으니 열반을 얻어서 머문다. 그러므로 이들 세 각의는 몸에 속한다. 또한 끝으로 염각의는 마음이 법을 생각하여 떠나지 않으므로 심각지라고도 하니 마음에 속한다고 했다.

그러나 말과 몸과 마음으로 엄격히 나누어지지는 않는다. 몸이나 말이 마음을 떠나서 있을 수 없고, 마음이 말이나 몸을 떠나서 있을 수도 없다. 그러므로 칠각지는 신, 구, 의 삼업이 원융한 청정으로 들어가는 깨달음이다. 칠각지는 바로 팔정도로 이어진다.

그러면 깨달음이란 무엇인가. 경에서는 '염념이 깨달음이요 얻음이다.'고 했다. 염념念念은 올바른 생각이 이어짐이다. 깨어있는 마음은 올바른 생각이 흩어지지 않고 끊어지지도 않으며 법을 보고 따르는 마음이다. 그래서 '염념을 얻는다.'고 했다. 마음이 법을 얻어서 안온한 열반의 성으로 들어가게 된다. 이것이 곧 깨달음의 얻음이다. 깨달음의 성으로 들어가기 위해서 올바른 법을 행하면 도가 된다. 도는 열반으로 들어가는 행법의 길이다. 깨달음을 얻으면 마음을 얻은 것이요, 도에 들어가게 되므로 도를 따른다고 했다. 열반적정의 성문으로 들어가는 길을 따라서 가면 그곳에 열반의 감로가 있다.

칠각의에는 안과 밖의 두 가지가 있다. 마음속에서 칠각의가 얻어지면 37품경의 세계가 모두 얻어진다. 이때는 만물이 모두 나와 떠나지 않는다. 법이 나를 따르고 내가 법을 따르면 나와 만물이 하나가 된다. 이때는 또한 안과 밖이 없으니 만물이 밖에서 나의 마음에 응하고, 안의 깨달음이 밖의 만물을 섭수하니 안과 밖이 대립하지 않고 오직 정법만이 있다. 이때는 깨달음이라는 특별한 마음도 없다. 깨달음이 있으면 그 관념이 장애가 되어 도를 행하지 못한다. 번뇌와 깨달음이 서로 떠나지 않아야 한다. 번뇌 즉 보리〔煩惱卽菩提〕의 경지가 참된 깨달음이다. 깨달았다는 고정관념이 있는 한 깨달음이 아니다. 그러므로 올바른 깨달음을 얻었다면 올바른 마음을 얻음이요, 올바른 마음은 선과 악이 없는 마음이다. 선과 악의 대립이 있고 선에 집착하는 마음으로는 올바르게 선을 행하지 못한다. 그러므로 깨달음은 올바른 마음이 한결같이 이어지고, 열반으로 가는 길에 따르며, 사물을 올바르게 아는 것, 곧 법을 보고 법에 따르고, 선과 악을 떠나서 선법에 따른다고 말해지고 있다.

깨달음을 얻었다는 것은, 첫째는 한결같은 마음, 둘째는 열반에의 길, 셋째는 사물을 올바르게 보고 따르는 것, 넷째로는 선과 악에 집착하지 않는 것 등이다. 다시 말하면 열반이라는 목표가 있고 마음가짐이 올바른 법을 얻어서 도를 행한다.

경에서 '밖의 칠각의는 생사에 떨어지고 안의 칠각의는 도를 따른다.'라고 했다. 안으로 칠각의가 얻어져서 도를 따라 행하면 밖으로 생과 사가 있는 만물이 생과 사가 없는 법 속으로 섭수된다. 밖으로 만물을 아는 것만으로는 도가 행해지지 않는다. 안으로 칠각의를 얻음으로써 비로소 안과 밖이 만나 도가 이루어진다. 인연의 법은 안과 밖, 나와 너, 오는 것과 가는 것……, 이것이 있어서 저것이 있고, 저것이 있어서 이것이 있는 법이기 때문이다. 깨달음도 안과 밖이 만나야 한다. 생사가 있는 사물을 보아 무상함을 깨닫고, 무상함 속에 영원한 법이 있음을 깨닫게 된다.

5-23. 진리에 따르는 몸과 마음의 자세

問何等爲從諦身意持. 報謂身持七戒意持三戒. 是爲身意持也. 從諦意得休息. 從四諦意因緣休. 休者爲止息爲思. 得道爲受恩也. 貪樂道法當行道爲愛覺意. 持道不失爲力覺意. 已得十息身安隱爲息覺意. 自知已安爲定覺意. 身意持意不走爲持.

문되, 어떤 것이 진리에 따라서 몸과 마음을 가지는 것입니까. 답하되, 곧 몸은 일곱 가지 계를 가지고 마음은 세 가지 계를 가진다. 이것이 몸과 마음을 가지는 것이다. 진리에 따라서 마음이 휴식을 얻고 사제에 따라서 마음의 인연이 쉰다. 휴식은 지식止息이 되고 생각이 된다. 도를 얻으면 은혜를 받게 된다. 도법을 탐락하면 마땅히 도를 행하여 애각의가 된다. 도를 가지고 잃지 않으면 역각의가 되고, 이미 십식을 얻으면 몸은 안온하여 식각의가 된다. 스스로 알아서 이미 안온함을 정각의라고 하고, 몸과 마음을 가진 마음이 달리지 않음이 가지는 것이다.

해설 수행이란 진리에 따라서 몸과 마음을 올바르게 잘 가지는 것이다. 그러면 어떻게 해야 몸과 마음을 진리 그대로 가질 수 있는가. 몸을 올바르게 가지려면 일곱 가지 계를 수지해야 하고, 마음을 바르게 가지려면 세 가지 계를 가져야 한다.

몸과 마음이 진리에 따라서 올바르게 되면 쉬게 된다. 쉰다는 말은 인연을 끊음을 의미한다. 인연을 끊으면 몸과 마음이 쉰다. 몸이 쉬는 것은 지식이요, 마음이 쉬는 것은 생각이 진리에 머무는 것이다. 그러므로 몸과 마음이 쉬면 곧 도에 머물게 된다. 도를 얻어서 열반으로 가면 지극히 고요한 즐거움에 머물게 되니, 드디어 부처의 세계에 도달한 것이요, 부처님의 은혜를 입은 것이다. 이와 같이 도인이 도를 행하여 즐거움에 들어가면 애각의愛覺意라고 한다. 또한 도를 얻어서 행하면 도력을 잃지 않게 되니 역각의다. 애각의와 역각의가 얻어진 사람은 마음과 몸이 안온하고 유연한 믿음이 항상 같이하니 식각의息覺意다. 그래서 '몸과 마음이 십식+息을 얻었다.'고 했다. 그러므로 계는 쉬는 것이기도 하다. 열반으로 가는 길에서 안온하게 쉰다. 이런 안온함을 스스로 알고 한결같이 전일함을 가지면 정각의라고 한다. 몸과 마음이 계를 가지고 진리 속에서 쉬면 몸과 마음이 바르게 된다. 계는 우리의 마음이나 몸을 구속하는 것이 아니라 안온하고 즐거운 세계로 인도하는 도법이다. 또한 계는 자유에의 길이다. 열반의 세계는 절대

자유이기 때문이다. 생과 사를 떠난 영원과 나와 너를 떠난 무한이기 때문이다.

경에서 말한 '진리에 따라서 몸과 마음을 가진다.'는 진리, 곧 사성제四聖諦의 가르침에 따라 계를 가지면 고를 멸할 수 있고 그로써 팔정도를 실천한다는 의미이다.

5-24. 四聖諦와 삼십칠도행

從諦自在意在所行. 謂得四諦. 亦可念四意止. 亦可四意斷. 亦可四神足. 亦可五根五力七覺意八行. 是爲自在意. 在所行從諦觀者. 爲三十七品經要. 是爲守意覺者. 謂諦不復受罪也.

진리에 따라서 마음이 자재롭게 행하면 곧 사제를 얻었음이다. 또한 가히 사의지를 생각하고, 가히 사의단을 (이루고), 가히 사신족을 (이루며), 또한 가히 오근, 오력, 칠각의, 팔행이 되면 마음의 자재가 이루어진 것이다. 행함에 있어서 진리에 따라서 관하면 《삼십칠품경》의 요체가 된다. 이를 수의각이라고 하니, 곧 진리를 (깨달아서) 다시 죄를 받지 않게 된다.

해설 마음이 자재하다는 것은 마음이 멋대로 움직이는 것이 아니라 진리를 따라서 진리 그대로 움직인다는 의미이다. 마음이 이와 같이 자재하게 움직인다면 고집멸도의 네 가지 진리를 얻은 것이다. 마음의 갈등을 고라고 하는데, 고가 있으면 곧 그 원인을 없앨 수 있고, 원인을 없애면 바로 올바른 방향으로 움직이게 된다. 곧 진리에 따르게 된다. 진리에 따르려면 사물을 있는 그대로 관하는 것에서부터 시작해야 한다. 마음의 갈등인 고를 낙으로 보면 있는 그대로 본 것이 아니다. 있는 그대로 보지 못하면 원인도 알 수 없다. 갈등의 원인을 알지 못해 갈등을 없애지 못하면 진리에 따를 수 없다.

진리는 갈등과 고가 없는 세계이며 그릇됨이 없는 올바른 세계이다. 그러므로 팔정도는 갈등이 없고 그릇됨이 없는 진리의 행行이다. 사제의 진리를 알고 마음의 자재를 얻으면 사의지, 사의단, 사신족, 오근, 오력, 칠각의, 팔정도(팔행)가 얻어진다. 이렇게 되었을 때 마음의 자재함을 얻는다. 사의지四意止는 신身, 수受, 심心, 법法의 네 가지에 마음이 머물러서 몸은 부정하고, 수는 고이며, 마음은 무상하고, 법은 무아임을 알면 생사의 고를 살펴서 알게 된다. 이렇게 하여 악을 끊고 선으로 나가니 이것이 사의단이다.

이미 설명했듯이 사의단이 성취되면 사신족이 얻어지고 오근과 오력이 구족하고, 다시 칠각지가 얻어지고 팔정도가 행해진다.

이상 37종의 성취는《삼십칠품경》의 내용이며 요체이다. 깨달음을 얻어 지키면 죄를 짓지 않고 선을 행하게 된다. 위에서 설한 37종의 수행은 고집멸도 사제의 수행에 지나지 않는다. 그러므로 사성제를 알아서 이에 따르면 37품경의 가르침을 따르게 된다. 이는 깨달음을 간직하여 올바른 행위를 하기 위한 것이다. 우리의 수행은 죄를 짓지 않고 선을 행하는 사람이 되는 데에 그 목적이 있으므로 아는 것에 그치지 않고 실천하는 사람이 되어야 한다. 그래서 칠각의 다음에 팔정도가 있다. 깨달음에는 실천이 따른다. 그러므로 불타의 가르침이 37품경의 내용이 된다.

흔히 불교는 중도中道를 설한다고 한다. 불타가 최초로 설하셨다는《초전법륜경初轉法輪經》에서는 팔정도로서 설하셨고, 입멸하시기 직전에는 삼십칠도품으로서 설하셨다. "비구들이여, 지금까지 설한 나의 증득한 법을 너희들은 모두 잘 가지고 실행하여 묵묵히 널리 펼지니, 이 법이 '삼십칠도품'이니라." 하셨다. 그러므로 불타의 교설은 팔정도로 그친다고 할 수 있다. 그러나 이를 37종의 수행으로 펼칠 수 있고, 이들 37도품은 다시 戒戒, 定定, 慧慧 속에 포함된다. 정리하면 227페이지의 표와 같다.

5-25. 八正道의 안과 밖

八行有內外. 身爲殺盜婬. 聲爲兩舌惡口妄言綺語. 意爲嫉妬癡. 是上頭三法. 爲十事在外五道在內也. 從諦守諦從爲神守. 爲護謂法不犯罪.

여덟 가지 행에는 안과 밖이 있다. 몸이 살인과 도둑질과 음행이 되고, 말소리가 양설과 악구와 망언과 기어가 되고, 마음이 질투와 어리석음이 된다. 이의 주축은 세 가지 법이고, 열 가지 일은 밖에 있으며, 다섯 가지 길은 안에 있다. 진리에 따라서 진리를 지키면 신족을 지키게 됨을 따른다. 곧 법이 죄를 범하지 않는다.

해설 팔정도의 여덟 가지 올바른 행을 살펴볼진대, 이는 안과 밖으로 나누어 볼 수 있다. 몸이나 말로 행하면 밖이고 마음으로 행하면 안이다. 신, 구, 의 삼업으로 행하면 팔정도인데, 몸으로 행하는 것으로는 살생이나 도둑질, 음행 같은 일을 저지르지 않게 되고, 말로써 행하면 고자질이나 욕, 망령된 거짓이나 꾸민 말 등을 하지 않게 된다. 마음으로 행하는 것에는 탐진치가 대표적이다. 탐진치를 떠나야 마음으로 행하는 올바른 행이 된다.

	信	行			
	信	定		慧	戒
	信	勤	定		
四念處 (四念住) (四意止)		身念住 受念住 心念住 法念住			
四意斷 (四正根)		律儀斷 斷斷 隨護斷 修斷			
四神足			慾神足 精進神足 思惟神足 心神足		
五根	信根	勤根	念根 定根	慧根	
五力	信力	勤力	念力 定力	慧力	
七覺支 (七覺意)		精進覺支	念覺支 喜覺支 輕安覺支 定覺支 捨覺支	擇法覺支	
八正道		正精進	正念 正定	正見	正思惟 正語 正業 正命

이들은 교법과 행법과 증법證法의 세 가지 법을 보인다. 부처님의 모든 가르침은 십이분교十二分敎에 지나지 않고, 그에 따라서 수행하는 사성제나 십이인연이나 육도 등은 행법이다. 그러므로《삼십칠품경》의 내용은 불타의 교법이요 행법이며 증법이다. 이들 삼법을 위주〔上頭〕로 하여 열 가지가 설해진다. 살생, 투도, 음행, 양설, 악구, 망언, 기어, 질투, 진에, 우치 등 열 가지를 없앤다. 이들 열 가지는 몸과 말과 마음으로 인해서 겉에 나타난다. 또한 이들 열 가지에 떨어지면 지옥도, 아귀도, 축생도, 인도, 천도 등 오도로 떨어진다. 중생이 밖으로 열 가지를 떠나 안으로 오도에 떨어지지 않고 깨달음을 얻어서 열반에 들어가려면, 사성제에 따라 진리를 지켜서 뛰어난 마음의 능력을 지켜야 한다. 깨달음이란 우리의 마음이 올바른 모습을 지키는 일이다. 이것이 호각의護覺意다.

불도를 수행하여 일곱 가지가 이루어져서 악을 멸하고 선을 행하게 된다. 이것이 칠각의다. 칠각의는 팔정도로서 표시된다. 이로 보아 삼십칠도품은 불타가 설하신 모든 교법이요, 모든 행법이요, 증득한 증법이다.《대지도론》에서 용수는 이렇게 말했다.

"보살마하살은 마땅히 일체의 선법과 도를 배워야 한다. 부처님이 수보리에게 말씀하시기를 '보살마하살은 반야바라밀을 행함에 모두 일체의 도를 배운다. 곧 건혜지乾慧地 내지 불지佛地다.' 하신 바와 같다. 이 구지九地는 마땅히 배워야 할 바로서 증득하지 않으면 안 된다. 불자는 또한 배우고 증득할지니라. 또한 삼십칠품은 오직 성문, 벽지불의 법으로서 보살의 도가 아니라고 설하셨다. 이 반야바라밀다의 마하연품 중에는 부처님은 사념처 내지 팔성도분을 설하시고, 이 마하연삼장 중에도 또한 삼십칠품은 소승의 법이라고 설하지 않으셨다. 부처님은 대자大慈를 지니셨기 때문에 삼십칠품을 열반의 길이라고 하셨다. 중생의 바람과 인연에 따라서 각각 그 길을 얻을 수 있다. 성문을 얻고자 하는 사람은 성문의 길을 얻고, 벽지불의 선근을 심는 사람은 벽지불도를 얻고, 불도를 구하는 자는 불도를 얻는다. 그의 본원은 제근의 이둔에 따라서 대비大悲가 있다. 혹은 대비가 없다. 비유하면 용왕이 비를 내릴 때는 천하에 두루 내려서 차별이 없으나, 큰 나무와 큰 풀은 뿌리가 크기 때문에 많이 받고, 작은 나무나 작은 풀은 뿌리가 작기 때문에 적게 받는 이치와 같다."

이와 같이 삼십칠도품은 보살의 길이 되고 부처의 길로 가는 수행이다. 용수는 또한 《중론》에서 이렇게 말했다.

"열반은 세간과 다르지 않다. 세간도 열반과 다르지 않다. 열반의 세계와 세간의 세계는 같은 것이요, 다르지 않기 때문이다."

보살마하살은 이런 실상을 얻었기 때문에 세간을 싫어하지 않고 열반을 즐기지 않는다. 이것이 곧 삼십칠품의 실다운 지혜의 지止다.
  이 글을 읽는 사람 중에 이 삼십칠도품을 소승의 도라고 얕게 보거나 안반념법이 대승의 돈오의 명상법이 아니라고 한다면 그 사람은 둔근의 소지자로서 벽지불이나 성문의 길을 바라는 자이다.

5-26. 八正道의 실천

諦爲道. 知非常苦空非身不淨爲直見. 非常人計爲常. 思苦爲樂. 空計爲有. 非身用作身. 不淨計爲淨. 是爲不直見也. 何等

爲直見. 信本因緣知從宿命有. 是名爲直見. 何等爲直治. 分別思惟能到善意. 是爲直治. 何等爲直語. 守善言不犯法如應受言. 是名爲直語也. 何等爲直業. 身應行不犯行. 是名爲直業也. 何等爲直業治. 隨得道者敎戒行. 是名爲直業治也. 何等爲直精進. 行行無爲晝夜不中止不捨方便. 是名爲直精進方便也. 何等爲直念. 常向經戒. 是名爲直念. 何等爲直定. 意不惑亦不捨行. 是名爲直定. 如是行令賢者八業行具已行具足便行道也. 八直有治有行行八直. 乃得出要身不犯戒. 是爲直業治. 慧信忍辱是爲行身. 意持是名爲直業治. 謂無所念爲直. 有所念爲不直也.

진리가 도가 되어 상이 아니라 고요 공이요 몸이 아니고 깨끗하지 않음을 아는 것이 직견直見이다. 상이 아님을 사람이 계량하여 상이라 하고, 고를 생각하여 낙이라 하고, 공을 계량하여 있다 하고, 몸이 아님을 써서 몸으로 하고, 부정함을 계량하여 청정하다고 한다. 이는 직견이 아니다. 어떤 것이 직견인가. 근본 인연을 믿고 숙명에 따라서 있음을 아는 것을 직견이라고 한다. 어떤 것이 직치인가. 분별사유하여 능히 선의에 이른 것을 직치라고 한다. 어떤 것이 직어인가. 선한 말을 지켜서 법을 범하지 않고 마땅히 말을 받는 것을 직어라고 한다. 어떤 것이 직업인가. 몸이 행에 응해서 범하지 않는 것을 직업이라고 한다. 어떤 것이 직업치인가. 도를 얻은 자를 따라서 계행을 가르치는 것을 직업치라고 한다. 어떤 것을 직정진이라 하는가. 행하고 행함이 함이 없어서 주야로 중지하지 않고 방편을 버리지 않는 것을 이름하여 직정진 방편이라고 한다. 어떤 것이 직념인가. 항상 경에서 설한 계행으로 가는 것을 직념이라고 한다. 어떤 것이 직정인가. 마음이 미혹하지 않고 행을 버리지 않는 것을 직정이라고 한다. 이와 같은 행은 현명한 사람으로 하여금 팔업행을 갖추게 하여 이미 행이 구족하여 곧 도를 행한다. 팔직八直에 다스림이 있고 행이 있으니 팔직을 행하여 출요出要를 얻어서 몸이 계를 범하지 않으면 직업치가 된다. 지혜와 믿음과 인욕은 몸의 행이 되고, 마음을 가진 것을 직업치라고 한다. 곧 생각하는 바가 없음을 곧음이라고 하고, 생각하는 바가 있음을 곧지 않음이라고 한다.

해설 팔정도에 대한 설명이다. 흔히 팔정도라고 하나 팔직도八直道라고도 한다. 팔직도는 직견直見(정견正見), 직치直治(정사유正思惟), 직어直語(정어正語), 직업直業, 직업치直業治(정명正命), 직정진直精進(정정진正精進), 직념直念(정념正念), 직정直定(정정正定)의 여덟이다.

직견은 진리에 따라서 사물을 올바르게 보는 것이다. 모든 것은 상이 아니고[非常・無常], 뜻대로 안 되는 고苦요, 나의 몸은 있을 수 없으며[無我], 깨끗하지 않다[不淨]는 것이 실상임을 알 그대로 본다. 그럼에도 불구하고 세상 사람들은 스스로 무상을 분별하여 영원하다고 하고[常], 고를 분별하여 낙이라 하고, 공을 실체가 있다고 하고, 내 몸이 아님을 내 몸이라고 하고, 부정함을 깨끗하다고 한다. 이와 같이 세상 사람들은 몸이나 감수작용, 마음이나 존재에 대해 그릇된 견해를 갖는다. 세상 사람들이 스스로 분별하여 잘못된 견해를 갖게 된 것이다. 그러므로 사물을 올바르게 보면 그 사물의 인연을 따라서 살펴 어떻게 되어 있고 어떻게 되는가를 알게 되니, 이와 같이 인연법을 믿고 그 사물의 생과 멸을 보고 실상을 있는 그대로 보면 직견이다.

직치는 올바르게 이치를 가림으로써 정사유正思惟에 해당한다. 경에서는 '분별사유하여 능히 선의에 도달한 것'이라고 했다. 이치를 살펴서 올바른 일만 생각하게 된다. 선의善意란 올바른 생각이다. 마음의 올바름이란 선함이며 악함은 그릇됨이다.

 직어란 무엇인가. 경에서 좋은 말을 하고, 법에 따라서 올바른 말을 하며, 그 말이 상대방에게 그대로 받아들여지는 말이 직어, 곧 올바른 말이라고 했다. 말은 상대방에게 나의 올바른 마음을 받아들이게 하지 않으면 안 된다. 선한 말, 바른 말이라도 오해를 받으면 직어가 아니다. 그렇게 하려면 제스처도 필요하고, 억양도 유화해야 하며, 알아들을 수 있는 말을 가려 써야 한다. 올바른 말을 하기는 쉽지 않다.

 또한 직업, 곧 정업이란 무엇인가. 몸의 움직임이 그릇되지 않은 것이다. 움직임은 반드시 결과를 낳는다. 남에게 어떤 영향을 끼치는지 나타나 보일 수도 있고, 보이지 않을 수도 있으며, 나 자신에게 업력으로 남는 경우도 있다. '바늘 도둑이 소도둑 된다.'는 말이 있다. 바늘 하나를 훔치면 남에게 해를 끼치는 정도는 미약하나, 그 행위는 자기 자신에게 소도둑질을 할 수 있는 훈습력을 짓게 한다. 이 얼마나 무서운 일인가. 몸의 움직임만이 아니라 마음가짐도 마찬가지다. 보이지 않는 작은 행위, 보이지 않는 마음의 움직임이 나와 남에게 얼마나 큰 힘을 미치는지를 알지 않으면 안 된다. 그래서 붓다는 항상 자기 자신의 마음을 보라고 하셨다.

 직업치, 곧 정명正命은 올바른 생활이다. 직업치란 몸과 마음의 올바른 움직임을 통해서 스스로 다스린다는 뜻이다. 우리의 삶은 마음과 몸의 움직임을 통해서 이루어진다. 이러한 삶은 스스로 지은 마음과 몸의 업에 의해서 습관지어진다. 스스로의 업에 의해서 다스려진 하루하루가 곧 우리의 삶이다. 하루의 삶이 올바르게 되려면 도를 얻어야 한다. 진리를 행하는 하루가 되어야 한다. 도를 얻은 자는 스스로 계를 지킬 뿐만 아니라 남에게도 계를 행하도록 가르친다. 곧 자리이타 自利利他의 삶을 살아간다. 이것이 도를 얻은 자의 하루이다. 계는 좋은 습관이다. 범어로 계를 'sīla'라고 하는데, 이는 좋은 훈습이라는 뜻이다. 계를 지키는 삶은 올바른 업을 익혀서 잘 다스려진 삶이다. 잘 다스려진 업행이 계이다. 경에서 말한 직치直治는 직업치를 가르킨다.

그러면 직정진은 무엇인가. 경에서 '행하고 행함에 함이 없이 주야로 그치지 않고, 방편을 버리지 않는 것'이라고 했다. '함이 없는 행위〔無爲行〕'란 진실하고 열반을 떠나지 않는 행위이다. 진실하고 선한 일을 하기 위한 노력을 쉬지 않고 방편으로써 행한다는 뜻이다. 방편이란 접근한다는 뜻을 가진 범어 'upāya'의 번역이다. 상대방에게 접근하여 가까이 다가가서 행한다. 보살은 중생에게로 다가가서 제도한다. 그래서 자비행을 방편행이라고 한다. 보살이나 부처의 정진은 방편정진이다. 그러므로 깨달은 자의 올바른 정진은 선교한 방편으로써 중생제도에 꾸준히 노력한다. 석존은 일생 동안 이러한 직정진방편을 행하셨다.

다음에 직념, 곧 정념은 항상 올바른 움직임을 가지는 마음으로, '경에서 설한 계로 향한다.'고 했다. 마음이 계에 의해서 움직이면 선한 것, 바른 것만을 생각하게 되니, 경에서 설해진 것이 이런 의미이다.

직정, 곧 정정은 무엇인가. 마음이 그릇된 곳으로 달려가지 않고 한결같이 올바른 움직임을 갖는 것이다. 직정直定은 고요히 움직이지 않지만, 죽은 것처럼 망아에 떨어져서 일체의 상념을 끊은 상태는 아니다. 고요한 속에 움직임, 즉 고요함을 떠나지 않고 움직임이 있으나 미혹이 없는 상태이다. 진리대로 움직인다. 정정은 그릇되지 않고 한결같이 움직인다. 여기에 불교의 정定의 특징이 있다. 요가수행자들과 같이 수정주의자修定主義者들은 고요함에 그쳐서 움직임이 없으나, 불교의 정은 고요 속에 진리를 행하는 움직임이 있다. 경에서 '마음이 혹함이 없고, 행을 버리지 않은 것이 직정이다.'고 했다. 행을 버리지 않고 미혹하지 않음이 올바른 것이다. 행을 버리지 않는 전일한 행, 미혹하지 않은 진실 그대로의 전일한 고요함이다.

이처럼 여덟 가지 행이 있고 다스림이 있음을 알 수 있다. 그러므로 팔직도를 행하여 그 정수가 얻어지면 몸은 계를 범하지 않고 마음은 청정하여 마음과 몸이 올바르게 다스려진다. 이렇게 되면 지혜와 믿음이 생기고 인욕 등이 행해져서 마음은 본래의 청정함을 가진다. 팔정도는 팔직도요, 팔직치八直治라고도 하여 생각하는 바가 없이 행하여 그릇됨이 없다. 실로 칠각의 수도修道에서 이것이 증진하면 드디어 깨달음에 가까이 이르니, 이들 칠각의는 깨달음의 보조가 된다고 할 수 있다. 드디어 도를 얻어서 깨달음에 이르면 팔정도가 스스로 충족되니 견도위見道位의 무루도無漏道라고 말해진다.

5-27. 道를 얻는 길

十二部經都皆墮三十七品經中. 譬如萬川四流皆歸大海. 三十七品經爲外. 思惟爲內. 思惟生道故爲內. 道人行道分別三十七品經. 是爲拜佛也. 三十七品經亦墮世間亦墮道. 諷經口說是爲世間. 意念是爲應道. 持戒爲制身. 禪爲散意. 行從願願亦從行. 行道所向意不離. 意至佛意不還也. 亦有從次第行得道. 亦有不從次行得道. 謂行四意止斷神足五根五力七覺意八行. 是爲從次第. 畏世間惡身便一念從是得道. 是爲不從次第.

십이부경은 모두《삼십칠품경》속에 들어간다. 마치 모든 강물이 흘러서 큰 바다로 돌아 들어가는 것과 같다.《삼십칠품경》은 밖이 되고 사유는 안이 된다. 사유가 도를 생하기 때문에 안이라고 한다. 도인은 도를 행하여《삼십칠품경》을 분별한다. 이는 부처님에게 절하는 것이 된다.《삼십칠품경》은 또한 세간으로 들어가고, 도로 들어간다. 경문을 외우고 입으로 말하면 세간이 된다. 의념은 도에 응하고 지계는 몸을 억제하며 선은 번뇌(의념)을 흩어지게 한다. 행은 원을 따르고 원 역시 행을 따른다. 마음이 도를 행하는 곳으로 향해 떠나지 않으면 마음이 부처의 마음에 이르러서 돌아오지 않는다. 또한 차제에 따라서 행하면 도를 얻음이 있다. 또한 차제에 따르지 않고 행해도 도를 얻음이 있다. 곧 사의지단, 신족, 오근, 오력, 칠각의, 팔행을 행하는 것이 차제에 따름이고, 세간의 모진 몸을 두려워하여 곧 일념으로 이에 따라서 도를 얻으면 차제에 따르지 않음이 된다.

해설 십이부경十二部經은 경전의 형태를 형식과 내용에 따라서 12종으로 구분한 것이니, ①수다라修多羅(經) *sūtra*, ②중송重頌 *geya*(경의 뜻을 다시 설하기 위해서 그 내용을 운문으로 적은 게송), ③수기授記 *vyākāraṇa*, ④게송偈頌 *gāthā*(교설의 끝에 중설한 운문의 노래. 고기송孤起頌이라고도 함), ⑤우다나優陀那 *udāna*(자설이라고 번역되어 부처님이 스스로 설한 경. 무문자설無聞自說이라고 함), ⑥니다나尼陀那 *nidāna*(부처님의 설법, 인연, 유서를 설함. 모든 경에는 통통, 별별의 두 서문이 있는데 별서가 이에 속함), ⑦아파다나阿波陀那 *apadāna*(비유경. 비유나 우화를 가지고 설명한 부분), ⑧이제왈다가伊帝曰多伽 *itivṛttaka*(여시어如是語 본사本事라고도 하고 불제자의 전생이나 사적을 말함), ⑨자타카陀迦 *jātaka*(부처님의 전생 이야기. 본

생담이라고 함), ⑩비불략毘佛略 *vaipulya*(방광, 방등이라고 번역. 경전 가운데 방정하고 광대한 뜻을 담았으므로 이렇게 말함), ⑪아부타달마阿浮陀達磨 *abhutadharma*(희유법, 미증유법이라고 번역. 경 가운데 불사의 한 사적을 말한 부분), ⑫우바제사優波提舍 *upadeśa*(논의이니 불타의 교설을 제자가 논의분별하여 밝힌 것) 등이다. 이들 십이부경은 모두 《삼십칠품경》 속에 들어간다고 했다.

앞에서도 말한 바와 같이 〈반야바라밀다마하연품〉 속에서 부처님은 사념처에서 팔성도분에 이르기까지를 설하시고, 이 마하연삼장 속에서도 또한 삼십칠품 열반의 길을 설하셨다고 한다.

붓다는 중생을 위해서 십이부경에서 8만 4천의 법을 분별하여 설하셨는데 중생들이 고를 싫어하고 즐거움에 집착하기 때문에 사성제四聖諦로 나타내셨다. 제법은 모두 고이니 즐거움이 있을 수 없다. 이 고의 인연은 번뇌라고 말해지는 애착 등이다. 이 고를 없애면 열반에 이를 수 있다. 이 열반에 이르기 위해서는 방편이 필요한데 이것이 팔정도이다. 그러므로 붓다의 모든 교설은 이 《삼십칠도품경》 속에 들어간다고 했다.

도인은 도를 행하는 사람이다. 도를 행함은 진리를 행하는 것이니, 결국 도를 행하면 《삼십칠품경》을 행하게 된다. 또한 부처님을 받들고 따르게 된다. 그래서 경에서 '이것은 부처님께 절하는 것이 된다.'고 했다. 그러나 도는 세간을 떠나서 다른 어떤 곳으로 가는 것이 아니다. 세간과 출세간은 둘이 아니기 때문이다. 그래서 '《삼십칠품경》은 세간으로 들어가고 또한 도로 들어간다.'고 했다. 그러면 세간이란 무엇인가. 세간은 출세간과 통한다. 수행하여 열반을 얻으면 그 수행이 세간이요, 열반이 출세간이므로 수행과 열반은 다르지 않다. 수행은 경을 읽고, 법을 생각하고, 명상하는 일이며, 열반으로 가는 길이 된다. 경문을 읽고 입으로 법을 말하면 세간이라고 했다. 곧 열반으로 가는 길에서 하나의 방편이 된다. 또한 마음에 진리를 생각하는 것도 열반으로 가는 방편이요, 선도 그렇다. 마음이 열반으로 향해서 한결같이 나아가면 부처의 마음에 이르러서 다시 중생의 마음으로 돌아오지 않는다. 이러한 수행이 《삼십칠도품경》의 수행, 경문을 읽는 것, 선을 닦는 것 등이다.

 깨달음의 세계로 가기 위해서는 두 가지 길이 있다. 하나는 삼십칠품을 순서에 따라서 사의지에서부터 사의단, 사신족, 오근, 오력, 칠각지, 팔정도의 순으로 닦아서 도를 얻는 길이고, 다른 하나는 한결같은 일념으로 부처님의 마음을 생각하여 부처님을 예배하고 계를 지키고 선을 닦는 길이다. 어느 길을 택해도 도달하는 곳은 같다. 경에서 '세간의 모진 몸을 두려워하여 곧 일념으로 이에 따른다.'는 후자의 경우다. 세간에 사는 우리의 몸은 죄를 짓기 쉽다. 그러므로 계를 지켜서 몸을 억제해야 한다. 마음 또한 세속에 끌려서 죄를 짓기 쉬우므로 선을 닦아서 흔들리지 않게 하고, 부처님을 예배하여 부처님의 마음이 되어야 한다. 이렇게 하면 《삼십칠도품경》에서 설하고 있는 세계인 열반에 이르러 부처님의 도를 얻게 된다.

6. 열반으로 인도하는 안반수의의 호흡

6-1. 도인과 37종 수행

道人能得三十七品行意. 可不順從數息相隨止也. 身口七事心意識各有十事. 故爲三十七品. 四意止斷神足屬外. 五根五力屬內. 七覺意八行得道也.

도인이 능히 삼십칠품을 행하는 마음을 얻으면 수식, 상수, 지에 순종하지 않으면 안 된다. 몸과 입에 일곱 가지가 있고, 심과 의와 식에 각각 열 가지가 있으므로 삼십칠품이다. 사의지단, 신족은 밖에 속하고, 오근, 오력은 안에 속하고, 칠각의, 팔행은 도를 얻음이다.

해설 도를 얻고자 하는 사람은 삼십칠도품을 순서대로 수행하거나 부처님의 마음을 가지는 수행을 해야 한다. 이때에 어느 길을 택하든지 먼저 수식, 상수, 지, 관, 환, 정 등 호흡의 조절에 따라야 한다. 부처의 세계로 들어가는 첫 관문이기 때문이다. 여섯 가지 관문이 바로 안반수의이다. 이 관문을 통과하면 그곳이 부처의 세계요, 삼십칠도품의 세계이다.

인간은 몸과 입과 마음에 속하는 많은 것을 가지고 있다. 수행은 이를 바르게 하고, 그것이 올바르게 되면 깨달은 사람이다. 몸과 입에 속하는 것은 일곱 가지, 마음과 뜻과 의식을 서로 달리 보아서 각각 열 가지씩 있으므로 30가지가 된다. 그리하여 37종의 수행은 결국 몸과 입과 마음에 대한 수행이다.

인도에서는 인간을 몸과 말과 마음의 셋으로 분류하고 있다. 오늘날 서구에서 정신과 육체의 둘로 나누고 있는 것과는 다르다. 특히 불교에서는 인간의 모든 것이 이들 세 가지에 속한다고 한다. 그러므로 삼십칠도품의 내용은 몸과 말과 마음의 전부이며 37종 수행도 이 세 가지의 수행이다. 그리하여 수행을 할 때는 이것이 모두 이루어져야 한다. 사의지와 사의단과 사신족은 겉으로 나타나고, 오근과 오력은 안으로 나타나며, 칠각의와 팔행은 최종의 목표로 도를 얻는 것이다. 도를 얻으면 칠각의와 팔행이 구족된다. 칠각의와 팔행이 구족되지 않으면 도를 얻지 못한다. 여기에서 우리는 밖으로는 사의지, 사의단, 사신족이 성취되고, 안으로는 오근과 오력을 갖추어야 비로소 깨달음의 세계에 도달할 수 있다는 사실을 잊어서는 안 된다. 사의지, 사의단, 사신족은 궁극의 목표가 아니다. 그러므로 사신통을 얻었다고 만심을 일으키면 안 된다. 그러나 이들은 모두 각각 나누어지지만 서로 떠날 수 없으므로 인연관계에 있다. 곧 사의지가 있으면 사의단이 있고, 이들이 있으면 사신족이 있다. 또한 사신족이 성취되면 오근과 오력이 구족하고 칠각지가 구족하며, 칠각지가 구족하면 팔행이 성취된다.

삼십칠도품은 일체 중생의 전도된 것을 없애기 위해서 설하신 약과 같다. 한 가지 약으로는 만인의 병을 고칠 수 없듯이 중생의 많은 마음의 병에 따라서 여러 가지 약을 사용한다. 37종의 약이 혼합되어야만 일체 중생의 병을 고칠 수 있다. 8만 4천 가지 약은 37종의 약으로 조약되었다고 할 것이다. 이 37종을 다시 줄이면 열 가지가 된다. 믿음〔信〕, 계戒, 사유思惟, 정진精進, 염念, 정定, 혜慧, 제除, 희喜, 사捨 등 십법十法이다. 믿음은 신근信根과 신력信力이요, 계는 정어正語, 정업正業, 정명正命이요, 정진은 사정근四正勤, 정진근精進根, 정진력精進力, 정진각精進覺, 정정진正精進이다. 염念은 염근, 염력, 염각과 정념正念이다. 정定은 사신족, 정근, 정력, 정각, 정정正定이다. 혜慧는 사념처四念處, 혜근, 혜력, 택법각, 정견正見 등이다.

37종의 도품은 처음으로 도를 닦는 사람이 반드시 거쳐야 할 문이다. 행자가 수도하려면 스승을 찾아가 도법을 물어서 들어야 한다. 이때 생각을 골똘히 하여 법을 배우는 일로부터 시작한다. 이를 사의지라고 한다. 사의단은 생각이 법에 머물러 그 법을 닦아 무엇인가를 얻으려고 노력하는 것이다. 곧 사정근四正勤이 있게 된다.

꾸준히 노력하면 마음이 산란하지 않고, 마음이 수습되어 뜻하는 대로 유순해지니, 사신족이 된다. 마음이 유순하면 오근이 생긴다. 제법의 실상은 심히 깊어서 알기가 어렵다. 그러나 오근이 생기면 신근에 의해서 붓다의 교설대로 제법의 실상을 믿게 된다. 이것이 신근이다. 이렇게 하여 신근이 생기면 신명을 아끼지 않고 일심으로 도를 구하게 되어 정진근이 성취된다. 이때는 항상 도를 생각하여 다른 일을 생각하지 않으니 염근이 된다.

염근이 생기면 항상 마음이 섭수되어 도에 머물게 되니 정근定根이 되고, 이때는 사제四諦의 참다운 모습을 관하게 되어 혜근이 이루어진다. 이들 오근이 더욱 크게 나타나서 능히 번뇌를 끊으면 오력이 성취된다. 이는 마치 큰 나무의 뿌리가 힘이 세어 폭류를 막는 것과 같다.

오근이 더욱 충실해지면 능히 깊은 법 속으로 들어가게 되는데 마치 나무뿌리가 충실해 땅속으로 깊이 파고들어가는 이치와 같다. 이를 오력이라고 한다. 이렇게 하여 힘이 얻어지면 도의 법을 분별하여 제할 것을 제거하고, 버릴 것은 버리고, 안정할 것은 안정하니, 이것이 제각除覺, 사각捨覺, 정각定覺이다.

이들 세 가지 깨달음이 일어나면 도를 행해 능히 산란한 마음을 섭수하여 정각定覺과 염각念覺에 머물게 하고, 능히 선한 법을 얻어서 악한 법을 끊게 된다. 마치 문지기가 유익하고 좋은 사람은 들어오게 하고 악한 사람은 들어오지 못하게 하는 것과 같다.

만일 마음이 침몰하면 일으켜서 각의를 실답게 하고, 마음이 산란하면 눌러서 무각無覺으로 섭수시킨다. 이렇게 하여 칠각의가 모두 이루어지면 안온한 열반의 무위無爲의 성으로 들어가려는 욕망이 생긴다. 그러므로 이때 열반무위의 성으로 가는 길에서는 모든 법이 법 그대로 행해지니, 이것이 팔정도이다.

6-2. 마흔 가지 열반의 세계

泥洹有四十輩. 謂三十七品經幷三空. 凡四十事皆爲泥洹. 問數息爲泥洹非. 報數息相隨鼻頭止意. 有所著不爲泥洹. 泥洹爲有不. 報泥洹爲無有. 但爲苦滅. 一名意盡難泥洹爲滅報但善惡滅耳.

열반에는 마흔 가지가 있다. 곧《삼십칠품경》과 세 가지 공이다. 무릇 마흔 가지는 모두 열반이 된다. 묻되, 수식이 열반이 됩니까, 안 됩니까? 답하되, 수식과 상수는 코끝에 마음이 머물러 집착이 있으면 열반이 되지 않는다. (묻되) 열반은 정말 있습니까, 없습니까? 답하되, 열반은 있는 것이 아니다. 오직 고를 멸할 뿐이다. 일명 마음의 다함이라고 한다. 반문하되, 열반은 멸입니까? 답하되, 단지 선과 악이 멸했을 뿐이다.

해설 열반에 대한 설법이다. 결국 삼십칠도행이 열반으로 가는 길이라면, 그 궁극의 세계인 열반이 있느냐의 문제가 생긴다. 자고로 열반이 있느냐, 없느냐는 논란의 대상이 되어 왔다. 그러나 열반은 논란의 대상이 될 수 없다. 희론적멸戱論寂滅의 세계이기 때문이다. 그러므로 있다고도 할 수 없고, 없다고도 할 수 없다. 따라서 있기도 하고 없기도 하다. 이러한 열반의 세계를 있다거나 없다는, 어떤 실체가 있는 것처럼 논해서는 안 된다. 오히려 있고, 없음을 떠났다 할 것이다. 그래서 경에서도 있다고도 하고 없다고도 했으나 '있다' '없다'는 집착을 떠나서 오직 '고의 멸'을 말하고 있을 뿐이다. 고의 멸도 있다거나 없다는 어떤 희론을 떠나서 멸한다. '고의 멸'은 있다는 유有의 집착, 없다는 무無의 집착을 떠난 고의 멸이다.

열반이 있다면 어떻게 있는가. 열반에는 40가지의 세계가 있다고 했다. 삼십칠도품의 세계의 세 가지 공이 모두 열반이라고 했다. 진실로 열반은 《삼십칠도품경》의 세계인 동시에 공의 세계이다. 공의 세계나 《삼십칠도품경》의 세계가 실체적으로 있다고 하면 그것은 잘못된 말이지만, 세속적으로는 있다고 가정할 수 있다. 그러면 삼공三空이란 무엇인가. 인공人空과 법공法空과 인법구공人法俱空의 셋이다. 인공이란 '나'라는 실체가 있다고 집착하여 얻어진 '나'는 존재하지 않고, 오직 '나'는 인연에 의한 공이라고 한다. 법공은 만유는 모두 실체가 있는 것이 아니라 인연에 의해서 생하고 멸한다고 한다. 인법구공은 인의 공함과 법의 공함을 모두 버린 진실한 공이라고 한다. 공에도 집착하면 안 되기 때문이다. 이렇게 볼 때 열반은 37종의 도가 이루어지고 공이 행해지는 세계일 뿐이다. 있다, 없다를 떠난 세계이다. 그러면 호흡과 열반과는 어떤 관계가 있는가. 호흡이 올바르게 이루어지면 그것이 바로 열반이다.

수식과 상수에 있어서 수를 셀 때 수에 집착하고, 상수에서 코끝에 마음이 집착하면 열반이 아니다. 열반이란 어떤 것에도 집착하지 않아야 하기 때문이다. 그렇다면 그러한 열반은 있다고 할 것인가, 아니면 없다고 해야할 것인가의 문제가 생길 수 있다. 인간은 '있다' '없다'에 매여서 살아가는 존재이기 때문에 이런 점을 초월한 열반을 알기가 어렵다. 그러나 열반은 없는 것이 아니라고 하기 보다는 있는 것이 아니라고 말함이 더 타당하다. '있는 것이 아니다.'라고 하면 '있다'는 긍정이 '아니다'라고 부정되어 긍정에서 부정으로 나가고 있다. 그런데 '없는 것이 아니다.'라고 하면 '없다'는 부정이 '아니다'로 다시 부정되어 긍정으로 가게 된다.

이렇게 되면 열반이 긍정적인 어떤 세계로 파악되므로 열반의 참된 세계와는 멀어지게 된다. 그러므로 열반은 '있는 것이 아니다.'라고 했다. 어디까지나 부정의 세계이다. 부정의 세계라고 하나 이 부정은 상대적인 부정이 아니고 절대부정이기 때문에 긍정도 부정도 포함하면서 절대부정을 통해 긍정으로 전환된다. 그러므로 경에서는 이를 "열반은 있는 것이 아니다. 오직 고를 멸할 뿐이다. 마음의 다함이라고 한다."고 했다. '마음의 다함'이요, '고의 멸함'이다. 마음의 다함은 바로 고의 멸함이다. 마음에서 고를 짓기 때문이다.

열반涅槃은 범어로 '니르바나 nirvāṇa'라고 한다. 바나 vāṇa는 '입으로 불을 끈다.'는 뜻이 있으므로 부정이다. 그러나 부정과 긍정의 의미를 모두 가지고 있는 절대부정의 접두사 니르 *nir*가 있으므로 열반은 긍정, 부정을 초월한 절대부정이요, 절대부정은 절대긍정으로 전환됨을 알아야 한다. 따라서 열반은 고가 멸해서 마음이 다하면 절대적인 즐거움〔大樂〕 속에서 모든 것이 살려지는 가치의 전환이 있는 세계라고 할 수 있다. 이러한 열반은 선이나 악의 상대적인 가치를 넘어선 세계이므로 '선이나 악이 멸할 뿐'이라고 했다. 선이나 악이 멸한 세계는 곧 선과 악이 모두 살아나는 세계이다.

6 - 3. 수행의 순서에 대한 충고

知行者. 有時可行四意止. 有時可行四意斷. 有時可行四神足. 有時可行五根五力七覺意八行. 諦者爲知定亂. 定爲知行. 亂爲不知行也. 問何以故. 正有五根五力七覺意八行. 報人有五根道有五根. 人有五力道有五力. 人有七使道有七覺意. 行有八直應道八種.

행을 아는 사람은 어떤 때에는 사의지를 행하고, 어떤 때에는 사의단을 행하며, 어떤 때에는 사신족을 행하고, 어떤 때에는 오근, 오력, 칠각의, 팔행을 행할지니라. 진리란 정의 흩어짐을 아는 것이요, 정은 행을 알고 흩어짐은 행을 알지 못한다. 묻되, 어찌하여 올바른 오근, 오력, 칠각의, 팔행이 있습니까. 답하되, 사람에게는 오근이 있고, 도에 오근이 있고, 사람에게 오력이 있고, 도에 오력이 있고, 사람에게 칠사가 있고, 도에 칠각의가 있고, 행에 팔직이 있으니 마땅히 여덟 가지의 도가 있다.

해설 삼십칠도품에 대한 수행이 이루어지면 부처의 세계에 이를 수 있음을 알고 도심을 일으켜 수행하려고 할 때 어떻게 해야 하는지를 설하고 있다. 37종의 수행을 처음부터 순서대로 닦는 방법도 있고, 각자 바라는 바에 따라서 각각의 수행을 할 수도 있다. 이들 모두는 서로 관련이 있으므로 하나가 이루어지면 다른 것도 이루어지기 때문이다.

붓다의 법은 무량하나 하나로 통한다. 실제로 사성제를 앎이 근본이요, 사성제는 정定에서 떠나지 않으며, 정은 수행의 근본이다. 이런 37종의 수행은 우리가 본래 갖추고 있는 능력을 계발하는 일에 지나지 않는다. 도에는 이런 모든 능력이 나타난다. 그러므로 37종의 수행을 닦는 일은 도를 닦는 것이요, 도로 들어가는 것이다. 여기서 다시 도의 궁극이 팔정도임을 가르치고 있다. 그러나 과정과 끝은 서로 다르지 않다. 서로 떠나지 않으므로 과정이 궁극으로 통한다. 조도助道는 견도見道로 이어진다.

사람에게는 불성이 있다. 즉 깨달음의 본성을 가지고 있다는 뜻이다. 그러므로 오근과 오력, 칠사七使가 있다고 한다. 칠사는 7종의 번뇌로 탐욕과 노여움과 애욕과 오만과 무명, 아집, 의심 등을 말한다. 이런 번뇌가 있기 때문에 깨달음이 존재한다. 번뇌가 없으면 깨달음도 없다. 번뇌를 없애고 깨달음을 얻는 것이 아니라 번뇌를 깨달음으로 전환시켜야 한다. 이를 묘적妙適이라고 했다. 특히 《금강정경金剛頂經》에서는 이런 가치관의 전환을 강조한다.

인간에게 여덟 가지 도가 있다는 뜻은 팔정도는 누구나 갖추고 있는 도라는 의미이다. 닦아서 얻게 되는 것이 아니라 자신이 가지고 있는 것을 열어서 얻는 것이다.

6-4. 隨病說藥의 지혜

隨病說藥因緣相應. 眼受色耳聞聲鼻向香口欲味身貪細滑. 是爲五根. 何以故名爲根. 已受當復生故名爲根. 不受色聲香味細滑是爲力. 不墮七使爲覺意. 已八直爲應道行. 五根堅意. 五力爲不轉意.. 七覺爲正意.. 八行爲直意也.

병에 따라서 약을 설하여 인연에 상응한다. 눈은 색을 받고, 귀는 소리를 듣고, 코는 향기로 향하고, 입은 맛을 바라고, 몸은 곱고 매끄러움을 탐낸다. 이것이 오근이다. 어찌하여 뿌리라고 하는가. 이미 받아서 마땅히 다시 생하기 때문에 뿌리라고 한다. 색, 소리, 향기, 맛, 곱고 매끄러움을 받지 않음을 힘이라고 한다. 칠사에 떨어지지 않음이 각의가 된다. 이미 팔직이 되었으면 마땅히 도를 행한 것이다. 오근은 마음을 굳게 하고, 오력은 마음을 바꾸지 않게 하며, 칠각은 마음을 바르게 하고, 팔행은 마음을 곧게 한다.

해설 붓다는 응병투약이라 하여 중생의 근기에 맞춰서 가르침을 베풀었다. 마음의 환자에게는 그에 알맞는 교설을 베풀어야 한다. 인연에 따라서 그 인연에 맞게 해야 한다. 붓다는 인연법을 깨달아 각자가 되었고, 인연법에 따라 살며, 인연법을 가르쳤다. 이 세상의 모든 것은 인연법에 의해서 존재한다. 눈은 색으로 인해서 있고, 색은 눈으로 인해서 있으므로 눈이 색을 받아들여서 안다. 이것이 있어서 저것이 있고, 저것이 있어서 이것이 있는 것이다. 눈이나 색은 홀로 실체적으로 존재하는 것이 아니다. 그러므로 눈으로 보고 붉거나 검다는 것이나, 크거나 작다는 인연법에 의해서 생겼으니 공이다. 귀, 코, 입, 몸의 모든 작용, 소리, 향기, 맛, 느낌 등은 모두 인연 자체일 뿐이다. 그러나 모두 우리의 몸에 갖추어져 있다. 즉 우리의 몸 자체가 인연법으로 이루어져 있다는 뜻이다. 그러므로 오근이라는 다섯 가지 근본기능은 이러한 법의 힘이 간직되어 있는 뿌리와 같다. 이러한 오근이 외부의 대상을 받아서 나타내기 때문이다.

안, 이, 비, 설, 신이 주主요, 색, 성, 향, 미, 촉이 객이다. 주와 객이 서로 응해서 모든 기능이 나타나며 그 자체가 힘이요 오력이다. 마치 뿌리로부터 나온 싹과 같다. 그리고 다시 이 싹이 자라서 꽃을 피운 것을 칠각의라고 한다. 가지나 잎이 자기를 떠나서 새로운 꽃을 창조했다. 가지와 잎은 마치 일곱 가지 번뇌와 같다. 이들이 없으면 꽃이 피지 않듯이 번뇌가 있으므로 깨달음이 있다. 인연법에 상응한 것이다. 칠각의가 있으므로 팔정도가 있다. 칠각의와 팔정도는 이것과 저것의 인연법으로 있게 된다. 칠각의가 있으면 반드시 팔정도가 있으니, 팔정도에 이르러서 도가 행해진다. 이와 같이 도의 행함에는 인연법에 상응하는 도리가 있다. 이 도리를 아는 것이 깨달음이요, 이 도리를 행하는 것이 도의 행함이다.

우리는 오근의 충실로 마음이 굳게 된다. 마치 나무나 풀의 뿌리가 충실하고 굳으면 땅속으로 깊이 파고들어가 힘을 얻어 싹을 틔울 수 있는 것과 같다. 뿌리는 싹을 틔워야 한다는 사실을 잊지 말아야 한다. 싹을 틔우는 것이 뿌리의 일념소망이다. 이 마음을 바꾸지 않고 봄을 기다려서 싹을 틔우고 크게 자라게 해야 한다. 그러므로 '오력은 마음을 바꾸지 않게 하는 것'이라고 했다.

칠각의는 단지 마음이 올바르게 나타난 정도일 뿐이다. 깨달음은 우리의 마음이 있어야 할 모습 그대로 나타난 것이니 올바름이다. 나무의 싹이 자라서 가지가 뻗고 잎이 나오는 것이 나무의 본래 기능이요 사명이다. 즉 나무의 올바른 마음을 표현한 것이다. 그러니 깨달음을 어떤 새롭고 특별한 세계로 알면 안 된다. 우리가 가지고 있는 본래의 능력이 있는 그대로 올바르게 나타난 것일 뿐이다. 팔정도도 마찬가지다. 마음이 바르게 나타나서 바른 그대로 뻗쳐나가는 것이다. 옆을 보거나 퇴진하지 않고 곧바로 나가는 정도다.

이렇게 볼 때 사의지四意止에서부터 팔정도에 이르는 길은 모두 올바른 진리의 길이다. 도를 행함이 이와 같으니 출발이 법대로 되고(사의지), 끊을 것을 끊고 낼 것을 내어(사의단) 힘을 얻는다(사신족). 목표를 향해서 가는 길에 들어서서 우리의 모든 기능이 움직일 때(오근, 오력) 바르게 가면 된다는 것을 알고(칠각의) 곧바로 간다(팔정도). 일념으로 바른 길을 가면 그곳이 가야할 곳이다. 이때 도착하는 곳이 열반이다. 그러므로 열반과 도행은 서로 떠나지 않는 관계에 있다.

6-5. 善意와 道意

問何等爲善意. 何等爲道意. 報謂. 四意止斷神足五根五力. 是爲善意. 七覺意八行. 是爲道意. 有道善有世間善. 從四意止至五根五力. 是爲道善. 不婬兩舌惡口妄言綺語貪瞋癡. 是爲世間善.

묻되, 어떤 것이 선의가 되고, 어떤 것이 도의가 됩니까. 답하되, 사의지단, 신족, 오근, 오력이 선의가 되고, 칠각의, 팔행이 도의가 된다. 도와 선이 있으면 세간의 선이 있고, 사의지로부터 오근과 오력에 이르기까지가 도의 선이 되고, 불음, 양설, 악구, 망언, 기어, 탐, 진, 치는 세간의 선이 된다.

해설 악을 끊고 선으로 나가는 마음과 도를 행하는 마음과는 어떻게 다른지를 설하고 있다. 선과 도는 서로 떠날 수 없지만 선에 의해서 도가 있으니 선이 원인이면 도는 결과가 된다. 그래서 사의지, 사의단, 사신족, 오근, 오력은 선한 마음이므로 칠각의와 팔정도로 가는 인연이 된다고 할 수 있다. 따라서 칠각이나 팔행은 도를 행하는 마음이 된다. 선을 택하는 마음이 원인이 되어 도를 행하는 마음이 얻어진다. 이렇듯 도와 선은 인연관계에 있다. 선의에 의해서 도의가 있게 되니 도와 선은 연기의 도리를 보인다.

도가 행해진다는 것은 선이 행해진다는 뜻이다. 무엇이 앞이고, 무엇이 뒤라고 할 수 없다. 인연이란 이것과 저것의 앞뒤를 따질 수 없이 서로 떠나지 않고 의지하고 있는 관계이다. 겉으로 보기에는 선이 앞이고 도가 뒤인 것 같으나 그렇지 않다. 꽃이 먼저냐, 열매가 먼저냐 하는 문제와 같다. 겉으로 보기에는 꽃이 먼저요, 열매가 나중인 것 같으나 그렇지 않다. 이미 꽃 속에 열매가 있었기 때문이다. 꽃에서 열매를 보고 열매 속에서 꽃을 볼 수 있어야 한다. 인연법이란 이와 같다. 삶 속에서 죽음을 보고 죽음 속에서 삶을 보아야 법을 본다고 할 수 있다.

선한 마음을 가졌으면 이미 도를 행하고 있음이요, 도를 행하고 있으면 이미 선의가 행해지고 있음이다. 경에서는 도를 떠나지 않는 선을 '도의 선'이라고 하고, 세간에 나타난 선을 '세간의 선'이라고 했다. 도의 선은 세간의 선으로 나타난다. 진眞의 세계가 '도의 선'이라면 속俗의 세계가 '세간의 선'이다. 진과 속은 둘이 아니며, 진을 떠나서는 속이 있을 수 없고, 속을 떠나서는 진이 있을 수 없으므로 도의 선은 반드시 세간의 선으로 나타난다.

이 세상에서 선이 행해지면 도를 행하고 있는 것이다. 양설, 악구,

망언, 기어, 탐, 진, 치를 떠난 것이 세간의 선이요, 음란하지 않음이 세간의 선이다. 세간의 선은 사의지로부터 오근과 오력이 구족되지 않으면 안 된다. 이러한 도의 선이 성취되면 자연히 행동이나 말이나 마음으로 나타나서 불음 등 세간의 선으로 나타나게 된다.

선의와 도의가 인연법으로 상응하니 도는 바로 우리 마음속에 있지 않은가. 마음의 바르고 고요함 속에 선이 있다.

6-6. 아는 것에서 되는 것으로

諦見者. 知萬物皆當滅. 是爲諦見. 萬物壞敗身當死. 以不用爲憂. 是爲諦觀. 意橫意走便責對得制. 是爲除罪. 諸來惡不受爲禪.

제견은 마땅히 만물이 모두 멸하리라고 안다. 이것이 제견이다. 만물은 괴패하고 몸은 마땅히 죽으니, 이로써 근심하지 않는 것이 제관이 된다. 마음이 비껴서 달리면 곧 책함이 상대하여 제지하니 죄를 없애게 된다. 오는 악을 받아들이지 않으니 선禪이다.

해설 진리를 보는 것과 관하는 것은 서로 다르다. 보는 것은 단순히 안다는 뜻이요, 관한다는 것은 안 것을 토대로 옳게 파악한다는 뜻이다. 다시 말해 만물이 생하고 멸하는 도리를 알아야 진리를 알게 되니, 이를 제견諦見이라고 한다. 만물의 도리를 알고 마음으로 파악하여 그대로 처리하는 것이 제관諦觀이다. 제견보다는 제관이 보다 깊은 것이다. 제견을 통해서 제관이 이루어지므로 선禪에서는 아는 것에 그치지 않고 깨달아야 한다고 했다. 깨달음은 관을 통해서 자신의 것으로 생명화된 세계이다.

　불교의 관법은 관에 의해서 생명화하는 수행이다. 문聞에서 사思로, 다시 수修를 거쳐서 관으로 들어간다. 선에서 지止와 관觀을 쌍수雙修하라는 이유가 바로 이 때문이다. 지에서 알게 되고, 관에서 지난날의 것과 바뀐다. 근심하던 일이 근심하지 않게 바뀌고, 괴로움이 즐거움으로 바뀐다. 가치가 전환된다.

　사진을 찍을 때는 렌즈에 비친 그림자가 거꾸로 나타난다. 이는 지의 경지다. 그러나 셔터를 누르는 동시에 그 그림자가 올바른 모습으로 찍히는 것이 관의 세계다. 통상적인 마음에 비친 것과 우리의 마음이 전도되었다는 사실을 알아야 한다. 그러므로 마음을 고요히 하여 다시 보면 사실과 반대임을 알게 된다. 그러나 다시 더 깊이 파악하면 그 역시 전도된 것이요, 사실은 이와 반대이면서 통상적인 마음에 비춘 것과는 다른 차원이라는 것을 알게 된다. 겉으로 보기에는 처음 것과 같은 듯하나 그렇지 않다. 같으면서도 같지 않다. 산은 산이요 물은 물이되, 앞서의 산과 다르고 앞서의 물과 다른 그런 산이며 물이다.

　이처럼 관을 통해서 만물의 실상을 관하고 마음이 고요함에 이르면 몸의 죽음을 근심하지 않고, 마음이 악으로 달려가더라도 바로 그 마음을 제어하여 죄를 짓지 않게 된다. 더 정확히 말하면 마음이 악으로 달려가지 않게 된다. 마음이 비껴서 달리면 악으로 간다. 우리의 마음은 무시 이래로 훈습력을 가지고 태어났기 때문에 항상 움직여서 외부로부터 들어오는 것을 받아들이고 그에 끌린다. 그러나 이를 억제하여 받아들이지 않게 하는 것을 선이라고 했다. 마음은 움직이지 않을 때가 가장 이상적이다. 그런 마음의 움직임을 억제하는 일도 수행의 힘으로 가능하다. 수행은 아는 것에서 되는 것으로 가는 길이고, 진리 그대로 되는 것이 도이며 수행이다. 진리 그대로 된 사람이 도인이듯이.

6-7. 주객 조화의 지혜

一心內意十二事智慧. 七爲數. 八爲相隨. 九爲止. 十爲觀. 十一爲還. 十二爲淨. 是爲內十二事. 外復十二事. 一爲目. 二爲色. 三爲耳. 四爲聲. 五爲鼻. 六爲香. 七爲口. 八爲味. 九爲身. 十爲細滑. 十一爲意. 十二爲受欲. 是爲外十二事也.

한 마음은 안의 마음이니 열두 가지 지혜이다. 일곱째는 수, 여덟째는 상수, 아홉째는 지, 열째는 관, 열한째는 환, 열두째는 정이다. 이것이 안의 열두 가지다. 밖에 다시 열두 가지가 있다. 첫째는 눈, 둘째는 색, 셋째는 귀, 넷째는 소리, 다섯째는 코, 여섯째는 향기, 일곱째는 입, 여덟째는 맛, 아홉째는 몸, 열째는 곱고 매끄러움, 열한째는 뜻, 열두째는 욕의 받음이 된다. 이것이 밖의 열두 가지다.

해설 모든 것은 인연이다. 안과 밖, 마음과 물체, 죽음과 삶……. 어느 것이나 단독으로 존재하는 것은 없다. 이것이 있으므로 저것이 있는 연기의 도리인 것이다.

이 세상은 안의 마음과 밖의 사물의 인연관계로 이루어진다. 마음이 없으면 만물이 있을 수 없고 만물이 없으면 마음도 없다. 그러므로 우리의 마음이 사물을 어떻게 받아들이느냐에 따라서 이 세상의 존재와 가치가 세워진다. 인연법을 관함에 있어서는 안과 밖의 실상을 알아야 한다. 그래서 삼십칠도품의 수행이 필요한 것이다. 삼십칠도품의 수행은 곧 삼십칠도품관이다. 그러면 안에 있는 마음이란 어떤 것인가. 우리의 마음은 여섯 가지 지각기능으로 나타나고, 다시 수식, 상수, 지,

관, 환, 정의 열두 가지 지혜로 나타난다고 설한다. 여섯 가지 지각기능인 안, 이, 비, 설, 신, 의의 기능이 청정하면, 그것이 여섯 가지 지혜가 되고, 여기에 다시 호흡으로 얻어지는 여섯 가지 오묘한 마음이 합하여 열두 가지가 된다. 이들 열두 가지는 우리의 마음이 진리를 떠나지 않고 오묘함 그대로 나타난 것이다. 이런 마음이 밖의 사물을 상대하여 그것을 받아들여 청정한 세계를 원만하게 성취한다.

밖의 열두 가지는 눈, 색, 귀, 소리, 코, 냄새, 입, 맛, 몸, 곱고 매끄러움, 뜻, 욕심의 받아들임 등이다. 앞의 여섯은 육근六根이요, 뒤의 여섯은 육경六境이다. 이를 밖의 지혜라고 한 것은 이들이 법 그대로 있으면 육근, 육경이 청정하게 되기 때문이다. 안으로 열두 가지가 이루어지면 밖으로 열두 가지가 응하여 법대로 조화되니, 이것이 청정법계이다.

불도 수행은 마음만을 닦는 것이 아니다. 마음이 밖의 사물을 떠나서 있을 수 없는 물심불이物心不二이기 때문에 밖에 있는 일체의 사물을 있어야 할 법 그대로 있게 하는 것이 도의 실천이다. 마음이 있어야 할 그대로 올바르게 있어서 지혜로 나타나고, 밖으로 일체만물이 올바른 존재가치를 찾으면 안의 지혜와 밖의 사물이 조화되어 인연법이 구족된다. 이것이 법운삼매法雲三昧이다. 불교의 지혜와 자비는 이를 실현시키는 일이다. 호흡을 조절하여 육근이 청정하고, 수식과 상수, 지와 관, 환과 정이 구족되면 안으로 지혜가 갖추어진다. 이런 지혜는 밖으로 받아들이는 것을 청정하게 하니, 이것이 열반이 아니고 무엇이랴. 열반은 인연법 속에서 법이 법답게 나타나서 그에 안주하는 것이다. 붓다가 가르친 안반수의安般守意, 곧 아나파나사티는 안으로 지혜를 얻고 밖으로 만법을 법대로 나타내는 가르침이다.

6-8. 世世生生의 인연법

術闍者爲智. 凡有三智. 一者知無數世父母兄弟妻子. 二者知無數世白黑長短. 知他人心中所念. 三者毒已斷. 是爲三也.

술도란 지혜이다. 무릇 세 가지 지혜가 있으니, 하나는 무수한 세상의 부모, 형제, 처자를 아는 것이요, 둘째는 무수한 세상의 희고 검고 길고 짧은 것을 알아서 타인이 마음속에서 생각하는 바를 아는 것이요, 셋째는 독을 이미 끊은 것, 이렇게 셋이다.

해설 지혜를 얻는 것이 삼십칠도품의 수행이라면 그 지혜는 무엇으로 나타나는가. 이에 대해 설명하고 있다. 지혜를 얻은 사람은 마땅히 세 가지를 안다고 했다. 첫째는 무수한 세상에 있었던 나의 부모, 형제, 처자를 안다. 내가 이 세상에 태어난 것은 나 혼자만으로가 아니라 부모님을 인연으로 해서 태어난 것이다. 이 인연을 안다면 무수한 세세에 걸쳐서 수많은 부모와의 인연을 알 수 있게 된다. 또한 내가 현생에서 태어나고 삶과 죽음의 과정을 통해서 나와 가까운 인연을 맺은 중생들이 있다. 가장 깊은 인연을 맺은 것이 형제와 처자다. 이러한 인연을 꿰뚫어본다면 부모, 형제, 처자와의 막중한 인연을 잊지 않고, 수많은 세상에 수많은 형제와 처자에게 베풀어야 할 무한한 선공덕을 쌓아야 한다는 것을 알게 될 것이다.

또한 지혜를 얻은 사람은 나와 부모, 형제, 처자만이 아니라 나와 직·간접적으로 인연이 있는 남의 마음을 알게 될 것이다. 인연법을 알면 희고 검은 것, 길고 짧음을 분별함에 있어서 그것이 있게 된 인연도 알게 되니, 나의 마음을 헤아려서 남의 마음까지 알 수 있다. 남은 나와 다르지 않다. 내가 싫은 것은 남도 싫고, 내가 크면 남도 크다. 인연법을 안 지혜로운 사람은 남의 마음을 헤아려서 남이 바라는 바를 채워주고, 남의 기쁨이 곧 나의 기쁨이 되도록 한다. 이것이 연기법을 살리는 지혜로운 삶이다. 내가 없으면 남도 없고, 남이 없으면 나도 없다. 남이 기뻐야 내가 기쁘고, 남이 괴로우면 나도 괴롭다는 것은 천고에 변하지 않는 법이다.

셋째로는 '독을 이미 끊는다.'고 했다. 독은 악이요 죄다. 악한 마음을 일으켜 죄를 지으면 그 죄는 현재에 그치지 않고 영원히 이어지며, 나에게만이 아니라 나와 인연이 있는 수많은 사람에게 미친다. 인연법은 시공을 초월하여 만고에 이어지며 무량세계에 두루 미치고 있기 때문이다. 그러니 지혜있는 자가 어찌 죄를 지을 수 있으랴.

경문에서 한문으로 '術闍'라고 한 것은 인도의 고어로서 팔리어의 *sujjā*로 생각된다. *su-jjā*로 보아서 지혜가 된다. *vijjā*라고 하여 명명인 *vidyā*로 생각할 때에는 술도術闍가 되지 않으므로 나는 *sujjā*로 보았다. 접두사 *su*가 *jjā*에 붙은 것으로 보면 지혜가 될 수 있다. 한문음과도 통하고 뜻도 통하기 때문이다. 이 경에서는 간혹 팔리어를 원어 그대로 사용하고 있음을 볼 수 있다.

6-9. 六通智의 세계

沙羅惰怠者爲六通智. 一爲神足. 二爲徹聽. 三爲知他人意. 四爲知本所從來. 五爲知往生何所. 六爲知素漏盡. 是爲六也.

사라沙羅와 타태惰怠란 육통지이다. 첫째는 신족이요, 둘째는 철청이요, 셋째는 타인의 마음을 아는 것이다. 넷째는 본래 따라서 온

바를 안다. 다섯째는 어느 곳으로 왕생하는가를 안다. 여섯째는 본래의 누진을 아는 것이다. 이것이 여섯이다.

해설 앞에서 말한 바와 같이 지혜를 얻은 사람은 남다른 능력을 가졌다고 할 수 있다. 이것이 육신통으로 육통지라고도 한다. 신통은 앞에서도 설명한 바 있으므로 다시 되풀이하지 않겠으나 여기서 설하고 있는 여섯 가지에 대해서는 다시 생각해 보기로 한다.

그런데 경문에서 '사라타태자沙羅憜怠者'라고 했다. 이 말 역시 팔리어를 생각하게 하는데, 사라沙羅는 사다 saḍa가 음변하여 사라 sala로 된 것이라 볼 수 있고, '타태憜怠'는 팔리어 디타 diṭṭha의 음역으로 '보이는 것'이니, 곧 '여섯 가지 나타나는 것'이다. 이는 깨달은 자에게서 나타나는 능력으로 육신통에 해당한다. 육신통은 사다비즈나 saḍabhijñā라는 말인데, 이 말이 잘못 전해져서 '사라태타'라고 되었다고 볼 수 있다. 그러므로 '사라태타'는 '사라디타'의 변음으로 전해졌다고 가정한다면 사다디타 saḍadiṭṭha→사라디타 saladiṭṭha로 되어서 음대로 적어서 '사라태타'로 한 것이라고 볼 수 있다.

육신통은 여섯 가지로 나타나는 불가사의한 마음의 능력이니, 마음의 힘이 눈으로 보이게 나타난 것이 육신통이다. 그리하여 그 여섯 가지는 첫째로 신족, 곧 신통신변神通神變이다. 신통신변은 팔리어 장부 長部의 《등송경等誦經 saṅgiti-suttanta》에서 보면 '이디파티하리야 iddhipāṭihāriya라고 하여 "견고堅固여, 신통신변이란 어떤 것인가. 견고여, 여기 한 비구가 여러 가지 신통력을 가지고 있다. 한 몸으로 많은 몸이 되고 많은 몸으로 한 몸이 된다. 나타나기도 하고 숨기도 하고, 벽을 뚫고 담을 지나가고, 산을 뚫고 걸림이 없음이 마치 허공과 같고, 대지로부터 나타나거나 대지로 들어가는 것이 마치 물에서와 같고, 물에 빠지지 않고 감이 마치 땅위를 가는 것과 같고, 또한 결가부좌한 채로 허공을 수행하는 것이 마치 날개를 가진 새와 같다. 또한 저와 같이 대신통이 있고, 저와 같이 대위력이 있어 해와 달에 손을 대어 만지며, 또한 범천계에 이르기까지도 지배한다."고 했다.

 둘째 철청은 천이통天耳通이다. 천이통은 청정하여 듣는 힘이 뛰어나서 사람이나 동물이나 기타 지상의 모든 소리를 듣고, 또한 하늘의 귀가 뛰어나서 멀고 가까운 곳을 잘 듣는 힘이다. 셋째는 타심통이다. 즉 타인의 생각을 아는 능력이니, 자신의 마음으로 다른 중생의 마음을 헤아려 알아서, 탐내는 마음, 탐내지 않는 마음, 진심의 유무, 어리석음의 유무, 산란심의 유무, 크고 작은 마음, 뛰어나고 낮은 마음, 고요하고 고요하지 않은 마음, 해탈한 마음이나 해탈하지 못한 마음 등을 모두 안다. 넷째는 숙명통宿命通이다. 수많은 전생의 일을 알아서 수많은 성겁, 괴겁, 성괴겁에 있어서, 그곳에서의 이름이나 성씨나 종족이나 직업이나 경험된 고락, 수명의 양과 죽은 곳, 다음 세대의 출생처 등 상세한 것을 모두 생각해내는 것이다. 다섯째는 천안통天眼通이다. 곧 죽어서 어느 곳으로 가는지를 아는 힘이다. 마음이 청정하여 사람의 눈으로는 볼 수 없는 천안을 가지고 중생의 생과 사, 우열, 미추, 행불행의 각각의 업에 따라서 생이 바뀜을 안다. 가령 저 사람은 신, 구, 의 삼업이 악하여 성자를 비방하고 그릇된 견해와 그릇된 업을 지었으므로 사후에 고를 받는 악취로 가고 지옥에 떨어질 것이라거나, 또는 이 사람은 신, 구, 의 삼업이 선행을 닦고, 성자를 비방하지 않고, 정견을 가지고, 정업을 닦아서 죽은 뒤에 좋은 곳에 태어난다고 아는 것이다. 여섯째는 누진통漏盡通이니, 여러 가지 번뇌가 다하여 번뇌가 없고 마음이 해탈하고 지혜를 얻어서 법을 알고 법대로 깨달음에 머무는 것이다.

수행의 과정에서 위와 같은 뛰어난 능력이 나타나는 것은 당연하다. 그러나 붓다께서는 신족통이나 타심통을 쓰지 말라고 하셨다. 학자들의 연구에 의하면 이들 여섯 가지 신통 중에서 누진통을 제외하고는 붓다가 본래 설하신 것이 아니며, 누진통과 교계신변教誡神變만이 붓다가 설하신 신통이라고 한다. 교계신변은 중생을 가르치는 묘용과 그 변화를 말한다. 해야할 일과 하면 안 될 일을 알고 그때그때에 따라서 가르쳐 보이는 뛰어난 능력이다.

제 4 부

《入出息念經》 해설

《入出息念經 Ānāpānasati sutta》 해설
《南傳巴利語大藏》 中部 後分五十經篇 所收

1. 녹모강당에 모인 장로 비구와 비구들

이와 같이 나는 들었다.

한때 세존께서는 사위성의 동쪽 동산에 있는 녹모강당鹿母講堂에서 깊이 깨달은 많은 장로 제자와 같이 머물고 계셨다. 존자인 사리불舍利弗, 대목건련大目犍連, 대가섭大迦葉, 대가전연大迦旃延, 대구치라大拘絺羅, 대겁빈나大劫賓那, 대순타大純陀, 아나율阿那律, 이바다離婆多 및 아난阿難 내지 그외 깊이 깨달은 장로 제자와 같이 계셨다.

해설 문헌에 의하면 붓다가 가르침을 설하면서 다니신 곳은 멀리는 서인도와 스리랑카까지 미쳤다고 하나, 확실한 증거는 없고 직접적인 전도 행각의 범위는 갠지스강 중류에 한정된다고 보아진다. 즉 갠지스강 남쪽의 마가다국, 북쪽 유역의 브리지 연합 릿차비족의 영토, 그리고 약간 북서쪽의 코살라국과 말라족, 콜랴족의 지방, 약간 남서쪽 야무나강과의 합류점에 가까운 바트사국 등이다. 이밖에 마가다국 동쪽에 인접해 있는 앙가국과 코살라국 서쪽에 인접해 있는 판차라국, 쿠루국에도 갔었다고 기록되어 있다. 그리고 붓다가 흔히 머문 곳은 마가다국의 수도인 라자그리하와 코살라국의 쉬라바스티, 곧 사위성과 릿차비족의 수도 바이살리였다. 이들 세 곳은 당시 3대 강국의 수도로서 사람들도 많이 모여들었으므로 설법의 적지였다.

여기에 나오는 사위성은 푸라세나짓트 왕 치하에서 번영했던 곳이다. 이 성의 남쪽 교외에는 유명한 기원정사가 있었다. 동쪽에는 녹모강당이라는 곳이 있어서 그곳에 붓다가 머물고 계셨다.

녹모강당은 '므리가라 마트리'가 기증한 강당이다. 녹모는 사위성의 장자인 녹자鹿子의 아내가 된 앙가국 장자의 딸 비샤카가 마치 남편 녹자의 어머니와 비슷하게 생겼으므로 녹자모라고 하게 됐다고 한다. 이 녹자모는 석존의 교화를 도와 사위성의 동쪽에 정사를 지어서 바쳤다. 그리하여 그 정사를 녹자모강당이라고 한다.

여기에 사리불 등 수많은 여러 장로 제자들이 모여서 머물고 있었다. 사리불은 '사리푸트라'로서 붓다의 10대 제자 가운데 지혜가 제일이었다. 대목건련은 '마우드갈라야나'로서 바라문의 아들로 태어나 출가한 사람이다. 붓다의 10대 제자 중에서 신통이 제일이었다. 대가섭은 '마하카샤파'로서 10대 제자 중의 한 사람인데 바라문 태생으로 붓다가 성도하신 지 3년 뒤에 제자가 되었으며, 10대 제자 중에서 두타행이 제일이었다. 곧 의식주에 대한 탐착이 없는 철저한 수행자였다. 대가전연은 '마하카차야'이니 붓다의 10대 제자 중에서 논의가 제일이었다. 대구치라는 '마하카우스티라'로서 사리불의 외삼촌이다. 변재가 뛰어나서 문답 제일이라고 한다. 대겁빈나는 '마하카핀나'로 비구의 이름이다. 대순타는 '마하룬다'로서 석존이 입멸하시기 직전에 마지막으로 공양한 대장장이다. 아나율은 '아니룻다'로서 붓다의 10대 제자 중에서 천안 제일이라고 알려졌다. 붓다의 사촌동생이며 귀의한 후 붓다 앞에서 자다가 꾸지람을 듣자 자지 않고 여러 날을 수도하여 눈이 멀었으나, 그 뒤에는 천안통을 얻어서 천안 제일이 되었다. 이바다는 '레바타'로 붓다의 제자 중의 한 사람으로서 비를 피해서 어떤 신사에 머물러 있다가 두 귀신이 송장을 서로 자기 것이라고 싸우는 모습을 보고는 사람의 몸이 거짓으로 모여 있는 것임을 깨닫고 출가했다고 한다. 아난은 '아난다'로서 붓다의 10대 제자 중의 한 사람이다. 지식이 많아서 다문 제일이라고 한다. 석가족 출생이다.

　이런 수많은 제자들이 모여 있는 강당에 붓다가 계셨다. 특히 이 모임은 장로 제자들이 중심이 되었음을 기록하고 있다. 장로는 학덕이 높고 불도에 들어온 지 오래된 이로서, 대중의 존경을 받는 연로한 승이다. 지혜 제일의 사리푸트라(사리불), 신통 제일의 마우드갈라야나(목건련), 두타 제일의 마하카샤파(대가섭), 천안 제일의 아니룻다(아나율), 해공 제일의 수부티(수보리), 설법 제일의 푸르나(부루나), 논의 제일의 카차아나(가전연), 지계 제일의 우팔리(우바리), 만행 제일의 라훌라(라후라), 다문 제일의 아난다(아난다) 등 10대 제자와 지혜, 신통, 두타, 논의, 문답, 천안, 다문 등이 뛰어난 장로 7명, 그 외에 모두 각각 덕행이 뛰어난 장로들이 모여서 각각 여러 비구에게 설법을 한다.

2. 동짓달 보름날 밤의 강론

이때 여러 장로 비구들은 새로 배우는 비구들을 가르치고 있었다. 어떤 장로 비구는 10명의 비구들을 가르치고, 어떤 장로 비구는 20명의 비구들을 가르치고, 어떤 장로 비구는 30명의 비구들을 가르치고, 어떤 장로 비구는 40명의 비구들을 가르치고 있었다. 그리하여 그들 새로 온 비구들은 여러 장로 비구들에게 가르침을 받아서 점차로 수승한 높고 오묘한 이치를 깨달았다. 마침 보름이니 포살布薩 날이었다. 비구들이 대중에게 죄과를 고백하는 참회의 자자법회가 있어서 보름달이 둥글게 떠 있는 밤에 세존은 여러 비구들에게 둘러싸여 노지에 앉아 계셨다.

　이때 세존은 묵연히 앉아 있는 비구들을 둘러보시고 여러 비구에게 말씀하였다. "비구들이여, 나는 이렇게 올바른 행에 부지런히 애썼노라. 비구들이여, 나는 이 올바른 행에 마음을 써서 애썼노라. 그러하니 그대들은 아직 얻지 못한 것을 얻기 위해서, 아직 이루지 못한 것을 이루기 위해서, 아직 깨닫지 못한 것을 깨닫기 위해서 부지런히 정진하라. 나는 이 사위성에서 '넉달 뒤의 코무디*Komudii*(10~11월 : 카티카 *kattikā* 달)의 만월에 돌아오리라.' 하고 떠난 지 넉 달만에 다시 돌아왔노라." 하시니 여러 비구들은 넉달 뒤의 코무디의 만월에 이 사위성으로 돌아오실 것이라고 듣고 세존을 뵙기 위해서 찾아왔다.

해설　이날은 마침 하안거의 마지막 날이었다. 여러 비구들이 부처님을 따라 여름 석 달 동안 유행하지 않고 수행 정진하던 것을 마치고 그동안 듣고 보고 의심나는 일 등을 대중에게 고백하여 참회하는 날이었다. 이 행사는 달이 둥근 보름날이나 새로 달이 뜨는 그믐날에 행해진다. 15일 간에 걸친 자신의 수도생활을 반성하여 대중에게 고백하고 가르침을 받는 행사였다. 이때 새로 입문한 비구들은 각각 나누어져 여러 장로들에게 가르침을 받고, 마지막으로 붓다의 설명을 들은 후 자신의 갈길을 정한다. 그리하여 세존은 대중에게 설법을 하신다.

석존께서는 쉬라바스티의 기원정사 외에도 앞에서 말한 므라가라 마트리〔鹿子母〕가 기증한 동쪽 동산의 녹자모강당과 푸라세나짓트 왕이 여승들을 위해서 건립한 라자카 아마라〔王園精舍〕에 머물고 계셨다.

석존은 성도하신 뒤 3년째 되는 해의 우기를 이곳에서 지내셨다고 하는데, 그 후에도 20여 차례의 하안거를 쉬라바스티와 그 근처에서 지내셨다고 한다. 그러므로 석존은 기원정사나 녹모강당에서 설법하신 일이 매우 많았고, 이에 대한 많은 이야기도 전해지고 있다. 이 아나파나사티 숫타도 여기에서 설하셨다.

때는 코무디 만월의 밤이요, 장소는 녹모강당이요, 청중은 여러 장로 제자와 비구들이었음을 알 수 있다. 자, 이런 곳, 이런 때에 설법을 하신다. 이때 장로 비구들은 무엇을 하고 있었는가.

3. 한자리에 모인 스승과 제자들

여러 장로 비구들은 한창 새로 온 비구들을 가르치고 있었다. 어떤 장로 비구는 10명의 새로 온 비구들을 가르치고, 어떤 장로 비구는 20명의 새로 온 비구들을 가르치고, 어떤 장로 비구는 30명의 새로 온 비구들을 가르치고, 어떤 장로 비구는 40명의 새로 온 비구들을 가르치고 있었다. 그리하여 그들 새로 온 비구들은 장로 비구들에게 배움을 받아서 점차로 수승한 높고 오묘한 이치를 깨달았다. 마침 세존은 그날의 포살을 맞아 사 개월 뒤인 코무디 둥근 보름달이 뜬 밤에 비구들에게 둘러싸여 노지에 앉아 계셨다.

해설 석존께서 넉 달 뒤에 돌아오겠노라고 약속하고 다른 곳에서 유행하신 뒤 이곳 녹모강당으로 오셨다. 약속대로 석존이 오시니 여러 장로 비구를 비롯하여 많은 비구들이 각각 수행에 힘쓰고 있었다. 그들의 수행은 법을 아는 일과 법을 닦는 일, 그리고 법을 지키는 일이다. 이렇게 세 가지 공부를 부지런히 한 후 회향하는 날이 된 것이다. 부처님을 중심으로 모두 한자리에 모여서 각각 반성하며 참회한다.

여기에서 석존의 인격을 그리워하며 여러 지방에서 모여든 수행자들이 집단생활을 하고 있었고, 각각의 장로 비구들이 그들을 분담해서 가르쳤던 당시의 모습을 알 수 있다.

붓다는 자신에게 귀의한 사람들에게 지위고하나 출생의 귀천을 가리지 않고 모두 소중히 맞아 제자로 받아들였다. 그리고 마치 자식과 같이 가르쳤다. 그리하여 그들은 '가르침을 듣는 자'인 동시에 불자佛子라고 불려졌다. 이런 사람들이 경에서 말하는 제자이다. 그들은 오늘날의 스승과 제자와는 비교할 수 없는 관계에 있었다. '가르침을 받는 사람 sāvaka'인 경우에는 집을 나온 비구와 재가자도 포함되나, 석존의 밑에서 수행하는 사람들은 모두 제자라고 불렀다.

4. 만인에 대한 붓다의 자비

이때 세존은 묵연히 앉아 있는 비구들을 둘러보시며 여러 비구에게 고하셨다.

"비구들이여, 이제 그대들은 묵묵히 말을 하지 않는구나. 비구들이여, 그대들은 묵묵히 말을 하지 않는구나. 청정하고 참됨에 안온히 머물렀도다.

비구들이여, 이제 그대들은 마땅히 우러러 받들며 공양 합장하여 모실 비구들이다. 그대들은 이 세상에서 더없이 거룩한 복전이니라. 비구들이여, 이 자리에 있는 비구들, 이 무리에게 베풀면 작은 베품도 많은 것이 되고, 많은 베품은 더욱 많아지는 이와 같은 무리로다.

비구들이여, 실로 그대 비구들이여. 여기 모인 그대 비구들은 이 세상에서 쉽게 볼 수 없는 희유한 무리들이로다. 여러 비구들이여, 실로 이 비구대중, 비구들이여, 여기에 모인 그대들은 그대들을 만나기 위해서 수없이 먼 곳으로부터 먹을 것을 갖고 찾아가더라도 만나기 어려운 사람들이니라. 여러 비구들이여, 여기에 모인 비구들은 이와 같은 사람이로다."

해설 불교는 당시 사회에서 굳게 자리잡고 있던 신분계급의 차별을 무시하고 교단에 귀의한 사람은 누구든 이 세상에서 가장 거룩하고 존귀하며 받들어모실 대상으로 대우했다. 그들은 어떤 이념에 의한 인위적인 제도가 아니라 오로지 붓다의 자비와 지혜에 귀의했다. 교단에 들어온 사람들 중에는 가난한 사람, 천한 직업에 종사하는 사람, 우상을 받드는 사람의 아내나 가족이 모두 죽어서 홀로 남은 가난한 과부, 추위와 더위에 못 견디고 달려오는 사람도 있었다.

그러나 이처럼 하층계급의 사람들만이 석존의 대자비에 의지하려고 했던 것은 아니다. 지배계급이나 상층계급에 속하는 사람들 중에도 붓다에게 귀의하는 사람들이 많았다. 마가다국의 아자타삿투 왕과 코살라국의 파세나지 왕이 그랬고, 바라문인 가섭 형제가 천 명의 제자를 데리고 석존에게 귀의했다. 사밧티시의 급고독 장자는 숲을 기증했다. 붓다께서는 이러한 모든 제자들을 한결같이 "비구여!" 하고 다정히 부르셨다. 그리고 그들을 한결같이 평등하게 존중하고 아끼고 받들었다.

경문에서는 붓다의 자상하고 따사로운 숨결이 느껴진다. 붓다는 모든 제자들을 무상의 복전으로 보셨고, 한없이 베풀어야 할 거룩함으로 보셨으며, 귀하게 받들어 공양할 지존한 존재로 보셨다. 무상의 복전이요, 더없는 복전이다. 복전이란 복덕을 낳는 밭이다. 흔히 불법승 삼보나 부모를 잘 받들면 베푼 대로 그 공덕을 받는다 하여 밭에 비유한다. 붓다의 교단에 들어온 이는 무한한 복의 밭을 가진다. 가장 거룩한 세계로 발을 들여놓았기 때문이다. 그러므로 이들에게 베풀면 작은 것도 큰 것이 되고, 많은 것은 더욱 많아진다. 마치 밭에 곡식을 심으면 작은 씨앗이 점점 커져서 열매를 맺어 더욱 많은 곡식을 얻게 되는 이치와 같다.

도를 닦아서 법을 알게 되면 복전을 닦은 것이요, 복전을 가지는 것이다. 불법은 수천만 겁에도 만나기 어렵다. 하물며 그런 불법을 닦으러 온 비구들 역시 수천만 겁에도 만나기 어려운 희유한 인연이 아닐 수 없다. 그러니 어찌 다시 보기 어려운 사람이 아니겠으며 다시 만나기 어려운 사람이 아니겠는가.

이처럼 부처님은 모든 제자들을 더없는 복전이요, 다시는 만나기 어려운 희유한 인연이므로 더없이 소중하고 거룩한 법의 맺음으로 보셨다. 이렇게 보고, 이렇게 말이 나오고, 이렇게 행해지지 않으면 깨달음이 아니다. 법을 본 자는 법을 행하게 된다. 법을 본 자는 말과 행동이 법 그대로 되고 자비스러운 말과 온화한 얼굴로 대하게 된다. 붓다가 여러 비구에게 말씀하신 이 첫 말씀을 우리는 깊이 귀담아 들어서 부처님의 마음을 헤아려 보지 않으면 안 된다.

5. 무리 속에 있는 수많은 깨달은 자들

여러 비구들이여, 이 모임은 이와 같다. 이 비구들 중에는 아라한으로서 번뇌가 다하여 더없는 것을 얻어 마땅히 할 바를 하고, 무거운 짐을 버리고 스스로의 이로움을 얻어 맺혀 있는 것을 모두 없앤 비구가, 올바른 지혜로써 해탈한 비구가 있다. 여러 비구들이여, 이 비구 중에는 욕계의 다섯 가지 번뇌를 모두 없애고 화생으로서 남김 없는 열반에 들어서 저 세계에서 다시 돌아오지 않게 된 비구가 있다. 여러 비구들이여, 이와 같은 비구도 이 비구중 속에 있도다. 비구들이여, 이 비구중 속에 욕계의 세 가지 번뇌를 모두 없애고 탐진치를 엷게 하여 오직 한 번 이 세상에 돌아와 고를 모두 없앤 비구가 있다. 여러 비구들이여, 이와 같은 비구들도 이 비구중 속에 있도다. 여러 비구들이여, 이 비구중 속에는 욕계의 세 가지 번뇌를 모두 없애고 예류과를 얻은 자, 나쁜 곳으로 가서 떨어지지 않은 자, 확실한 도가 이루어진 자, 올바른 깨달음으로 갈 비구들이 있다. 여러 비구여, 이와 같은 종류의 여러 비구 또한 이 비구중 속에 있도다.

해설 붓다의 회상會上에는 수많은 수행자들이 모여 있어 이 중에는 수행이 높은 성자들도 많이 있었다. 이 중에는 아라한阿羅漢의 세계를 증득한 성자도 있고, 불환과不還果를 얻은 성자도 있고, 일래과一來果를 얻은 성자도 있으며, 예류과預流果를 얻은 성자도 있었다.

아라한과를 얻으면 모든 번뇌가 사라지고, 마음이 더없는 안온함으로 가서 마땅히 하고 싶은 일을 행하는 힘이 생긴다. 여기에는 어떤 정신적인 집착도 없고, 자신의 지극히 참된 곳에 머물러서 더 바랄 것이 없게 되며, 지혜가 바르게 나타나 모든 걸림을 벗어나게 된다. 그러므로 아라한은 수행이 극치에 이르러서 자기가 완성된 사람이라고 한다. 그래서 이런 세계를 얻은 사람을 진인眞人이라고도 하고, 마땅히 존경받을 만한 성자라고 하여 응공應供이라고도 하며, 번뇌의 적을 완전히 없앤 사람이라 하여 살적殺賊이라고도 하고, 다시는 번뇌로 고민하는 중생으로 태어나지 않는다 하여 불생不生이라고도 한다. 소승 불교에서 말하는 최고의 경지에 이른 성자다. 또한 아라한은 인간의 정신이 최고의 이상에 도달한 것이므로 더 배울 것이 없는 세계라 하여 무학과無學果라고도 한다. 이러한 세계에서는 올바른 지혜가 있고 올바른 행이 행해진다.

다음에 불환과는 중생이 가지고 있는 다섯 가지 번뇌, 곧 탐욕, 노여움, 나나 우리 등을 고집하는 아집, 계로 정하여 금하고 있는 사항을 그릇되게 이해하여 취하는 소견〔戒禁取見〕, 인과의 도리를 의심하는 것 등이다. 이로 인해서 고통받고 있으므로 모두 없애고, 열반의 세계로 들어가서 다시는 고통받는 번뇌의 세계로 돌아오지 않게 된 성자의 세계다. 이런 세계에 도달한 사람은 다시는 고통받는 욕계에 나지 않게 된다. 그래서 불환과를 아라한과의 밑에 해당하는 단계로 본다.

일래과一來果는 욕계의 세 가지 번뇌, 곧 탐욕, 노여움, 어리석음이 엷어져서 인간계와 천상계에 통하게 되니, 인간계에 있으면서 이를 얻으면 반드시 천상에 있다가 인간계에 다시 돌아와서 열반에 들고, 또한 천상에 있어서 이 과를 얻으면 우선 인간으로 가서 다시 천상과 인간계를 한 번 왕래한다. 이는 일래라는 욕계의 번뇌를 완전히 벗어나지 못했기 때문이다.

예류과는 수행자가 천상계에서 얻는 세계이다. 고의 원인인 번뇌를 없앰으로써 고가 없는 성자의 길로 들어가기 시작하는 단계다. 여기에 이르면 불교의 근본 진리인 고집멸도 사성제를 명료하게 보는 지혜가 열린다. 더 수행하여 이 단계를 지나 번뇌를 더욱 많이 끊으면 천상계에 태어나서 천상의 낙을 맛볼 수 있는 일래과에 이른다.

그러나 일래과에서는 아직 인간의 번뇌를 완전히 끊지 못했기 때문에 한 번은 인간계로 돌아온다. 더 수행하면 모든 번뇌를 끊고 적정의 참된 즐거움을 몸으로 증득하는 불환과에 이른다. 여기에서 다시 더 나아가면 닦을 것도 없고, 얻을 것도 없는 세계인 열반에 들어서 생과 사의 미혹의 유전함이 없는 성자, 즉 아라한에 이르게 된다. 경에서 말한 '나쁜 곳(지옥 등)에 떨어지지 않는 자'는 일래과를 얻은 자요, '결정된 자'는 불환과를 얻은 자요, '올바른 깨달음으로 갈 자'는 아라한과를 얻은 성자다. 이러한 성자들이 모두 모여 있는 곳이 이 회상이다.

원시불교나 소승불교의 수행목표는 이 네 가지다. 그러나 대승은 이에 만족하지 않고 보살이나 부처의 세계가 설해지고 보살이나 부처가 되는 수행을 닦게 된다.

6. 37종의 수행을 갖춘 성자

비구들이여, 이 비구중 속에 사념처四念處의 수습과 노력에 정근하여 머무는 비구가 있다. 비구들이여, 이와 같은 비구가 이 비구중 속에 있도다. 비구들이여, 이 비구중 속에 사정근四正勤의 수습과 노력에 정근하여 머무는 비구가 있다. 비구들이여, 이와 같은 종류의 비구들도 이 비구중 속에 있도다. 비구들이여, 이 비구중 속에 사신족四神足의 수습과 노력에 정근하여 머무는 비구가 있다. 비구들이여, 이같은 비구 또한 이 비구중 속에 있도다. 비구들이여, 이 비구중 속에 오근五根의 수습과 노력에 정근하여 머무는 비구가 있다. 비구들이여, 이와 같은 비구들 또한 이 비구중 속에 있도다. 비구들이여, 이 비구중 속에 오력五力의 수습과 노력에 정근하여 머무는 비구가 있다. 비구들이여, 이와 같은 비구도 이 비구중 속에 있도다. 비구들이여, 이 비구중 속에 칠각지七覺支의 수습과 노력에 정근하여 머무는 비구가 있다. 비구들이여, 이와 같은 여러 비구도 이 비구중 속에 있도다. 비구들이여, 이 비구중 속에 거룩한 여덟 가지 길의 수습과 노력에 정근하여 머무는 비구가 있다. 비구들이여, 이런 비구 또한 이 비구중 속에 있도다.

해설 앞에서 말한 아라한과, 불한과, 일래과, 예류과의 세계는 우리가 불도를 닦는 첫 단계에서 들어가는 성문聲聞의 길이다. 성문이란 부처님의 설법을 듣고 수행하여 자기완성을 목표로 해탈에 이르려고 애쓰는 출가한 성자들이다. 이들은 삼십칠도행을 닦아서 번뇌를 없애고 성자의 세계에 머물러서 열반에 이르게 된다. 그리하여 수행자들은 사념처를 닦아서 이에 머물기도 하고, 혹은 사정근을 닦아서 이에 머물 수도 있고, 사신족을 얻은 이도 있고, 칠각지를 얻어서 머무는 이도 있고, 팔정도의 수행을 완성하는 이도 있다.

그러므로 경에서도 이들 사념처, 사정근, 사신족, 오근, 오력, 칠각지, 성팔지도의 수습에 정진하여 이에 머물고 있는 성자들이 모여 있다. 그러면 사념처의 수행이란 어떤 것인가.

흔히 불도를 닦는 사람은 먼저 마음을 바로잡기 위해서 다섯 가지 그릇됨을 없앤다. 곧 부정관不淨觀으로 탐욕을 없애고, 자비관慈悲觀으로 성내는 마음을 없애고, 인연관因緣觀으로 어리석음을 없애며, 계분별관界分別觀으로 실체가 있다는 아견我見을 없애고, 수식관數息觀으로 마음의 산란을 없애고, 염불관念佛觀으로 여러 가지 번뇌를 없앤다.

다섯 가지 그릇된 마음을 없애는 관법을 닦은 뒤에 사념처관을 닦는다. 사념처관은 사념주四念住라고도 하며 몸을 골똘히 생각하여 몸이 부정하다는 사실을 깨닫는 신념처身念處의 수행을 닦는다. 또한 마음을 골똘히 생각하여 받아들여지는 모든 감수작용에서 마음에 즐거움을 주는 음행이나 자식을 보고 귀엽다고 느끼는 즐거움이나 재물로 인한 만족스러운 즐거움 등이 끝내 즐거움이 되지 못하고 고가 됨을 아는 수행을 닦는다. 또한 골똘히 생각하여 우리의 마음은 항상 그대로 있지 않고 늘 변화하며 생멸한다는 무상함을 관하는 수행을 닦는다.

또한 모든 사물을 골똘히 생각하여 그 자체로는 실체가 없다고 관하는 수행을 닦아서 지금까지 잘못 알고 있던 영원불멸하다는 상常과 즐거움이라는 낙樂과 실체가 있다는 아我와 깨끗하다는 정淨의 잘못됨을 없앤 사람들이 있다. 이 수행에 있어서는 이들 다섯 가지를 각각 나누어서 골똘히 생각하기도 하고, 모두 다같이 생각하기도 한다. 이렇게 하여 가치의 전환이 이루어지면 열반에 이르게 된다. 그러므로 소승에서 이 수행은 열반을 증득하는 방편으로 닦는다. 그래서 오정신관 다음에 이 사념처관을 닦아서 도를 깨닫는 길로 들어간다고 하여 《삼십칠도품경》에서는 첫번째의 행법으로 지적하고 있는 것이다. 이 사념주는 지혜를 얻는 수행이다.

다음으로 사정근四正勤을 닦아서 부지런히 애쓰는 비구가 있다. 이는 네 가지 바른 노력이다. 나타나지 않은 악을 끊기 위한 노력, 이미 생긴 악을 끊기 위한 노력, 아직 나타나지 않은 선을 나타내기 위한 노력, 이미 나타난 선을 더욱 증대하기 위해 힘쓰는 노력 등이다. 이런 노력은 태만심을 끊고 마음의 장애를 없애기 때문에 사의단四意斷이라고도 한다. 《삼십칠도품경》에서는 두번째의 수행이라고 설해진다. 그러므로 이 사의단은 계의수행에 해당한다. 이 네 가지 올바른 노력이 이루어진 비구들이 부처님의 설법을 듣기 위해서 모였다.

다음에는 사신족四神足을 닦아서 이에 머물고 있는 비구가 있다. 사신족은 네 가지 신족, 즉 네 가지 뛰어난 정신력이다. 사물을 투시해 그 실체를 아는 천안통天眼通을 얻는 수행과, 아무리 미세한 소리라도 들을 수 있는 청력을 얻는 수행과, 다른 사람의 마음을 능히 꿰뚫어볼 수 있는 힘을 얻는 수행과, 허공을 날 수 있는 신통력을 얻는 수행 등 네 가지 자재력을 얻은 비구들이 모여 있다. 이 네 가지 신통력은 정신집중으로 얻어진다. 그러므로 사신족은 정定의 수행에 해당한다.

다음으로 오근의 수습으로 이에 머문 비구가 있다고 했다. 오근은 흔히 안근, 이근, 비근, 설근, 신근의 다섯이다. 눈과 귀와 코와 혀와 몸에 있는 감각기능을 말한다. 이들은 각각 밖의 대상을 잡아서 이에 적응하는 기능이다. 그러나 《삼십칠도품경》에서는 이런 신체기관의 기능이 아니라 우리의 마음속에 갖추어져 있는 다섯 가지 기능을 말한다. 이에 의하면 우리의 마음속에는 번뇌를 누르고 올바른 길로 나가게 하는 뛰어난 힘이 있다고 한다. 바로 믿음〔信〕과 정진精進과 골똘히 생각하는 능력〔念〕과 정신집중〔定〕과 지혜〔慧〕 등이다. 경에서 말하고 있는 오근이 바로 이들 다섯 가지 정신기능이다. 이들 오근은 번뇌를 없애는 힘이 되기 때문에 오무루근五無漏根이라고도 한다. 여기서 누漏란 번뇌를 말한다.

믿음이 확립되어 마음에 유순함이 생기고, 하고자 하는 일에 용맹스럽게 나아가는 정진력이 생기고, 사물을 생각하고자 하면 언제나 골똘히 생각할 수 있으며, 정신이 집중되어 한결같이 부동심을 가지고 올바른 지혜로 사물을 분별하는 힘이 최고에 이르는 수행이다. 이러한 수행이 이루어진 사람은 다시 다섯 가지 힘을 얻는다. 곧 다섯 가지 근본능력의 힘을 말한다. 오근의 힘〔五力〕이 갖추어진 사람은 일곱 가지 깨달음의 세계로 나가게 된다.

칠각지의 수습에 머문 사람이 바로 이런 사람이다. 사념처에서 사정근, 사신족, 오근, 오력까지의 수행은 번뇌를 굴복시키는 수행이다. 그래서 여기까지는 수도위修道位에 속한다. 오력이 증대하면 번뇌가 없어지기 때문이다. 이에 머물면 드디어 깨달음이 가까워진다. 그러므로 깨달음을 돕는 일곱 가지라 하여 칠각지라고 한다. 이것은 '삼십칠도품' 가운데 제6의 행법이다.

일곱 가지 법이란 무엇인가. 한마디로 말하면 불도를 수행하는 데 있어서 참과 거짓, 선과 악을 지혜로써 잘 살펴서 가려내는 데 7종이 있다는 뜻이다.

①법을 살펴서 선악의 진위를 가려내는 것〔擇法覺支〕, ②수행할 때 마음의 삿됨을 버리고 용맹하게 바른 길로 정진하는 것〔精進覺支〕, ③선한 법을 얻어서 마음이 기뻐하는 것〔喜覺支〕, ④그릇된 견해나 번뇌를 끊어버리기 위해서 알아서 거짓됨을 버리고 선근이 생하는 것〔除覺支〕, ⑤외경의 집착을 없앨 때에 그릇된 추억을 버리는 것〔捨覺支〕, ⑥정신집중이 되어 망상을 일으키지 않는 것〔定覺支〕, ⑦항상 골똘히 생각하여 마음이 흔들리지 않게 하고 지혜롭게 하는 것〔念覺支〕 등이다. 마음이 혼침하면 ①~③으로 일깨우고, 들뜨면 ④~⑦로 다스린다. 이와 같이 칠각지가 이루어지면 진리를 여실히 보게 되고, 생사를 떠나서 열반에 들게 되므로 도에 이른다. 이것이 일곱번째의 팔정도로서 설해졌다. 그래서《삼십칠도품경》에서는 다음의 팔정도를 제7의 행이라고 하여 팔도지八道支라고 한다. 사념처, 사정근, 사신족, 오근, 오력까지는 아직 번뇌가 있는 것이요, 칠각지와 팔정도에서는 번뇌가 이미 없어진 것이라고 말해진다.

그러면 마지막으로 팔정도의 수행이 이루어진 세계는 어떠한가. 이 여덟 가지 길은 거룩한 진리 그대로 행해지므로 성팔지도聖八支道라고 한다.《삼십칠도행경》에서는 팔직도八直道라 했다. 불교실천의 8종이다. 이는 중도中道이며, 정도正道이며, 성도聖道이다. 여덟 가지로 나누어져 있기 때문에 팔정도지八正道支, 또는 팔정도분八正道分이라고도 한다. 정견正見, 정사유正思惟, 정어正語, 정업正業, 정명正命, 정정진正精進, 정념正念, 정정正定이다. 옛 번역에서는《삼십칠도품경》에서와 같이 직견直見, 직치直治, 직어直語, 직행直行, 직업直業, 직방편直方便, 직념直念, 직정直定이라고 했다.

 이들 여덟 가지는 계戒, 정定, 혜慧에 배당시켜서 볼 수 있으니 붓다가 설하신 근본 법문이다. 이는 붓다의 근본교리이므로 사제四諦, 십이인연설十二因緣說과 함께 근본이 되는 가르침이다. 정견은 지혜요 인연법이요 중도로서 있는 그대로 보는 견해이다. 정사유는 모든 사유분별은 실다운 것이 없으며, 생각하고 생각되는 것은 모두가 없다고 여겨 집착하지 않는다. 일체의 사유분별이 평등하기 때문에 집착할 바가 없다. 정업은 올바른 행위를 말한다. 말이나 몸, 마음의 움직임이 모두 걸림 없는 정업이다. 이러한 모든 움직임은 허망하고, 실다움이 없고, 악업이나 선업에도 끌리지 않으며, 행한 바나 지은 바가 없으니 정업이다. 정명은 올바른 생활이니 모든 생활이 삿되지 않아서 인연법 속에서 살며, 옳고 그름에 머무르지 않고, 청정한 지혜로써 살고, 행하는 생활이다. 정어는 올바른 말이니 실다운 말만을 하여 제법의 실상을 나타낸다. 모든 말이 청정한 구업을 짓도록 한다. 정정진은 정심定心 속에서 노력하니 고나 낙에 집착하지 않고, 근심과 기쁨에 끌리지 않으며, 악법을 용감히 떠나고 선법에도 애착 없이 한결같이 용맹하게 노력한다. 정정은 올바른 선정이니 선정에 들어서 흔들리지 않고, 들뜨거나 가라앉지 않는다. 또한 어디에도 집착하거나 의지하지 않으며, 인연법을 알아서 선과 악의 일어나는 바를 알고, 선법의 인연에 따라서 스스로 선정에서 유희하여 행함에 자재하고 출입에 걸림이 없다. 이와 같이 37종의 행이 닦아지면 열반에 이른다. 열반이란 번뇌가 없는 곳이다.

그러면 왜 37종을 모두 닦아야 하는가. 37종의 도행은 처음 수도하는 사람이 도로 들어가는 도정이다. 수행자는 먼저 스승에게 도를 닦는 방법을 물어 그 길을 배운다. 그리하여 먼저 마음가짐을 다져야 한다. 이것이 사념처다. 그런 마음가짐으로 부지런히 노력하면 사정근이 된다. 부지런히 닦아서 정진하면 마음이 산란하지 않고 안정되어 흔들리지 않고 뜻대로 움직인다. 이것이 사신족이다. 마음이 섭심되어 내 뜻대로 되면 마음의 힘이 생긴다. 이것이 오근이고, 그 힘이 더욱 증진하여 능히 번뇌를 끊으면 오력이다. 힘을 얻으면 옳고 그름을 분별하고 선법을 모아 나의 것으로 삼으니, 이것이 칠각지다. 이렇게 하여 진리가 내 것이 되면 열반의 세계에 머물러서 모든 삶이 진리를 떠나지 않고 무위삼매에서 자재하게 된다. 이것이 팔정도이다. 경에는 이런 세계에 도달한 성자들의 모습이 보인다.

7. 보살도를 닦는 성자

비구들이여, 이 비구중 속에는 남에게 즐거움을 주는 자慈를 수습하고 노력하여 머물고 있는 자가 있다. 비구들이여, 이와 같은 비구도 이 비구중 속에 있도다. 비구들이여, 이 비구중 속에는 남의 고를 없애주는 비悲를 수습하고 노력하여 머물고 있는 자가 있다. 비구들이여, 이와 같은 비구 또한 이 비구중 속에 있도다. 비구들이여, 이 비구중 속에 남과 같이 기뻐하는 기쁨[喜]을 수습하고 노력하여 머물고 있는 자가 있다. 비구들이여, 이와 같은 비구 또한 이 비구중 속에 있도다. 비구들이여, 이 비구중 속에는 차별심을 버림[捨]을 수습하고 노력하여 머물고 있는 비구가 있다. 비구들이여, 이와 같은 비구도 이 비구중 속에 있도다.

해설 여기서는 자慈, 비悲, 희喜, 사捨의 사무량심四無量心을 닦은 성자가 설해진다. 사무량심은 자비희사의 네 가지 마음으로 이는 무량 중생에게 베풀어 주는 마음이다. 이런 마음이 한결같이 간직되어 머물고 있는 사람이 성자이다. 사무량심은 사등심四等心이라고도 하는데, 가없는 인연을 맺게 되는 경계에 따르기 때문에 사무량심이라고 하고, 마음이 그 인연이 되는 경계에 따르기 때문에 사등심이라고도 한다. 이러한 마음은 무량중생인 경계에 따라서 베풀어지는 평등심이며 자비희사의 네 가지 마음이다. 이 네 가지가 이루어져서 일체 중생에게 베풀어지는 것이 덕德이다. 그래서 이를 사덕四德이라고도 한다. 자慈는 팔리어로는 메타 mettā요, 범어로는 마이트리 māitrī(maitra)다. 어원적으로는 친구, 친분을 뜻하고, 비는 카루나 Karuṇā이니 동정, 연민의 뜻이 있다.

자는 남에게 이익을 주고 안락을 주려는 적극적인 마음이요, 비는 남의 괴로움이나 해로움을 없애주려는 적극적인 마음이다. 따라서 자비는 순수하며 사랑의 기본이다. 마치 부모가 자신의 목숨까지도 아끼지 않고 자식을 사랑하는 것처럼 만인을, 일체 중생을 사랑하는 마음이다. 또한 희는 다른 이가 고통을 없애고 즐거움을 얻게 하여 같이 즐거워한다. 사는 일체 중생을 평등하게 보아 가깝거나 먼 구별을 두지 않고 같이 평등하게 대한다.

이러한 네 가지 마음은 처음에는 자신과 관계 있는 이에게 일으키고 점차 모든 이에게 미치게 한다. 이런 마음은 인간관계에 있어서 대립을 없애고 집착을 떠났을 때 일어나는 마음들이다. 이의 실천이 보살도이다. 집착을 떠나 평등하게 남을 보고 나아가서 남을 도와주면서 기뻐하는 마음은 어디서 나타나는가. 바로 열반에 이른 마음에서 일어난다. 자비는 사랑하거나 미워하는 대립을 떠난 절대적인 사랑이요, 희와 사는 너와 나의 대립을 떠난 절대적인 사랑이다.

열반의 세계는 너와 나, 미움과 사랑 등의 대립관념을 초월하여 모든 생명이 다같이 사는 부처님의 마음이다. 이런 사무량심을 닦는 수행자는 벽지불을 넘어서 보살도가 이루어진다.

8. 집착을 떠난 성자

비구들이여, 이 비구중 속에는 부정관不淨觀을 수습하고 애쓰며 노력하여 머무는 비구가 있다. 비구들이여, 이와 같은 비구 또한 이 비구중 속에 있도다. 비구들이여, 이 비구중 속에는 무상관無常觀을 수습하고 애쓰며 노력하여 머무는 비구가 있다. 비구들이여, 이와 같은 비구도 이 비구중 속에 있도다.

해설 좌중에 부정관과 무상관을 닦아 간직하려고 애쓰는 비구가 있음을 찬양한 것이다. 부정관은 우리의 몸이 깨끗하지 않음을 아는 관이다. '깨끗하지 않다'는 '더럽다'의 반대 개념이다. 불교에서는 단순한 느낌만이 아니라 번뇌가 있고 없음에 따라서 더러움과 깨끗함이 나누어진다. 즉 번뇌가 있는 마음을 더럽다고 하고 번뇌가 없는 마음을 깨끗하다고 한다. 그래서 번뇌를 물들은 더러움, 즉 염오심染汚心이라고 한다. 번뇌는 우리의 몸에 의해서 생긴다. 그러므로 우리 몸의 구성이나 작용을 있는 그대로 관찰하여 이에 매이지 않게 한다. 이것이 청정이다. 번뇌는 집착이기 때문이다. 몸이 부정하다고 하여 부정하는 것도 아니고, 스스로를 학대하는 것은 더욱 아니다. 몸은 지地, 수水, 화火, 풍風의 사대로 이루어지고 인연으로 모여 있으므로 깨끗하다거나 더럽다는 의미를 떠나서 존재한다. 이를 절대적으로 잘못 알고 집착하기 때문에 멋대로 깨끗하다고 생각하여 집착한다. 몸은 이미 고나 낙을 떠났다. 그럼에도 불구하고 몸이 깨끗하다고 생각하기 때문에 늙고 병들면 고민에 빠진다. 모든 고는 몸에 대한 집착으로부터 나온다. 그러므로 몸에 대한 부정관으로서 깨끗하다는 잘못된 견해를 없애면 그로 인해서 일어나는 고가 없어져 열반에 이르게 된다.

무상관도 이와 같다. 무상관은 우리의 마음을 관찰하여 모든 것이 무상하다는 사실을 알게 된다. 마음은 실체가 없으므로 어떤 것이 나의 마음인지, 어떤 것이 과거, 현재, 미래의 마음인지, 악한 마음인지, 선한 마음인지 알 수 없다. 마음만이 아니라 모든 것은 인연에 따라서 일어나고 없어지므로 걸릴 것이 없다. 움직이며 변하기 때문이다. 이 세상의 모든 것은 변하고 움직여서 열반의 세계로 간다. 색, 수, 상, 행, 식의 오온五蘊은 인연에 의해서 생하고 멸하므로 무상이요 고요 무아임을 알면, 적정의 세계 속에서 고를 떠나 낙에 머물고, 무상을 떠나 상에 머물고, 무아를 떠나 참된 나에 머문다. 이것이 열반의 세계이다.

마음에 집착이 없어 번뇌가 일어나지 않으니 고가 있을 수 없다. 고가 없으니 스스로 고요한 적정락이 있게 된다. 이를 무루無漏의 낙樂이라고 한다.

9. 안반수의 호흡의 요지

비구들이여, 이 비구중 속에 들어오고 나가는 숨에 마음을 두는 것을 수습하고 노력하여 머물고 있는 비구가 있다. 비구들이여, 이와 같은 비구도 이 비구중 속에 있도다. 비구들이여, 들어오고 나가는 숨에 마음을 두는 것을 수습하여 널리 익히면 큰 효과를 얻고 큰 공덕이 있나니라. 여러 비구여, 입출식념을 수습하고 널리 익히면 사념처를 만족하게 한다. 사념처를 수습하고 널리 익히면 칠각지가 원만해진다. 칠각지를 수습하고 널리 익히면 명명과 신통과 해탈이 원만해진다.

해설 여기서는 입출식념入出息念, 곧 아나파나사티 ānāpānāsati를 설한다. 들어오는 숨과 나가는 숨에 마음을 두는 관법을 잘 익히면 몸이나 마음에 곧 효과가 있다고 한다. 이미 앞에서도 누누히 말했듯이 몸에 있어서는 생리적인 효과로 산소의 공급과 일산화탄소 등의 배출양이 많아져서 혈액을 깨끗이 할 뿐만 아니라, 모든 기관을 정상적으로 움직이게 하고, 신경을 안정시켜서 질병의 예방과 치료에 효과가 있다. 그러나 이러한 육체적인 효과 외에 더 큰 정신적인 공덕이 있다. 곧 사념처를 원만하게 한다. 어찌하여 그렇게 되는가.

호흡의 나가고 들어옴에 마음이 같이 머물면 몸이나 감수작용, 마음이나 법에 따라서 마음이 끌리지 않으므로 그것과 하나가 되어 고요하고 순일하며 있는 그대로 인연에 따라서 생멸하니 사념처에 원만해진다. 입출식념은 행하고 머물고 눕고 앉음에 항상 마음이 대상과 떠나지 않고 같이 하여 들어오는 숨 속에서 신, 수, 심, 법이 있는 그대로 나와 하나가 되고, 네 가지에 걸리지 않고, 즐거워하거나 괴로워하지 않으며 집착하지 않는다. 이렇게 되면 적정인 삼매를 얻어서 심신이 움직이지 않는 속에서 승묘한 법 그대로의 세계에 머문다. 다시 말하면 모든 것이 그대로, 있는 그대로 나타나서 즐겁게 머물게 된다.

이것이 사념처의 원만이다. 경에서는 성주聖住, 범주梵住, 여래주如來住라고도 한다. 이러한 사념처가 원만하게 되면 나아가서 칠각지가 원만히 이루어지고, 칠각지가 잘 익혀지면 명명, 곧 궁극의 지혜를 얻어서 해탈한다고 했다. 이것으로 볼 때 입출식념을 잘 익히면 지혜를 얻어서 해탈, 곧 열반적정에 이른다고 할 수 있다. 그러면 어떻게 닦을 것인가. 이에 대한 방법도 상세히 설해진다.

10. 해탈로 가는 호흡

그러면 비구들이여, 어떻게 입출식이 수습될 것이며, 어떻게 널리 익혀질 것이며, 어떤 큰 효과와 공덕이 있겠는가. 비구들이여, 여기에 비구가 있는데, 숲으로 가거나 나무 밑으로 가고, 혹은 빈 집으로 가서 결가부좌하여 몸을 단정히 하고 생각을 나타내서 머물게 한다. 그러면 실로 생각이 있어서 숨이 들어오고 생각이 있어서 나간다.

　혹은 길게 숨을 들이쉬면서 '나는 숨을 길게 들어오게 한다.'고 깨달아 알고, 혹은 길게 숨을 내쉬면서 '나는 길게 나가게 한다.'고 깨달아 알고, 혹은 짧게 입식하여 '나는 짧게 입식한다.'고 깨달아 알고, 혹은 출식하여 '나는 짧게 출식한다.'고 깨달아 알고, '나는 온몸을 깨달아 받으면서 입식하겠노라.' 하고 익히고, '나는 온몸을 깨달아 받으면서 출식하겠노라.' 하고 익히고, '나는 몸의 움직임을 고요히 하여 입식하겠노라.' 하고 익히고, '나는 몸의 움직임을 고요히 하여 출식하겠노라.' 하고 익히고, '나는 기쁨을 깨달아 받아들이면서 입식하겠노라.' 하고 익히고, '나는 기쁨을 깨달아 받아들이면서 출식하겠노라.' 하고 익히고, '나는 즐거움을 깨달아 받아들이면서 입식하겠노라.' 하고 익히고, '나는 즐거움을 깨달아 받아들이면서 출식하겠노라.' 하고 익히고, '나는 마음의 움직임을 깨달아 받아들이면서 입식하겠노라' 하고 익히고, '나는 마음의 즐거움을 깨달아 받아들이면서 출식하겠노라' 하고 익히고, '나는 마음의 움직임을 고요히 하면서 입식하겠노라.' 하고 익히고, '나는 마음의 움직임을 고요히 하면서 출식하겠노라.' 하고 익히고, '나는 마음을 깨달아 받아들이면서 입식하겠노라.' 하고 익히고, '나는 마음을 깨달아 받아들이면서 출식하겠노라.' 하고 익히고, '나는 마음을 더없이 기쁘게 하면서 입식하겠노라.' 하고 익히고, '나는 마음을 더없이 기쁘게 하면서 출식하겠노라.' 하고 익히고, '나는 마음을 집중하여 머물게 하면서 입식하겠노라.' 하고 익히고, '나는 마음을 집중하여 머물게 하면서 출식하겠노라.' 하고 익히고, '나는 마음을 해탈케 하면서 입식하겠노라.' 하고 익히고, '나는 마음을 해탈케 하면서 출식하겠노라.' 하고 익히고, '나는 무상을 따라 관하면서 입식하겠노라.' 하고 익히고, '나는 무상을 따라 관하면서 출식하겠노라.' 하고 익히고, '나는 탐욕을 떠남을 따라 관하면서 입식하겠노라.' 하고 익히고, '나는 탐욕을 떠남을 따라 관하면서 출식하겠노라.' 하고 익히고, '나는 도를 따라 관하면서 입식하겠노라.' 하고 익히고, '나는 멸을 따라 관하면서 출식하겠노라.' 하고 익히고, '나는 떠나서 나감을 따라 관하면서 입식하겠노라' 하고 익히고, '나는 떠나서 나감을 따라 관하면서 출식하겠노라.' 하고 익힌다.

비구들이여, 이와 같이 입출식념을 널리 익히면 큰 효과와 큰 공덕이 있도다.

해설 여기서는 숨을 들어오게 하거나 나가게 하는 것에 마음을 집중하여 마음과 숨이 하나가 되게 하는 것에서 더 나아가 널리 모든 것에 미치게 하는 수련을 닦으라고 가르치고 있다. 이를 '널리 익힌다.'

고 했다. 이 경의 장점은 널리 익히는 방법을 설하고 있다는 점이다. 《아함경》에서는 이렇게 입출식념이 널리 익혀지는 것을 가르치고 있다. 《잡아함경》 제26의 《아리비타경阿梨琵咤經》에서도 이를 설하고 있다. 그러나 내용은 다르다.

　이와 같이 널리 익히는 것은 수식, 상수, 지, 관, 환, 정의 여섯 가지 중에서 관觀에 해당한다. 관은 집중한 상태로 인체의 모든 것을 관하니, 집중력이 확대된다. 이것이 이루어지면 몸만이 아니라 몸 이외의 어떤 것에 대해서도 집중력을 확대할 수 있다. 이러한 수련을 강조한다. 숨에만 정신을 집중하기도 어려운데, 마음으로 다른 것을 생각하면서 숨이 그에 따라서 길게, 혹은 짧게 나가고 들어오는 것을 각지하기는 더욱 어렵다. 몸을 움직일 때에도 마찬가지다. 가령 뛰면서 숨이 길게 혹은 짧게 나가고 들어옴을 각지하고, 천천히 걷거나 앉아 있거나 누워 있으면서 이렇게 익힌다.

　처음에는 고요한 곳에 결가부좌하고 앉아서 익혀야 한다. 숲속이나 나무 밑이 좋다. 혹은 빈 집에 홀로 앉아 결가부좌하고 숨을 길게 혹은 짧게 출입시키면서 정신을 숨에 집중한다. 첫 단계에서는 이런 방법을 행한다. 마음을 고요히 하기 쉽고 정신을 한 곳에 집중하기가 쉽기 때문이다. 그러나 어느 정도 익숙해지면 여기에서 더 나아가지 않으면 안 된다. 숨의 길고 짧음을 임의대로 자유롭게 하면서 이에 마음이 머물게 한다. 다시 여기에서 몸의 움직임, 마음의 움직임을 깨달아 지각하면서 호흡한다. 몸의 움직임이 크게 될 수도 있고 고요할 수도 있으나, 이에 따라서 숨의 나가고 들어옴이 같이 따르고 몸의 움직임의 크고 작음이 각지된다. 이것이 뜻대로 이루어지면 다시 나아가서 마음에 나타나는 기쁨이나 즐거움, 또는 괴로움 등을 그대로 받아들이면서 출입식에 마음이 머물게 한다. 마음의 집중력이 증장되어 나의 것으로 된 단계이니 환灤의 단계에서 가능하다. 내 뜻대로 집중되는 것이다.

　실제로 마음으로 밖의 모든 것을 감지하거나 감각하면 호흡에 마음이 집중된다. 마음의 집중력이 확대되어 자기 자신으로 돌아온 것이다. 자신의 마음이 주체가 되었으니 인연에 따라서 나타난 기쁨이나 즐거움의 감수작용을 마음대로 받아들일 수 있다. 이 단계가 이른바 견성見性이다. 자신의 자성을 보아 내가 확고히 섰으니, 나와 대상은 인연에 따라 상응한다. 이것이 묘적妙適이요, 청정이다. 여기에서 더 나아가 드디어 마음의 움직임을 스스로 깨달아 받아들이면서 그에 끌리지 않게 된다. 마음을 움직일 때든, 마음을 고요히 가라앉힐 때든, 어느 때나 항상 마음의 움직임에 따라서 숨이 조절되고 정신이 이에 머물게 된다. 주와 객이 하나 되어 객체는 없고 주체만이 있는 세계다. 오히려 주체 속에 객체가 섭수되어 하나가 된다. 이때는 일체가 나다. 여기에는 더없는 즐거움이 있고, 이 즐거움은 절대적이다. 마음이 움직이지 않아 부동심이나 적정 그대로이니, 삼매 속에서 뛰어난 기쁨〔勝喜〕을 즐기면서 유희한다. 이것이 적정이니 정정定이라고도 한다. 그러나 이런 점에만 머물러 즐기면 안 된다. 여기에도 머물러 있지 않고 마음의 자재함을 얻어야 하니, 이것이 해탈이다. 오고 감이 아닌 속에서 자재로이 오고 가야 한다. 머무름이 아닌 속에 머물고, 고요가 아닌 속에 고요함이 있어야 한다. 이것이 해탈의 세계다. 이러한 세계는 무상한 마음의 움직임 속에서 그 마음에 따라 숨의 들어오고 나감이 있다. 들어오는 숨에 집착하지 않으니 들어온 숨이 다시 나가고, 나간 숨이 다시 들어온다. 무상하기 때문에 무상하게 움직인다. 그래서 들어오고 나감이 자연스럽다. 움직이는 대로 따른다. 무상한 마음속에는 무상한 마음의 움직임이 있다. 이 상태가 어디에도 걸림이 없고 집착이 없는 해탈이다.

여기에 이르면 탐욕은 떠나고 고는 멸했으니 어디에도 집착 없는 자재로움이 있을 뿐이다. 이러한 마음가짐을 따라 숨의 나가고 들어옴에 있어서, 즉 숨에 따라서 걸림이 없는 마음이 얻어진다. 여기에서는 마음과 숨이 항상 함께 하면서도 마음의 안온함이 열반을 떠나지 않으니, 여기에 또한 깨달음의 세계가 있다.

11. 身念處에 대한 가르침

그러면 비구들이여, 어떻게 입출식을 수습하고 널리 익혀서 사념처를 원만케 할 것인가.

비구들이여, 때에 따라 길게 숨을 들이쉬면서 '나는 길게 입식한다.'고 깨달아 알고, 길게 내쉬면서 '나는 길게 내쉰다.'고 깨달아 알고, 혹은 짧게 들이쉬면서 '나는 짧게 입식한다.'고 깨달아 알고, 짧게 내쉬면서 '나는 짧게 내쉰다.'고 깨달아 알고, '나는 온몸을 깨달아 받아들이면서 입식하겠노라.' 하고 익히고, '나는 온몸을 깨달아 받아들이면서 출식하겠노라.' 하고 익히고, '나는 몸의 움직임을 고요히 하면서 입식하겠노라.' 하고 익히고, '나는 몸의 움직임을 고요히 하면서 출식하겠노라.' 하고 익힌다.

비구들이여! 이와 같이 몸을 따라서 관하면 전일한 정진이 있고, 올바른 앎이 있고, 생각이 있고, 세간의 탐욕과 근심을 조복하여 머문다. 비구들이여, 나는 그것을 몸 속에 있는 모든 몸이라고 부른다. 곧 입출식이다. 그러므로 비구들이여, 그때 비구의 몸에서 몸을 따라서 관하고, 전일한 정진이 있고, 올바른 앎이 있고, 생각이 있고, 세간의 탐욕과 근심을 조복하고 머문다.

해설 몸과 감수작용과 마음과 법의 네 가지를 원만히 깨달아 아는 수행을 할 때 숨의 출입을 통해서 이루어지게 하는 방법이 설해진다. 먼저 호흡의 집중만이 아니라 널리 온몸에 미치게 하는 관법이다. 신념처행身念處行이다. 호흡 속에서 몸에 마음을 집중하는 이러한 수행을 하면 몸의 부정함을 깨달아 알게 된다.

이 수행은 호흡할 때, 길거나 혹은 짧게 숨을 들이마시거나 내쉬면서 그 숨의 길거나 짧음을 깨달아 아는 것이 기본이다. 곧 호흡과 마음이 같이 있게 된다. 이 호흡이 이루어지면 마음을 온몸으로 돌려서 온몸을 각지하면서 의식적으로 숨을 들이마시거나 내쉬는 연습을 한다. 숨의 길고 짧음을 아는 동시에 몸도 각지한다. 이때는 마음이 호흡을 떠나지 않고 몸도 떠나지 않는다. 즉 마음과 호흡과 몸이 하나가 된다. 이와 같이 하여 마음이 몸에 머물러서 몸의 각 부위에 따르게 된다. 이때는 마음이 한결같이 몸과 같이 있으려는 정진이 있고, 이에 따라 몸에 대한 올바른 지식이 생겨 부정함을 알게 되고, 몸의 생과 머묾과 멸을 두루 생각하게 되어 이에 대한 탐욕이나 근심이 조복된다. 이로써 신념처身念處의 행이 원만히 이루어진다.

이때의 내 몸은 몸 속에 머물고 있는 나와 더불어 같이 한몸이다. '나'는 속에 있는 나의 몸이다. 나의 주체인 참된 나, 나의 주체인 주인으로서의 '나'는 속에 있는 나의 몸이다. 이 주체적인 나는 바로 입출식이다. 바로 '나'란 존재가 입출식을 있게 한다. 이렇게 되면 호흡이 바로 내가 된다. 나는 호흡이요, 호흡의 들어오고 나감이 나의 삶이다. '호흡이 곧 나'라는 자각에 이르러서 참된 신념처의 원만이라고 할 수 있는 세계가 닦아진다.

몸에 대한 수행은 마음이 몸의 각 부위에 머물고, 다시 몸의 움직임의 크고 작음에 머물러서 호흡이 떠나지 않게 하는 수행이다. 이것이 이루어지면 몸에 대한 집착이나 탐욕, 근심이 없어진다. 몸의 부정함을 올바르게 알기 때문이다.

12. 受念處에 대한 가르침

비구들이여, 비구가 '나는 기쁨을 깨달아 받아들이면서 숨을 들이쉬리라.' 하고 익히고, '나는 기쁨을 깨달아 받아들이면서 숨을 내쉬리라.' 하고 익히고, '나는 즐거움을 깨달아 받아들이면서 숨을 들이쉬리라.' 하고 익히고, '나는 즐거움을 깨달아 받아들이면서 숨을 내쉬리라.' 하고 익히고, '나는 마음의 움직임을 깨달아 받아들이면서 숨을 들이쉬리라.' 하고 익히고, '나는 마음의 움직임을 깨달아 받아들이면서 숨을 내쉬리라.' 하고 익히고, '나는 마음의 움직임을 고요히 하여 숨을 들이쉬리라.' 하고 익히고, '나는 마음의 움직임을 고요히 하여 숨을 내쉬리라.' 하고 익힌다. 이와 같이 비구들이여, 모든 받아들임에 있어서 받아들임을 따라서 관하면 그때 전일한 정진이 있고, 올바른 앎이 있고, 생각함이 있고, 세간의 탐욕과 근심을 조복하여 머문다. 비구들이여, 나는 그것을 모든 받아들임 속의 받아들임이라고 부른다. 곧 모든 입출식에 마음을 잘 쓴다. 그러므로 비구들이여, 모든 받아들임에 있어 받아들임을 따라 관하면서 그때에 전일하게 정진하고, 올바른 앎이 있고, 생각이 있고, 세간의 탐욕과 근심을 조복하여 머문다.

해설 수념처행受念處行의 가르침이다. 여기서도 앞에서와 마찬가지로 숨의 들어오고 나감이 우리의 감수작용, 곧 기쁨이나 즐거움 등과 같이 하여 그것을 깨달아 있는 그대로 받아들인다. 숨의 출입에 따라서 마음속에 기쁨이나 즐거움이 받아들여졌다면, 그 기쁨이나 즐거움은 즐거움도, 기쁨도 아님을 알게 된다. 경에서의 '모든 받아들임에 있어서 받아들임을 따라 관하면서'는 모든 감수작용을 감수되는 그대로 받아들이면서 호흡이 같이 행해지는 것이다. 이때 받아들여진 그 감수작용은 고요한 마음에 비친 직관의 힘에 의해서 달라진다. 즐거움이나 기쁨이 느껴진 그대로가 아님을 알게 된다. 이것이 올바른 앎이다. 그러므로 이에 탐착하지 않는다. 그래서 경에서 '세간에 있어서의 탐욕이나 근심이 조복된다.'고 했다. 세간적인 탐욕이나 근심은 받아들이는 느낌 그대로이다. 들어오고 나가는 숨에 정신이 집중되어 그것의 길고 짧음을 깨달아서 아는 마음은 이미 세간을 떠난 마음이다. 항상 흔들리고 집착하는 마음이 세간이기 때문이다. 호흡에 생각이 같이 따라서 고요함과 움직이지 않는 한결같은 마음이 되었을 때의 감수작용은 기쁨이나 즐거움이면서도 세간적인 차원을 떠나 새로운 가치를 지닌다. 이것이 도이다.

그래서 경에서 '나는 그것을 받아들임 속에 있는 받아들임이라고 부른다.'고 했다. 여기서 말하는 기쁨이나 즐거움은 일반적인 감수작용과는 차원이 다른 절대적인 기쁨과 즐거움이다. 감수작용인 수受는 수이면서 앞의 수와는 다르다. 세간적인 수가 아니라 출세간적인 수이다. 속俗으로서의 수이면서 진眞인 수이다. 이때는 속의 수가 진의 수로 바뀌었으니 어찌 근심이나 탐욕이 있으랴. 기쁨이나 즐거움이 기쁨이며 즐거움이면서도 그에 탐착하지 않고, 없어져도 근심하지 않는다. 호흡의 들어오고 나감에 따라서 그런 마음의 움직임이 있기 때문이다. 근심과 탐욕이 따르는 수를 부정하고 다른 수를 얻는 것이 아니라 앞의 수가 바뀌는 것이다. 곧 조복이다. 앞의 수와 뒤의 수는 서로 떠나지 않으면서 앞의 수가 뒤의 수로 바뀐다. 이를 상즉상입相卽相入이라고 했다. 이때서야 비로소 올바른 앎이 있고 한결같은 정진이 있으며 인연법을 생각하여 떠나지 않는 억념憶念이 있다.

13. 心念處에 대한 가르침

비구들이여, 때에 따라서 '나는 마음을 깨달아 받아들이면서 입식하겠노라.' 하고 익히고, '나는 마음을 깨달아 받아들이면서 출식하겠노라.' 하고 익히고, '나는 마음을 지극히 기쁘게 하면서 입식하겠노라.' 하고 익히고, '나는 마음을 지극히 기쁘게 하면서 출식하겠노라.' 하고 익히고, '나는 마음을 고정하면서 입식하겠노라.' 하고 익히고, '나는 마음을 고정하면서 출식하겠노라.' 하고 익히고, '나는 마음을 해탈하면서 입식하겠노라.' 하고 익히고, '나는 마음을 해탈하면서 출식하겠노라.' 하고 익힌다. 이와 같이 마음을 따라서 관하면 그때에 비구여, 전일한 정진과 올바른 앎과 생각함이 있고, 세간의 탐욕과 근심을 조복하여 머문다.

비구들이여, 나는 생각함을 잃거나 옳지 않은 앎이 있는 입출식념의 수습을 말하지 않는다. 그러므로 비구들이여, 마음을 따라서 관하면 전일한 정진과 올바른 앎, 생각함이 있고, 세간의 탐욕과 근심을 조복하여 머문다.

해설 마음을 따라서 관하는 법을 가르치고 있다. 마음은 항상 움직이면서 변하므로 무상하다. 마음은 마치 숨의 들어오고 나감과 같이 항상 움직이면서 생과 멸을 되풀이한다.

마음의 실상은 호흡을 통해서 알 수 있다. 마음과 호흡이 하나가 된 세계에서는 호흡의 출입식이 무상하면 마음도 무상하기 때문이다. 따라서 호흡의 무상함을 알면 마음의 무상함도 알게 된다. 마음은 볼 수도 없고 만질 수도 없지만 분명히 움직이고 있다. 마음과 호흡이 같이 하고 있을 때에는 마음도 움직이고 있음을 알게 된다. 이와 같이 마음을 깨달아서 아는 것을 관이라고 한다. 마음은 이처럼 실체가 없으면서도 있으며 항상 움직이고 있다. 마음에는 기쁨이 있고 고정된 적정의 상태와 해탈도 있다. 이와 반대로 마음에는 괴로움과 산란함도 있으며 집착의 매임도 있다. 마음의 실상을 알면 마음의 본래 상태가 기쁨이고 적정이며 해탈임을 알 수 있다. 그러나 잘못되었을 때는 괴롭고 산란해지며 집착에 매인다. 그러므로 수행은 본래의 마음을 찾는 것이다. 흔히 본래의 마음은 청정하다고 한다. 청정은 곧 기쁨이요 적정이며 해탈이다. 마음의 조복과 신심이 청정이라고 말해진다. 번뇌가 조복되면 고가 없으니 기쁨이요, 무루無漏의 본심에 돌아왔으니 적정이요, 다시는 윤회에 들지 않으니 해탈이다.

　마음은 몸을 떠나서 있을 수 없다. 몸이 호흡을 떠나서 있을 수 없듯이. 그러므로 호흡과 마음이 청정한 세계에 머물면 열반이다.

　호흡은 몸을 건강하게 할 뿐만 아니라 마음도 안정시킨다. 마음의 안정은 이런 기쁨이나 적정, 해탈에 이르지 않으면 얻을 수 없다. 일시적인 안정은 안정이 아니다. 호흡이 나를 떠나지 않고 마음이 나를 떠나지 않을 때에야 비로소 이런 세계로 나가게 된다. 그래서《안반수의경》에서는 자신으로 돌아온 환還에서 정淨으로 나간다고 했다. 환이란 주체의 확립이다. 주체가 확립되었을 때에야 비로소 주와 객이 둘이 아닌 세계로 나가게 된다. 무아는 확립된 주체를 통해서 주체가 객체와 하나가 되어 주와 객을 나눌 수 없는 상태에 이른 주와 객이 자재롭게 조화되는 세계이다. 무아는 주체가 없는 것이 아니라 있으면서 없는 것이다. 무아無我는 무심無心이다. 무심은 뛰어난 기쁨이 있고 고요함 속에 머물러 어디에도 걸리지 않는다.

14. 法念處에 대한 가르침

비구들이여, 때에 따라서 비구는 '나는 무상을 따라 관하면서 입식하겠노라.' 하고 익히고, '나는 무상을 따라 관하면서 출식하겠노라.' 하고 익히고, '나는 탐욕이 떠나는 것을 따라 관하면서 입식하겠노라.' 하고 익히고, '나는 탐욕을 따라 관하면서 출식하겠노라.' 하고 익히고, '나는 멸을 따라 관하면서 입식하겠노라.' 하고 익히고, '나는 멸을 따라 관하면서 출식하겠노라.' 하고 익히고, '나는 출리出離를 따라 관하면서 입식하겠노라.' 하고 익히고, '나는 출리를 따라 관하면서 출식하겠노라.' 하고 익힌다. 이와 같이 제법에 있어서 법을 따라 관하면서 비구들이여, 그때는 전일하게 정진함이 있고, 올바른 앎이 있고, 생각함이 있고, 세간의 탐욕과 근심을 조복하여 머문다.

 탐욕과 근심을 끊었음을 지혜로써 보고 잘 관찰해야 한다. 그러므로 비구들이여, 제법에 있어서 법을 따라서 관하면 그때는 전일한 정진이 있고, 올바른 앎이 있고, 생각함이 있고, 세간의 탐욕과 근심을 조복하여 머문다. 비구들이여, 이와 같이 입출식을 수습하고 널리 익혀서 사념처를 원만하게 하나니라.

해설 법념처法念處에 대한 교설이다. 법념처는 모든 사물이 실체가 없음을 관하여 아는 것이니, 실체가 없다는 무아無我는 곧 무상無常이다. 무상이기 때문에 무아요, 무아이기 때문에 무상이다. 형상으로 나타나는 작용으로 보면 무상이요, 그 본체로 보면 무아이다. 무상이며 무아인 제법은 결국 열반으로 간다. 이것이 공空이다.

공은 용수龍樹가 말했듯이 세 가지로 나뉜다. 연기의 도리 그대로 실현된 공성空性 śūnyatāyām bhūta과 연기의 도리 그대로 희론이 적멸되는 공용空用 śūnyatāyām prayojanaṁ과 연기의 도리로 세간의 모습을 나타내는 공의空義 śūnyatāyām artha이다. 공성은 곧 열반적정涅槃寂靜이요, 공용은 제행무상諸行無常이며, 공의는 제법무아諸法無我, 일체개고一切皆苦이다. 무아로서의 제법이 세간적 시설施設인 속세의 법으로 존재한다. 이는 또한 고苦로서 있는 것이다.

모든 사물을 대할 때에 이렇게 관하면 올바른 앎이 있을 뿐 탐착이나 근심이 있을 수 없다. 이러한 법념처의 수습도 숨의 입출 속에서 행해진다. 숨이 들어오고 나가는 것, 그 자체가 바로 법이기 때문이다.

15. 七覺支에 대한 가르침

그러면 비구들이여, 어떻게 사념처를 수습하고 널리 익혀서 칠각지七覺支를 원만하게 할 것인가. 비구들이여, 때에 따라서 비구의 몸으로 몸을 따라 관하면서 전일하게 정진함과 올바른 앎이 있고, 생각함이 있고, 세간에 있어서의 탐욕과 근심을 조복하여 머물면 그때는 생각이 세워져서 없어지지 않는다. 비구들이여, 때에 따라서 비구의 생각이 세워져서 없어지지 않을 때 염등각지念等覺支를 수습하면 원만하게 수습된다. 이와 같이 생각이 있어서 머물면서 저 법을 지혜로써 살펴서 보고, 살펴서 알아 두루 생각하게 된다.

해설 사념처를 수습하여 칠각지를 원만하게 하는 방법을 설한다. 칠각지란 앞에서도 말한 바와 같이 7종의 행법으로 불도를 수행하는 방법이다. 이 중에서 먼저 염각지念覺支를 수습하는 방법을 가르친다. 염각지는 염등각지라고도 하는데 불도를 수행함에 있어서 항상 잘 생각하여 마음이 적정에 머물고 지혜가 밝게 나타나게 한다.

실제로 이런 수행은 생각을 일으켜서 한결같이 바르게 서게 한다. 먼저 몸을 따라 관하여 이에 머물러 몸에 대한 올바른 앎이 이루어지고 탐욕과 근심 등이 조복되어 머문다. 이때 마음을 세워서 잊지 않고 머물게 하고, 생각이 떠나지 않게 하여 잊지 않으면 염등각지를 닦는 행법이 된다. 이러한 염등각지를 닦아서 생각이 끝내 잊혀지지 않으면 염등각지가 원만히 이루어진다.

염등각지는 생각이 깨달음을 떠나지 않고 한결같이 머무는 수행이다. 이를 수행하려면 먼저 마음을 일으켜야 하고 마음을 일으키려면 몸에 대해 생각하고 그 생각이 몸에 머물게 해야 한다. 생각이 몸에서 떠나지 않고 머무르면 마음이 세워진 것이니, 이 마음을 굳게 하여 한결같이 머무르게 하면 염등각지가 이루어진다. 경에서는 '몸에 있어서 몸을 따라 관하여 전일하게 정진한다.'고 했다. 방편으로 염등각지를 닦은 것이다. 염등각지를 닦으면 몸이나 마음의 실상을 지혜로 살펴서 올바르게 알게 된다. 이를 염등각지의 원만이라고 한다. 그러나 《대지도론》에서는 '보살은 일체법에 있어서 생각하지도 않고 억념하지 않으니, 이것이 염각분이다.'라고 했다. 진정한 염각지는 생각을 일으켜서 한결같이 머물게 하나 진실로는 그 생각이 있으면서 없으므로 생각하지 않고 억념하지 않는 속에 한결같은 생각이 세워져 있다고 하겠다.

16. 사물을 두루 바르게 분별하는 경지

비구들이여, 때에 따라서 비구가 이와 같이 생각이 머물면서 저 법을 지혜로 자세히 살피고 자세히 알고 두루 생각하면 택법등각지가 부지런히 행해진다. 그때에 비구가 택법등각지를 수습하면 택법등각지가 수습되어 원만해진다.

해설 택법등각지, 곧 택법각지에 대한 가르침이다. 택법각지란 제법을 올바르게 분별하여 깨달아 아는 수행이다. 이 수행을 하려면 먼저 어떤 사물에 마음을 집중하여 한결같이 머물러야 한다. 그러면 사물을 자세히 살필 수 있게 되고, 알게 되며, 그 사물의 생멸이나 변화를 두루 살펴 분별하는 힘이 생긴다.

그러면 제법을 분별하여 실상을 깨달아서 아는 수행이 행해지고 택법등각지가 행해진다. 택법등각지를 잘 행하면 제법의 올바른 분별이 이루어지고 사물에 대한 올바른 지식이 얻어지며 그릇된 집착이 없어진다. 이것이 택법등각지의 원만이다. 다시 말해 칠각지 중의 택법등각지는 바른 법을 올바르게 분별하여 한결같이 깨달아서 아는 수행이다. 이를 정구제법각의精求諸法覺意라고도 하며 한결같이 정성껏 구하여 제법을 분별하고 깨달아서 아는 마음이 된다. 용수는《대지도론大智度論》에서 이를 '일체법 중에서 선법, 불선법, 무기법無記法을 잘 살펴서 알려고 하나 얻을 수 없다. 이를 택법각분이라 한다.'고 했다.

제법을 올바르게 분별하여 깨달아서 안다고 하나, 결국 선법도 없고, 불선법도 없고, 무기법도 없어 얻을 수 없다는 사실을 알게 되어 비로소 택법각지가 원만해진다.

17. 몸과 마음에 흔들림이 없는 경지

비구들이여, 때에 따라서 비구가 저 법을 지혜로써 살펴 자세히 알고, 두루 사유하기 위해서 집착 없이 부지런히 정진을 닦으면, 정진등각지精進等覺支가 부지런히 닦아져서 그때 비로소 비구는 정진등각지를 수습하여 원만해진다.

해설 내 몸이 부정하고 내 마음이 무상하며 일체의 사물이 실체가 없어 인연에 따라서 생멸을 거듭하니, 영원한 존재가 어디 있으며 절대적인 존재 또한 어디 있으랴. 이러한 나와 세상을 알면 부지런히 노력하지 않을 수 없다. 나의 이 목숨, 저 일체 사물의 순간적인 존재는 시간과 공간을 초월하여 다시는 없는 것이기 때문이다. 어찌 세월을 허송할 것이며, 이 목숨을 가벼이 생각할 수 있으랴. 오늘 이 삶은 과거 무량한 삶의 연장이요, 영원한 미래로 이어질 삶이다. 그렇기에 더 없이 고귀하고 존엄하다.

삶의 완성을 위해 부지런히 닦아 소원을 이루려면 몸과 마음이 흔들리지 않게 노력해야 한다. 이런 노력의 과정에서 사물에 대한 올바른 지식을 얻어 비로소 견고해진다. 생명의 무상함을 알지 않고서는 마음을 한결같이 굳게 정진하지 못한다. 심신이 견고해야 정진이 이루어진다. 어떤 것에도 집착하면 안 된다. 일체의 법이 실체가 없어 연기의 법에 따라서 존재한다는 사실을 알면 삼계의 모든 상에 끌리지 않게 된다. 일체의 상이 상이 아님을 알면 그때 정진등각지가 이루어진다.

깨달음을 얻어서 생사의 윤회를 벗어나려면 부지런히 정진등각지를 행해야 한다. 정진 없이는 깨달음을 얻지 못한다. 정진은 선에 대한 노력이다. 그러므로 일체의 법을 분별하여 선과 악을 분별하면 선으로 나아가게 되고, 선을 알면 선을 향해 나가려는 노력이 있게 되니, 이것이 정진등각지다.

윤회의 고통을 알고 그 고통을 피하기 위해 선을 행해야 하며, 세간의 달콤한 맛에 끌려서 탐착하면 게을러진다. 게을러지면 마음과 몸이 해이해져 견고하게 유지되지 않는다. 죽음을 소관하는 염라대왕 yama 의 감시를 받는 우리가 어찌 음락이나 식락의 즐거움에 빠져있을 수 있겠는가. 정진은 택법등각지의 원만에서 비롯된다. 택법각지가 원만히 된 자에게서 집착 없는 정진이 있다. 그래서 경에서 '저 법을 지혜로써 자세히 관찰하고 자세히 알아서 두루 사유하기 위해서 걸림 없는 자의 정진이 행해지면 정진등각지가 있게 된다.'고 하였다.

18. 집착 없는 기쁨을 얻는 경지

한결같이 정진에 애써 노력한 사람에게는 집착 없는 기쁨이 생한다. 비구들이여, 때에 따라서 정진에 애쓴 비구에게 집착 없는 기쁨이 생하면 희등각지喜等覺支가 정근되고 그때 비구가 희등각지를 수습하여 원만해진다. 기쁨에 몸도 평안하고 마음도 고요하다.

해설 기쁨이 한결같이 간직되는 희등각지에 대한 가르침이다. 희등각지는 마음에서 기쁨이 솟아나 바라는 바가 얻어진다. 깨달음을 얻기 위해서 노력하여 마음속에서 어떤 것에도 집착하지 않는 기쁨이 솟아나는 것이다. 이때는 마음도 적정의 즐거움을 느끼고 몸도 평안하여 근심이나 기쁨의 상이 없어지고, 일체의 작법에서 얻어지는 즐거움에도 집착하지 않게 된다. 이 기쁨은 인연에 의해서 생했기 때문에 행하는 모든 일에 집착하지 않는다. 만일 집착이 생한다면 이는 무상에 집착한 것이다. 무상에 집착하면 그것이 무너졌을 때 근심이나 고통이 생긴다. 범부는 전도된 망상을 가지고 있기 때문에 마음이 무엇인가에 집착한다. 상常에도 집착하지 않고 무상無常에도 집착하지 않는 그런 기쁨을 깨닫는 것이 희등각지다.

　도를 닦는 자는 깨달음에 이르는 수도 중에 각 단계의 뛰어난 세계에서 진리를 깨닫고 기쁨을 맛본다. 또한 이 과정에서 진리를 관해 즐긴다. 마치 사람이 땅을 파서 물을 보고 기뻐하는 일이나 마찬가지다. 물이 보이기 시작하면 기뻐하며 더 깊게 파들어간다. 즉 기쁨이 나타남으로써 더욱 즐겨 깊게 파들어간다. 더 팔 필요 없이 깊게 파면 거기에서 감미로운 물을 마실 수 있다. 희등각지는 정진각지 다음의 4단계에서 얻어지는 세계다. 희등각지에서 얻어지는 집착 없는 기쁨은 다음 단계인 경안등각지輕安等覺支를 수습하게 한다.

19. 심신이 경쾌하고 안온해지는 경지

　비구들이여, 때에 따라서 비구가 기쁨을 얻어서 몸도 평안하고 마음도 고요하면 그때 비구가 경안등각지輕安等覺支를 닦아서 수습하여 원만하게 된다. 몸이 평안하고 마음이 안온하여 안락하게 된 자는 마음이 안정된다.

　해설 마음에 기쁨이 솟아서 수행이 더욱 정진되면 심신이 유순하게 쉬게 된다. 즉 경안등각지의 단계에 이른다. 이 단계에서는 몸과 마음이 경쾌하고 평안하여 마음에 나타나는 모든 인연을 떠나 어떤 것도 얻음이 없다. 그래서 제각지除覺支라고도 한다. 이때 느끼는 경쾌한 깨달음은 다시 몸과 마음을 안정되게 한다. 몸과 마음의 안정이 극치에 이르면 삼매를 얻게 된다. 따라서 경에서 '몸이 평안하고 마음이 안온하여 안락하게 된 자는 마음이 안정된다.'고 했다. 마음의 안정이란 정定이니 삼매이다. 정은 몸과 마음의 안정이 극치에 이르러서 흩어짐이 없고 한결같이 고요하다.

20. 마음이 고요한 경지

비구들이여, 때에 따라서 비구에게서 몸이 경안하고 마음이 안쾌하여 마음이 고요하면 그때 비구가 정등각지定等覺支를 닦아서 수습하여 원만하게 된다. 이와 같이 적정에 든 마음을 잘 관찰하여 깨닫는다.

해설 마음의 적정寂靜이 극치에 이르면 정定이 된다. 바로 삼매三昧이다. 정에 들어가면 일체의 사물에 집착함이 없고 의지할 바가 없으며 오직 고요한 마음만이 빛나고 있을 뿐이다. 그래서 모든 것을 버린 세계라 하여 사등각지捨等覺支라고 한다. 이때는 마음이 고요 속에서 일체의 사물을 집착 없이 관찰할 뿐이다. 사등각지는 마음이 고요한 정등각지가 잘 수습된 단계이다. 마음의 적정 속에서 생각하고 보고 움직이면서도 한결같이 고요한 상태가 등等이다. 정등각지는 정이 평등하다는 것을 스스로 깨닫게 되는 단계이다. 언제 어디서나, 또는 어떤 것에 있어서나 적정 그대로 있음을 스스로 깨달아 안다.

21. 마음에 걸림이 없는 경지

비구들이여, 때에 따라서 비구가 이와 같이 마음의 고요함을 잘 관찰하여 사등각지捨等覺支를 닦아서 익힌다. 그때야 비로소 사등각지가 원만하게 된다. 비구들이여, …… 이와 같이 사념처를 수습하고 널리 닦으면 칠각지를 원만히 하나니라.

해설　모든 집착과 의지할 바가 없이 마음에서 모든 것이 버려진 단계인 사등각지에 대한 가르침이다. 사등각지는 마음이 고요함의 극치에 이르러서 얻어지는 세계다. 집착이 없고 의지할 곳이 없이 모두를 버렸다고 하나 그 버린 마음도 보지 않는다. 버렸다는 생각이 있으면 버린 것이 아니다. 사등각지에서는 일체법에 집착하지 않고 마음을 비우고 비웠다는 마음조차 보지 말아야 한다. 이때야 비로소 음심이나 노여움이나 어리석음의 때가 없어졌음을 스스로 알게 되고, 뜻하는 깨달음의 세계가 나타났으니 나 자신을 찾은 것이요, 나를 수호하게 된 것이다. 그래서 호각지護覺支라고도 한다. 이와 같이 사념처四念處의 원만한 수습을 통해서 언제 어디서나 사의단四意斷, 사신족四神足, 오근五根, 오력五力, 칠각지七覺支 등이 널리 닦아져서 원만하게 된다.

　　그러면 어찌하여 이와 같은 삼십칠도품이 설해지는가. 보살은 이들을 모두 공空이라고 관한다. 37종의 수행은 바로 공의 세계이다. 공의 세계를 알고 증득하면 모든 희론戱論이 멸하여 해탈에 이르기 때문이다. 이른바 무상관, 고관, 무아관, 생멸관, 불생불멸관, 유관, 무관, 비유비무관 등…… 일체의 집착이 없어진다. 연기의 법은 무상無常, 무연無緣, 무작無作, 무희론無喜論으로서 항상 적멸하여 참된 법의 모습을 지니기 때문이다. 그러나 무상을 설하여 무상도 희론임을 알게 하고, 고를 설하여 고와 낙이 희론임을 알게 하고, 무아를 설하여 유와 무가 모두 희론임을 알게 하고, 생과 멸을 통해서 불생과 불멸을 알게 하고, 유와 무, 유도 아니고 무도 아님을 설하여 모두 희론임을 알게 하기 위해서 37종의 도행을 설했다. 그러므로 삼십칠도행의 수습은 바로 깨달음의 세계인 인연을 알고 인연법을 따라서 열반의 즐거움에 머물게 하고자 하는 붓다의 자비심에 의해서 설해진 것이다.

22. 해탈을 향하여

그러면 비구들이여, 칠각지를 어떻게 닦아 익히고, 어떻게 널리 닦으면 지혜와 해탈을 원만하게 할 수 있는가.

이에 대하여 비구들이여, (고를) 떠남과 탐심과 (고의) 멸에 의해 버리고 떠나는 곳으로 향해 가는 염등각지念等覺支를 닦아서 익히고, 택법각지擇法覺支를 닦아서 익히고, …… 내지 …… 정진등각지精進等覺支를 닦아서 익히고, …… 내지 …… 희등각지喜等覺支를 닦아서 익히고, …… 내지 …… 경안등각지輕安等覺支를 닦아서 익히고, …… 내지 …… (고를) 떠남과 탐심과 (고의) 멸에 의해서, 버리고 떠나는 곳으로 향해서 가는 사등각지捨等覺支를 닦고 익힌다. 비구들이여, 칠각지를 이와 같이 닦고 익히면 지혜와 해탈을 원만하게 하나니라. 세존께서 이처럼 말씀하셨다. 비구들은 세존의 설법을 따라 기뻐하며 받들었다.

해설 이상에서 설한 칠각지를 어떻게 익혀서 지혜와 해탈을 얻게 되는가를 다시 가르치고 있다. 붓다는 사념처로부터 칠각지에 이르는 수행을 가르쳤으며 마지막으로 칠각지가 닦아지면 지혜와 해탈의 세계에 이른다고 강조했다.

원시불교 경전에 속하는 이 경에서는 스스로를 등명으로 삼고 자기 자신의 진실인 법에 귀의하여 게으르지 않게 스스로 닦아서 행하라고 가르쳤다. 여기에 설해지고 있는 37종은 서로 다르면서도 떠나지 않으니 하나가 원만히 닦아지면 다른 것도 원만히 닦아진다. 계戒, 정定, 혜慧의 세 가지는 한마음에 있기 때문이다. 6년 고행을 버리고 즐거운 길을 택한 붓다는 우리의 한마음을 이렇게 설했다.

'나는 안락함에 의해서 이 안락함을 얻었노라.'고 했으니 붓다의 수행은 안락하고 즐거운 길이며 어떤 극단이 아닌 중도中道의 길이었음을 알 수 있다. 그리하여 붓다는 최초의 설법인《전법륜경轉法輪經》에서 팔정도八正道를 설했으나 열반에 들기 직전에는《삼십칠도품경三十七道品經》을 설했다고 한다.

"비구들이여, 이제까지 말한 내가 얻은 법을 너희들은 모두 잘 가지고 행하여 고요히 생각하고 널리 알리지 않으면 안 된다. 이 법은 '삼십칠도품'이니라."(《잡아함》의《유행경》)고 했다. 초전법륜에서는 팔성도만을 설했고 입멸 직전에는 사념처 등 29종의 행법을 더 설한 것이다. 이 29종은 붓다가 때와 장소와 근기에 따라서 분류하여 스스로 실행하고 남에게도 실행할 수 있도록 하기 위해서 설한 것이니 이들의 행법은 팔정도로 들어간다. 그러므로 팔정도를 나누어서 설하면 37도품이 되고, 37도품을 집약하면 팔정도가 된다. 그리고 다시 이들은 모두 계, 정, 혜의 세 가지로 섭수된다.

여기서 번역하여 해설한《남전대장경》에 있는《아나파나사티 숫타》에는 팔정도가 설해져 있지 않다. 이로 보아 이 경전은 붓다가 입멸하기 직전에 비구들에게 설한 모든 가르침을 요약하고, 수행 방법과 목표를 간결하게 보인 것이라고 하겠다. 이 경전이《아나파나사티 숫타》라고 되어 있듯이 호흡의 들어오고 나감 속에서 이들 29종의 수행이 이루어짐을 가르친 것이다.

실로 부정관을 닦아서 탐욕을 끊고, 사무량심을 닦아서 노여움을 끊고, 무상관을 닦아서 아만을 끊고, '아나파나사티'를 닦아서 무념무상의 세계로 들어가서 일체의 의식에 매인 각상覺想을 끊는다. 의식이 숨의 나감에 따라서 멸하고 숨의 들어옴에 따라 일어나서 무념무상으로 이어지게 되면 여기에 열반적정의 즐거움이 있다.

인용경전

《佛說大安般守意經》卷下 (後漢 安息三藏 安世高 譯)
《雜阿含經》第26권 제6〈安那般那念經〉
《雜阿含經》第26권 제6〈阿梨瑟咤經〉
《雜阿含經》第26권〈迦磨經〉
《長阿含經》第26권《金毘羅經》
《長阿含經》〈三十七道品經〉
《長阿含經》〈遊行經〉
《大悲空智金剛大教王儀軌經》제2〈淸淨品〉
《修行道地經》제5권〈數息品〉제23
《長部 等誦論 saṅgiti-suttanta》DN, Vol.Ⅲ, p.220.
《成實論》제14권
《中論》제25권〈觀涅槃經〉
《大智度論》제 19권 初品中 三十七品釋
《阿毘達磨順正理論》제 17권
《阿毘達磨俱舍論》제3〈持息念〉
《Ānāpānasati sutta》(《입출식념경》)
──(《南傳大藏經》中部 後分五十經篇 所收)

정신세계사의 책들

홈페이지(www.mindbook.co.kr)에서 더 상세한 도서 정보를 보실 수 있습니다.

【겨레 밝히는 책들】

한단고기
사대주의와 식민사학에 밀려 천여 년을 떠돌던 문제의 역사서/임승국 역주

天符經의 비밀과 백두산족 文化
우주의 원리가 숨쉬는 천부경의 심오한 세계와 우리 문화/봉우 권태훈 지음

민족비전 정신수련법
우리 민족 고유의 정신수련법을 정리, 해설한 책/봉우 권태훈 옹 감수/정재승 편저

실증 한단고기
25사에 나타난 단군조선과 고구려·백제·신라의 대륙역사를 파헤친다/이일봉 지음

아나타는 한국인
일본과 한국의 언어학자가 함께 찾아낸 일본어의 유전자/시미즈 기요시·박명미 공저

한자로 풀어보는 한국 고대신화
한자를 통해 새로 쓰는 한국 고대사! 한자 속에 담긴 오천 년 비밀의 역사/김용길 지음

우리민족의 놀이문화
우리민족 고유의 스포츠, 놀이, 풍속의 기원과 역사를 밝힌다/조완묵 지음

뜻그림 천부경 말글로 풀다
상형문자의 형성 원리를 추적하여 천부경과 삼일신고의 본뜻을 밝히다/신한범 지음

다시 읽는 단군신화
환국, 신시국, 단군조선 – 단군신화 속에 압축된 한민족의 고대 정신문화사(精神文化史)/설중환 지음

【몸과 마음의 건강서】

사람을 살리는 생채식
불치병, 난치병을 완치시키는 비방인 생채식의 원리와 방법을 밝힌 책/장두석 지음

기와 사랑의 약손요법
한국 전래의 약손정신을 기공과 경락의 이론과 결합한 맨손 나눔의 건강법/이동현 지음

밥따로 물따로 음양식사법
10만여 독자가 그 효력을 입증하고 있는 음양감식조절법/이상문 지음

암이 내게 행복을 주었다
암을 극복한 사람들, 그 기적 같은 치유의 기록/가와다케 후미오 지음/최승희 옮김

자연치유
하버드 의대 출신의 의학박사가 밝히는 자연치유의 원리/앤드류 와일 지음/김옥분 옮김

손으로 색으로 치유한다
손에 색을 칠해 병을 낫게 하는 신비의 색채 치유/박광수 지음

박광수의 이야기 대체의학
내가 나를 치유하는 생활 속의 대체의학/박광수 지음

사람을 살리는 사혈요법
피가 맑으면 모든 병이 물러난다. 사혈요법의 원리와 실제 치료의 모든 것/양태유 지음

건강도인술 백과
젊음과 아름다움을 지켜주는 중국 3천 년 건강비법/하야시마 마사오 지음/김종오 편역

예뻐지는 도인술
중국 3천 년 미인 비결, 여성을 위한 생활 도인술 모음집/편집부 엮음

사계절 체질 건강법
태어난 계절에 따른 음양의 건강비법/이상문 지음

젊음을 연장하는 사혈요법
병든 피가 당신을 늙게 한다. 노화를 방지하는 사혈의 원리와 비법/양태유 지음

5분의 기적 EFT
경락을 두드려 건강, 행복, 성공을 이루는 획기적인 대체의학 기법의 원리와 실제/최인원, 김원영, 정유진 지음

【수행의 시대】

명상의 세계
명상의 개념과 역사, 명상가들의 일화를 소개한 명상학 입문서/정태혁 지음

박희선 박사의 생활참선
과학자가 터득한 참선의 비결과 효과. 심신강화의 탁월한 텍스트/박희선 지음

붓다의 호흡과 명상(전2권)
불교 호흡 명상의 근본 교전 《安般守意經》과 《大念處經》 번역 해설/정태혁 역해

보면 사라진다
수행인들의 생생한 체험을 통해 만나는 붓다의 위빠사나/김열권 지음

하타요가와 명상
동식물과 자연을 표현한 요가 동작의 깊은 의미와 목적을 명상상태에 대한 비유로 해설한 책/스와미 시바난다 라다 지음/최정음 옮김

호흡수련과 氣의 세계(전3권)
한 공직자가 실사구시의 관점으로 밝혀낸 호흡수련의 구체적인 방법과 효과, 꼼꼼한 체험기록/전영광 지음

요가 우파니샤드
국내 최초의 요가 수행자가 전자는 정통 요가의 모든 것/정태혁 지음

누구나 쉽게 깨닫는다
나와 우주가 하나되는 지구점 명상. 누구나 할 수 있는 단순한 수련/김건이 지음

달라이 라마의 자비명상법
나 스스로 관세음보살이 되는 가장 쉽고 빠른 길/라마 예세 툽텐 해설/박윤정 옮김

붓다의 러브레터
조건 없는 사랑을 체계적으로 길러내는 자애명상 실천서/샤론 살스버그 지음/김재성 옮김

실버 요가
노인의, 노인에 의한, 노인을 위한 국내 최초의 요가 실천서/정태혁 지음

신에 이르는 길
서양의 구루 람 다스가 바가바드 기타를 통해 펼쳐내는 영적 지혜와 깨달음의 과정/람 다스 지음/이균형 옮김

한 발짝 밖에 자유가 있다
당신의 내면에서 한시도 쉬지 않고 지껄이는 소리를 멈추는 마음의 기술/마이클 A. 싱어 지음/이균형 옮김

【정신과학】

宇宙·心과 정신물리학
우주, 물질, 의식의 해명을 시도하는 혁명적 시각을 읽는다/이차크 벤토프 지음/류시화·이상무 공역

현대물리학이 발견한 창조주
새로운 우주상을 제시한 현대물리학과 종교의 만남/폴 데이비스 지음/류시화 옮김

신과학이 세상을 바꾼다
공학박사가 밝히는 사상운동으로서의 신과학, 실제적 연구성과가 담긴 교양과학서/방건웅 지음

홀로그램 우주
홀로그램 모델로 인간, 삶, 우주의 신비를 밝힌다/마이클 탤보트 지음/이균형 옮김

우주의식의 창조놀이
우주와 하나되는 과학적 상상 여행/이차크 벤토프 지음/이균형 옮김

영성시대의 교양과학
전 인류를 위한 심신상관적인 지혜와 통찰로서의 과학의 가능성과 대안/윤세중 지음

환각과 우연을 넘어서
인간의 한계를 넘어서는 경이로운 의식체험의 기록들/스타니슬라프 그로프 지음/유기천 옮김

코스믹 게임
인간이 변성의식 상태에서 겪는 놀라운 체험들의 보고서/스타니슬라프 그로프 지음/김우종 옮김

【티베트 시리즈】

티벳 死者의 書
죽음의 순간에 단 한 번 듣는 것만으로 해탈에 이른다/파드마삼바바 지음/류시화 옮김

티벳의 위대한 요기 밀라레파
단 한 생애 동안에 부처가 된 위대한 성인의 전기/라마 카지 다와삼둡 영역/유기천 옮김

티벳 밀교 요가
위대한 길의 지혜가 담긴 티벳 밀교 수행법의 정수/라마 카지 다와삼둡 영역/유기천 옮김

티벳 해탈의 서
마음을 깨쳐 이 몸 이대로 해탈에 이르게 하는 티벳 최고의 경전/파드마삼바바 지음/유기천 옮김

사진이 있는 티벳 사자의 서
두려움 없는 죽음을 위하여 반드시 명상해야 할 책/스티븐 호지·마틴 부드 편저/유기천 옮김

달라이 라마 자서전
신적인 존재로 추앙받으며 자라온 달라이 라마의 어린 시절에서 망명정부의 지도자로서 티베트 해방을 위해 부심하는 오늘에 이르기까지의 고뇌 어린 발자취/텐진 갸초 지음/심재룡 옮김

마음에 빛을 주는 티벳 사자의 서
(오디오북3CD)
불교방송 DJ 정목 스님의 맑고 따뜻한 음성으로 전해 듣는 궁극의 경전/파드마삼바바 지음/정목 낭송

【자연과 생명】

식물의 정신세계
식물의 사고력, 감각와 정서, 초감각적 지각의 세계/피터 톰킨스 외 지음/황정민 외 옮김

장미의 부름
시를 쓰고 우주와 교신하는 식물의 신비로운 세계/다그니 케르너 외 지음/송지연 옮김

【점성/주역/풍수】

인간의 점성학
점성학의 가장 기본이 되는 인사점성학의 결정판. 천궁도 작성CD 포함/유기천 편저

주역의 과학과 道
음양으로 풀어보는 우주와 인간의 비밀/이성환·김기현 공저

알기 쉬운 역의 원리
원리를 모르면 외우지도 말라! 주역, 음양오행, 사주명리의 길잡이/강진원 지음

명당의 원리
잃어버린 우리의 정신문명, 그 명당의 원리가 처음 밝혀진다/덕원 지음

알기 쉬운 역의 응용
독자 스스로 자신에게 필요한 오행을 찾게 하는 종합 생활역학 실용서/강진원 지음

역으로 보는 동양천문 이야기
하늘, 땅, 사람을 아우르는 제왕의 학문인 동양천문학의 소중한 입문서/강진원 지음

【종교/신화/철학】

달마
오쇼가 특유의 날카로운 시각으로 강의해설한 달마어록/오쇼 강의/류시화 옮김

성서 속의 붓다
세계적인 비교종교학자 로이 아모르가 명쾌하게 밝혀낸 불교와 기독교의 본질과 상호 영향관계/로이 아모르 지음/류시화 옮김

알타이 이야기
알타이 사람들이 입담으로 전해주는 그들의 신화, 전설, 민담들/양민종·장승애 지음

샤먼 이야기
기발한 착상과 색다른 세계관이 가득한 샤먼 세상으로의 여행/양민종 지음

창조신화
인간과 우주의 기원에 관해 신화와 종교와 과학이 알고 있는 모든 것/필립 프런드 지음/김문호 옮김

성전기사단과 아사신단
유럽과 중동의 중세 역사에 한 획을 그은 두 신비주의 비밀결사의 진실이 밝혀진다. / 제임스 와서만 지음/서미석 옮김

성서 밖의 복음서
이단 사냥꾼과 박해자들의 손을 용케 피하며 천6백 년의 세월을 견디어 온 소중한 영지주의 경전들의 해석과 풀이/이재길 지음

법구경 인연담
마음이 흔들릴 때마다 곁에 두고 읽는 진리의 말씀 / 정태혁 엮음

법구경과 바가바드 기타
인도의 정신문화가 수천 년에 걸쳐 피워낸 진리의 두 경전을 함께 읽는다/정태혁 엮고지음

기적으로 이끄는 수업
세계의 영성가들에게 무한한 영감을 선사해온《기적수업》의 국내 최초 해설서 / 강구영 엮고지음

42장경(전2권)
붓다의 심원한 가르침인〈42장경〉을 오쇼의 우주적 농담, 재치 있는 예화들과 함께 읽어나가는 강연록 / 오쇼 강의 / 이경옥 옮김

【환생/예언/채널링】

김영우와 함께하는 전생여행(CD 포함)
국내 최초로 전생기억 유도에 성공한 신경정신과 전문의 김영우의 충격적인 보고서/김영우 지음

【비총서 — 소설 외】

요가난다(상하 전2권)
20세기 최고의 수행자 요가난다의 감동적인 자서전/파라마한사 요가난다 지음/김정우 옮김

자유를 위한 변명
구도의 춤꾼 홍신자의 자유롭고 파격적인 삶의 이야기/홍신자 지음

코
킁새를 맡는 또 하나의 코. 야콥슨 기관/라이얼 왓슨 지음/이한기 옮김

우리는 명상으로 공부한다
민족사관고 수재들의 氣 살리고 성적 올리는 명상학습 비결/민정암 지음

무탄트 메시지
호주 원주민 참사람 부족이 '돌연변이' 문명인들에게 보내는 자연과 생명과 영성에 대한 메시지/말로 모건 지음/류시화 옮김

그대 여신이 되기를 꿈꾸는가
고대 그리스 여성의 일상 속으로 떠나는 고고학자의 시간여행/우성주 지음

비르발 아니면 누가 그런 생각을 해
황제 아크바르와 신하 비르발이 지혜를 겨루는 우화 54편/작자 미상/이균형 옮김

인도네시아 명상기행
인도네시아 섬 누스타리안, 그곳에서 일어나는 자연과 치유, 원시의 이야기/라이얼 왓슨 지음/이한기 옮김

행복한 아이 성공하는 아이
상담전문가 윤종모교수의 자녀교육 특강/윤종모 지음

바이칼 한민족의 시원을 찾아서
각계의 전문가들과 여행자들의 바이칼 현지 답사를 통한 한민족의 뿌리 찾기/정재승 지음

세계를 이끌어갈 한국·한국인
새롭게 한반도를 진원지로 하여 펼쳐질 생명문화의 모습과 한민족과 한반도에 부여된 21세기의 사명/이상문 지음

여자 혼자 떠나는 세계여행
'나홀로' 여성 스물두 명의 지구촌 여행기/탈리아 제파토스 외 지음/부희령 옮김

오리에게
순수에 바치는 아름다운 잠언/마이클 루니그 지음/박윤정 옮김

초인들의 삶과 가르침을 찾아서
인류에게 진리의 빛을 던져주는 불멸의 초인들, 그들이 펼치는 기적의 초인생활/베어드 T. 스폴딩 지음/정창영·정진성 옮김

춤추는 사계
흑백사진, 그 흙빛에 담아낸 한국의 사계와 풍경 이야기/이대일 사진 찍고 씀

도시 남녀 선방가다
선 수행과 연인들의 사랑을 접목시킨 21세기 사랑의 기술/브렌다 쇼샤나 지음/부희령 옮김

죽기 전에 알아야 할 영혼 혹은 마음
수호령, 천사, 유령, 소울메이트 등 우리와 늘 함께하는 영혼들의 이야기/실비아 브라운 지음/박윤정 옮김

세계 명상음악 순례
영적으로 가장 고양된 상태의 음악, 명상음악에 대한 개론서이자 에세이/김진묵 지음

말리도마
문명에 납치된 아프리카 청년 말리도마가 태초의 지혜를 되찾아간 생생한 기록/말리도마 파트리스 소메 지음/박윤정 옮김

라마크리슈나
노벨문학상에 빛나는 로맹 롤랑이 집필한 인도의 대성자 라마크리슈나 일대기/로맹 롤랑 지음/박

임, 박종택 옮김
마음의 불을 꺼라
현대 사회의 문젯거리가 되고 있는 일상의 분노와 상처에 대처하는 능력을 키운다/브렌다 쇼샤나 지음/김우종 옮김

이디시 콥
유대의 랍비가 펼쳐보이는 탈무드식 위기탈출법과 상황을 반전시키는 열린 생각의 마법/랍비 닐턴 본다 지음/김우종 옮김

또 하나의 나를 보자
45년간 물만 먹고 살아오며 그 고통을 사랑으로 승화시킨 여인 양애란의 삶과 그 뜻/양애란 구술/박광수 엮음

흔들리거나 반짝이는
음악이라는 안경을 통해 세상을 바라보는 범상치 않은 음악평론가 김진묵의 삶과 음악 이야기/김진묵 지음

지중해의 성자 다스칼로스 1~3
20세기를 살다간 사랑의 신유가 다스칼로스의 영적인 가르침/키리아코스 C.마르키데스 지음/이균형·김효선 옮김

초인들의 삶과 가르침을 찾아서 2(남겨진 이야기들)
초인생활의 저자가 남긴 마지막 자료들을 발굴하여 엮은 책/베어드 T. 스폴딩 지음/정진성 옮김

깨어나세요
한 시간 안에 당신의 세계와 삶에 대한 인식을 뒤집어놓을 책/티모시 프릭 지음/이균형 옮김

살다보면 기도밖에는 아무것도 할 수 없는 순간들이 찾아온다
동서고금의 다양한 문헌에서 찾아낸 110편의 기도시 모음/김우종, 이재길 엮고옮김

당신의 소원을 이루십시오
대공황기의 미국인들에게 희망과 성공을 안겨준 20세기 신사고 운동의 필독서/존 맥도널드 지음/최인원 옮김

리얼리티 트랜서핑 (1~3, 타로카드 세트)
더 많은 행복과 풍요가 넘실대는 인생의 파도로 옮겨타는 과학적인 성공비결/바딤 젤란드 지음/박인수 옮김

나는 왜 하는 일마다 잘 되지?
꿈을 실현시키는 긍정의 힘 — 확언! 그 모든 비밀을 밝힌 국내 최초의 확언전문서/최인원 지음/EFT KOREA 감수

맘 놓고 병 좀 고치게 해주세요
의료법의 굴레에 갇힌 이 시대의 화타 장병두 옹의 삶과 의술 이야기 / 장병두 구술 / 박광수 엮음

정신세계사는 홈페이지(www.mindbook.co.kr)를 통해 열린 마음으로 독자 여러분들과 깊은 교감을 나누고자 합니다.
홈페이지에 들러 인터넷 회원에 가입하시면

1. 신간 및 관련 행사 소식을 이메일로 받아보실 수 있습니다.
2. 신간 도서의 앞부분(30쪽 가량)을 미리 읽어보실 수 있습니다.
3. 도서 검색, 독자 서평, 출간 제안 등의 기능을 활용하실 수 있습니다.